Upon the Great River

大河之上

鱼　禾　著

海燕出版社
·郑州·

图书在版编目（CIP）数据

大河之上 / 鱼禾著. — 郑州：海燕出版社，2021.5
ISBN 978-7-5350-8501-6

Ⅰ. ①大… Ⅱ. ①鱼… Ⅲ. ①散文-中国-当代 Ⅳ. ①I267

中国版本图书馆CIP数据核字（2020）第264831号

大河之上
DAHE ZHI SHANG

出 版 人：董中山	项目统筹：韩　青
选题策划：李道魁	责任校对：李培勇
特约编辑：岳德军	责任印制：邢宏洲
责任编辑：李道魁	装帧设计：韩　青
刘学武	内页插图：刘　波

出版发行：海燕出版社
地址：郑州市郑东新区祥盛街 27 号　邮编：450016
网址：www.haiyan.com
发行部：0371-65734522　总编室：0371-63932972
经　　销：全国新华书店
印　　刷：河南瑞之光印刷股份有限公司
开　　本：710毫米×1010毫米　1/16
印　　张：23
字　　数：260 千字
版　　次：2021 年 5 月第 1 版
印　　次：2021 年 5 月第 1 次印刷
定　　价：58.00 元

目 录

第十一章　母亲的南河 / 287

第十二章　深呼吸 / 319

后记 / 351

黄河引

我曾在不同的地点看过这条河流——在氧气稀薄的约古宗列盆地，在深秋的玛曲河湾，在龙羊峡，在梨花漫卷的贵德，在兰州，在河套平原，在黄土高原，在大风劲吹的风陵渡，在三门峡、小浪底，在河洛汇流处，在东坝头……当然，也在我居住的这个城市——河流中下游分界地郑州。

从这里往下走，黄河流域缩窄，河道高抬，河滩变得极其宽阔。

因为两岸已先后筑起了包含抢险通道与防护林带的标准化堤防，驱车在堤顶道路上奔驰，会觉得这河流非常美观。裹挟了大量泥沙的河水流速很慢。在雨季，河面上布满漩涡，河水仿佛在旋转而不是流动。我也觉得它是美观的。它宽阔得不太像一条河流。像一切有年份的事物一样，这条大河，有某种见惯世故的从容。

在晋陕峡谷以下的大部分河段，河水很稠。在暴雨季节，河床里涌动的不是水，而是与泥石流更相像的泥沙流。黄色河水看上去仿佛随时会有雷霆之怒。那黄色带有不可言喻的灾难感，让我感到难受。我难以在这样一条河流面前开口赞美。数千年间，它曾让人类的多少辛苦造就瞬间湮灭。我更难以在这样一条河流面前心存傲慢。没有它的供给，就没有我脚下这块广大的平原，这块土地上的人类生活也就失去了大前提。

从这个城市北郊流过的黄河，因为河槽广阔，再大的水流也总是平铺开来，看上去是平静的。只是，我细看过这一带的每个河段，也反复看过这段黄河的水利高清地图和卫星俯瞰地图，知道其中潜在的危险。黄河出峡谷以后，左岸从孟州以下，右岸从郑州以下，除东平湖至济南之间右岸有低山丘陵为自然屏障外，其余全靠大堤挡水，左右岸堤防总长约一千四百公里。长堤只是大致连贯。因为道路穿插、引黄灌溉等原因，长堤上有很多缺口。假如有大洪水，洪水会在第一时间找到这些缺口。

中原民谣描述黄河，有“铜头铁尾豆腐腰”的说法。意思是流经中原的黄河，两端固若金汤，中段大堤却像豆腐一样羸弱。

“豆腐腰”的起止点在左右岸是不一样的。

为了给上游下泄的洪水一个缓冲空间，河南境内平原段的黄河全部是宽堤行水。宽阔的河滩就是第一滞洪区。但是到了山东的艾山，情况却不一样了。黄河进入艾山，受两岸山体夹持，河道陡然变得狭窄。艾山以下河段行水顺畅，于是“窄河”到海。这样，黄河右岸从郑州北郊邙山头以下到艾山之间，左岸从孟州到艾山之间，便成为一段“吊床”状河段，两端收紧，中间散开。每到汛期，上游的洪水奔涌而来，下游泄水却在艾山受到限制，洪水便壅在了河南。

这个约三百公里长的特殊河段，就是黄河的“豆腐腰”，也是所谓“游荡性河段”。这段黄河，河床断面宽浅，河道内沙洲密布，水流分散，常有四五股河汊并行，时分时合。只不过险中有险，其中河南省兰考东坝头到山东省东明高村河段，是1855年铜瓦厢（今东坝头位置）决口改道后形成的，上段堤距宽，下段堤距窄，河势呈喇叭形倒挂；又因河流纵比降小于横比降，常常出现河水横流的险象。这个河段就是最为典型的“豆腐腰”。铜瓦厢改道至花园口改道（1938年）八十三年间，黄河下游的二百多次决口，大部分发生在这里。

水多了有问题，水少了也有问题。

最初百川汇流、湖泽遍布的情形在下游早已不见。如今，下游的黄河不再是低地，而是分水岭。黄河下游七百多公里河道，仅有右岸发源于山东丘陵的大汶河经东平湖汇入。而下游的引黄灌溉面积却达到了五十多万公顷。有些年份，枯水期的黄河下游河底几成平陆。

该怎么办呢，对这样一条河流？

河流也是有生命的。你当然可以否认。毕竟它的存在形式跟我们太不相同。人类是有智慧的物种，能够感觉到喜悦与痛苦，也能够在某种程度上抵抗有缺陷的天赋。而黄河，一条无论从地理还是历史角度看都难以一眼见底的河流，它没有喜怒哀乐，感觉不到痛痒，不会判断推理。

但河流也如世间万物一样，有它自己的表意符号，只是我们难以解读罢了。我们只能从它流过大地的形式中，从它与我们的相处——这种不对等也不对流的关系中，揣测它的意图，对它施加影响，试图伸张我们的主动。

若干年前，我曾经陆陆续续走过黄河上游的各个段落。但是对于近在咫尺的中下游交界带——从三门峡到濮阳的河南段，只是近年才起了念头，想前后看个究竟。这一河段相当于黄河总长的八分之一强。只是这八分之一，是极其特殊的八分之一。这里的黄河与其说是一段，不如说是一片。如果把黄河故道全部标画出来，那么在这个区域，标线将密如蛛网。几乎找不到哪个地块，从来没有受过黄河洪水的侵袭。

值得实地看看的地方太多了。由于时间加予的湮灭，无可查勘的地方也太多了。我看着自己在地图上标注的红点、蓝点。它们密密麻麻。每个小红点、小蓝点仿佛都有着自身的秘密。

从我们脚边流过的这条河流被赋予了太多的比拟意义。对他者，我们总是抱有"肖我"阐释的热忱。可惜，比拟往往是屏障。这种修辞有一种骨子里的想当然与不准确。所谓喜怒哀乐、是非痛痒，都只是一厢情愿的想象；用这些概念来推测一条河流，难免歧义丛生。

靠近一条河流或许意味着对自身被动角色的体认——去"感受"，而非想当然地"观看"。我甚至不愿意使用拟人的"她"去指代它，虽然它被人们由衷地尊为"母亲河"。大河永在奔流。作为"它"的河流，孕育了华夏民族的初祖与文化，但这伟大的造就只是它的副产品。它的存在还有更为广大的意义，有属于自然本身的目的。我必须放下全部成见，以赤子之心去领略它的密语。

唯有洞察，才能和解。

鱼禾，庚子年冬。

第一章 去河源

自驾去黄河源是在多年前。彼时父亲抱病辞世，生死隔绝的大哀让我有相当长一段时间无法复原。我不时偷闲逃脱闹市，在乡间道路上漫无目的地游荡。有一天，我沿着一条漫长的人工河向北走，一直走到它的尽头。在平展展的田野上，一段高高架起的引水渠赫然入目。那是一条修建于二十世纪七十年代的高架水渠，看上去规模宏伟。我应该是第一次去到那个地方。但高架渠长龙一般矗立在旷野上的情形，却仿佛遇见过许多次。

记忆如卷轴一般打开。我从中找到它了——在父亲无数次的讲述里，那矗立的引水渠被称作“上岗渠”。“上岗渠”“漫水滩”，它们总是一道出现。华北平原上的“上岗渠”，黄河源的“漫水滩”。他习惯于在说出那个名字之后把手指间的“金钟”烟送到嘴边。他借着那口烟深呼吸。漫水滩哪，他说，那地块又大又空，十几个人往那里一撒，跟往大路上撒了把石子一样。

父亲的故事

半个世纪以前，父亲是一名测绘军人。他所在的部队驻地在京津一带。他和他的战友为什么会到西部去，为什么会有一次探访黄河源的长途跋涉，是执行任务还是休假，我记不确切了——或许父亲并没有跟我讲起过他们长途奔赴的原因，或甚至，那只是父亲转述的别人的往事。

当时我年纪太小，还没有理解他的能力。等我成年了，可以听得懂他的话了，他却早已换了话题。父亲说话行事皆是边界斩截，比如从来不跟后辈人对弈，比如讲述往事总是不好好从头讲起，等等，他要那样，就得那样，没得商量。他不提，谁追问他也不会再提。在喜悦或苦楚的日子里，我常常记起他说过的那些跟寻常日子毫不相干的往事，记起他慢悠悠的语调和为点燃一支烟而造成的停顿。我这个好奇的人，总是在他的理所当然面前噤声，把心里的疑问一再按捺。

在听父亲讲述往事的年头，我未经世事，还是一张白纸，而父亲也仿佛是在以他的方式书写——他是作者，他叙述的每一句话都自有来龙去脉，不应该被一个孩子稀里糊涂的提问所打扰。

那也许并不全是父亲的往事，而是父亲以自己为主角编造的故事。但所有的故事，在小孩子那里都会被当真。黄河源头的漫水滩仿佛儿时反复经历的一个场景，不时在梦境里出现。

半个世纪很漫长呵。如今，我已经比当年讲述河源往事时候的父亲年纪还大，他说过的话却还清晰如昨。他说他们那一拨兵，穿解放鞋，用铝制水壶和搪瓷茶缸，说五花八门的方言。他说他们使用白玉牌牙膏，牙膏皮是锡做的，烧化了能焊平搪瓷茶缸上的砂眼。漫水滩哪，他说，看一眼，叫人心都慌了。

那场景在我印象里像颗钉子，尖锐，冷硬，在某个角落里发出旧金属的微光。时日延宕至今，我觉得我似乎也成了那样一粒被抛掷到某个巨大空间里的石子，周遭旷野辽阔，人迹断绝。庞大的虚空稀释着属我的一切。我也感到了那种奇异的“心慌”。

父亲大约想不到有一天我会成为一个醉心于远行的人。他当然也想不到，“测绘”这件事会成为我跟某个越野团队之间的第一个话题，进而成为隐藏的牵线，成为连接我们的媒介。

“测绘”这个词在胥江谈起它的一瞬间让我怦然心动。我想起父亲说过的话，想起那片让他觉得“心慌”的巨大的空地，想起父亲说过的“石子”。面前那个人——衔着烟卷、慢条斯理聊着“测绘”的胥江，仿佛就是那一把石子中的一粒，和我一起被撒到了通往河源的长路上。我对他，以及甘于“在路上”的他们，陡然有了某种相依为命的幻觉。于是，我决定跟随他们去看看那片梦见了无数次的“漫水滩”。

我至今记得出发那天陡然刮起的大风。清晨的高速公路上车辆稀少，毫无预兆的大风从越野车后方呼啸而来，像是一次猛烈的追赶，又像是特为护送。

我们轮流开车，一路接力，第一天就赶到了青海。大家打算在共和休整，适应一下三千米以上的海拔，隔天再到玛多去。路上车辆稀少，加上越野车强悍的通行能力，赶到玛多只用了两个多小时。

车过河卡，窗外画风突变。草甸覆盖的连绵低丘被雪山代替，天气也变得阴晴不定。冰淇淋般的云朵或深或浅，让我想起了那首仿版民谣。“云一朵，云两朵，云三朵，云四朵……”汉语吟唱的歌谣唱的是“长亭送别”。而那支让人醉倒的原版，唱的却是“在路上”，是“一百英里，二百英里，三百英里，四百英里，我已离家五百英里”。我正在走的道路早已超过了五百英里。在通往河源的长途上，山不是山，水不是水，连云朵都变了样。

正在头顶漫游的云朵据说相当凶险。胥江告诉我，它们有可能突然变成鸽子蛋一样大的冰雹砸下来。

车左侧远远看见一片湖。我看了看车载即时地图，我们已经走到了兴海县与玛多县交界处。这片湖就是传说中的“苦海”。道路右侧是布尔汗布达山，左侧能望见阿尼玛卿山积雪覆盖的山顶。我们停车，在苦海边站了一会儿。我看着那湖面。它平展如镜，反射着天光云影。据说，它也能吸纳人心中的苦楚。

许多说法认定阿尼玛卿山就是古文献里所称的“积石山”。其根据是，《尚书·禹贡》有“导河积石”的记载，其中“河”是黄河，“积石”即指阿尼玛卿山。这个解释只是一种想当然。最早到达河源的人，是唐太宗时期西上进军吐谷浑的军队，史有“转战过星宿川，至于柏海……观河源之所出焉”（《旧唐书·卷六十九》）的记载。而实地测绘河源是清康熙年间才有的事。大禹时代人类活动范围有限，恐怕并不知道远在青藏高原的河源位置和阿尼玛卿山。更何况黄河上游行水峡谷，水流通畅，根本不需要疏导。《尚书·禹贡》中的“导河积石”其实是字面意义，指疏导河水、垒砌石块（以为河堤），与阿尼玛卿山并无关联。

在地理学上，阿尼玛卿山属于东昆仑山系。昆仑山是华夏地理单元中央山系的西脊，它的东支岔开为三座山，由北而南，分别是阿尔金山、阿尼玛卿山、巴颜喀拉山。“阿尼玛卿”，藏语意为“活佛座前的最高侍者”。在藏传佛教地区，阿尼玛卿山和冈仁波齐、梅里雪山、尕朵觉沃并称为四大神山。阿尼玛卿山又称玛积雪山，是雍仲本教圣地，也是传说中观世音菩萨的道场。

右侧的布尔汗布达山也是昆仑山的东延山地，山顶常年积雪。

我看着山上的冰雪跟胥江闲聊。我说这些山啊河啊都让我着迷。我说我每一次来都不想回去。我说，我父亲年轻的时候为执行一宗测绘任务来过这里，我跟这个地方是世交。

父亲的河源往事，跟二十世纪五十年代的那一次河源勘探测绘有没有关联？我不知道。那时候他才多大？十几岁，一个痴迷测绘的小兵。有没有可能，那些被我牢牢记住的河源往事，只是他转业到漳南灌区工作以后，从水利部门的同行那里听来的？

那是谁的往事已经无关紧要。即便是亲身经历，父亲也会当成故事说给我们。他的开头总是，来，咱们开始“说古”了。既然是故事，他乐意虚构。他是一个虚构能手。他并不为着“告诉”我们什么。他只是为了“说古”，为了哄小孩高兴。他常常把自己的故事和别人的故事掺和到一块，讲得枝蔓横生、云遮雾罩。这使他说过的许多往事虚实难辨。

但父亲也有他的纪实。他留下的老物件之一，便是一沓牛皮纸笔记本。我最早看见的黄河就在其中一个四方形牛皮纸笔记本上。父亲手绘的源流图带着密密麻麻的数字和符号。那些由盘桓的曲线、红色直线、小三角、小圆点，以及未知其意的阿拉伯数字构成的神秘图形，一下子“拿住”了我。我常常把父亲的抽屉悄悄打开，拿出那个四方形笔记本，爬上屋顶平台，对着其中的手绘地图翻来覆去地琢磨。

父亲也喜欢在墙上挂印制的地图。一幅中国地图，一幅世界地图。很早我就在地图上认识了黄河。它一路上在哪里遇到了高山，在哪里遇到了草原，在哪里有弯转，在哪里穿行峡谷，在哪里路过高原、盆地和平原，不必用心记忆即可历数。那条河在我的印象里不只是文字的、概念的，也是形象的、具体的。

那时候特别想知道它在什么地方，离我们的村庄有多远。我注意到每张地图下面都有个“1∶1000000”的数字。我问那是什么意思。父亲点点自己手里的“金钟”说，意思是，要是在地图上黄河就跟咱家隔着一根烟，在地上黄河就跟咱家隔着一百万根烟。

那是多远呢？我看着墙上的地图，找到我家附近的车站。地图上那支“烟”变成道路，在我的脑子里渐渐放大。一支烟的路途化为黄土地面，化为路边的电线杆和小麦田。一支烟的道路在父亲手指间燃尽。他把黄河吸到嘴边了，我想。

通天之所

道路尽头出现一片低矮的白色房屋。在一望无际的山丘之间，那些房屋状如碎砾。房屋之上云涛翻滚。

那就是玛多县城玛查里。黄河源到了。

黄河河源，在地理区划概念上，包括了龙羊峡水库以上的黄河流域范围，涉青、川、甘三省，面积十二万多平方公里。我们正奔赴而去的扎陵湖和鄂陵湖，是黄河上源合曲为河的地方。两湖以上的河源地带，是呈扇形分布的河曲。位于上游的扎陵湖接纳了扎曲、约古宗列曲（又称玛曲）和卡日曲。三条溪流汇聚后入扎陵湖，又从扎陵湖东南角流出，经两湖之间的宽阔河谷，接纳多曲等溪流，从西南方向注入鄂陵湖，再由鄂陵湖北部流出，折向东南。

狭义的黄河源头，从地理勘察角度确定的有三处：

居于最北部的扎曲，发源于查哈西拉山，全长七十公里，支流少，水量有限，大部分时间断流。

位于卡日扎穷山麓的玛曲曲果（曲果，藏语意为小河源头），海拔四千六百四十米。曲流由此下行，汇集泉水成溪，再下行汇合约古宗列曲，形成较大溪流，称玛曲。玛曲向东约两公里进入约古宗列盆地，与西南方向来的卡日曲汇合。

位于南部的卡日曲，上游有两个源头，北源名卡多曲，源于各姿各雅山北麓；南源名拉朗情曲，其上源那扎陇查河源于巴颜喀拉山北麓，是黄河上源最长的水流之一。

玛曲与卡日曲汇合后，东行注入扎陵湖。

我觉得，这三处曲流以外，黄河源头还应该包括在扎陵湖、鄂陵湖之间汇入主河道的多曲及其他小溪水。多曲源头位置与那扎陇查河接近，是黄河上源另一条河道较长、水量较大的溪流。如果把黄河源作为一个较大的地区概念来看，那么扎陵湖和鄂陵湖以上的所有溪流，其实都是黄河的源头活水。至于它们分别途经哪里，体量如何，叫什么名字，或许无需计较。

黄河正源在哪里，地理勘察结论曾有多次变动。1952年，玛曲上游的约古宗列曲被定义为正源。1978 年又根据流量，认定卡日曲为正源。1985 年测量后再更正，认定约古宗列盆地西南隅的玛曲曲果为正源，并在曲果位置竖立河源标志。2004 年和 2008 年，分别有两位地理专家经勘察后认定，注入扎陵湖的溪流中最长的是卡日曲，其上游的那扎陇查河才是黄河正源。

其实，哪一处泉水或溪流才是黄河正源，对于黄河来说并不重要。一条有容量的大河总会接纳所有奔赴而来的流水，不会在意谁主谁次。在人们印象中，到了玛多，到了扎陵湖和鄂陵湖，就是到了黄河源头。两处湖水接纳的溪流都是从巴颜喀拉山及其支脉发端的，它们都是孕育中的黄河。

严格地说，出鄂陵湖以后的水流才可称为“河”。出鄂陵湖以后，黄河才算是“降生”了。经过了双湖的补给，它才具备了长途奔涌的水量与水势。

双湖以上的河源区位置在巴颜喀拉山西北麓。在广域地理概念上，此地属于昆仑山系中段。

我国自古有“河出昆仑”一说。清代以前，人们普遍认为黄河源起于昆仑山。其根据为《山海经》与《史记·大宛列传》的记载。《山海经》虽然也被视为地理古籍，但本质乃是神话传说的汇集，其中关于河源的记述多是想象，不能作为纪实。而《史记·大宛列传》所载，也只是对远古神话和汉时张骞出使西域归来后对西部河流走向记录的转述，同样不能视为地理实录。

据说昆仑山的位置还是汉武帝自称查阅了典籍以后确定的。联想到汉武帝时期的疆域扩张和西域政策，则“河出昆仑”的说法，大约有呼应“统合天下”的意思。

在华夏远古幻想里，昆仑山称为“昆仑墟”。“昆仑墟”被描述为“方八百里，高万仞”（《山海经·海内西经》），高到了上通璇玑的地步。以其高可接天，因而被视为“帝之下都”，也就是天帝联系凡间的别都；凡人经此可以直达天庭，倾诉人间祸福，祈求天帝恩赐。既然“河出昆仑”，而昆仑高与天通，那么，李白的“黄河之水天上来”，今天看来，像是夸张，在当时却又不是夸张。

在人类早期神话里，“通天”是普遍的主题。作为凡人“通天”的阶梯，古巴比伦有“巴别塔”，华夏则有“昆仑墟”。魏晋六朝之前的神话或志异文献里，多有昆仑山“天柱”的记载。传说盘古劈开“混沌”而分天地以后，自己的肉身便化作高山支撑在天地之间，以免天地再度合拢。这座撑开天地的高山，就是昆仑山，称“天柱”。颇为神奇的是，地理的昆仑山上，果真存在着四周壁立千仞、中间平坦的庞大高台，其形状酷似“天柱”。如果说神话传说模仿了自然，则在远古时代人类活动范围有限的情况下，地理上的“天柱”是如何为人得知的？

在犹太教经典里，“通天塔”的建造是因为人们对上帝之约的怀疑。上帝以大洪水灭绝人类，又以方舟使人类延续，并且约定条件，人类如果践行，则不会再降大洪水。但幸存下来的人类不确信这个诺言是否会被遵守，于是造

“通天塔”，以防洪水再来。

洪水，是远古时代人类面临的生存威胁中最严重的一种，不可预料，无从躲避。人类文明早期对于高地的崇拜，其中的一部分原因，当是畏惧低处的水。

扎陵湖，鄂陵湖

我看着河源地图，默默估算着速度、里程，以及我们抵达和返回的时间。从玛查里到鄂陵湖和扎陵湖，再到最接近玛曲曲果的麻多乡，大约二百公里；麻多乡到玛曲曲果立碑处，还有六十公里。

但这些距离都是推测。我查过许多关于这一带的地图和交通资料，里程标示全都不一样，甚至差异很大。扎陵湖以上的路况难以估计。从麻多乡到玛曲曲果，原来几乎没有明确的道路，只有在草地或泥泞中留下的车辙。六十公里这个数字是自驾走过这段路的人估算的，他们当时的时速大约三十公里，从麻多乡到玛曲曲果走了两个小时。我估计可能没有这么远。

只要知道时间也就够了。全程走不快，再加上中途的停顿逗留，玛查里到河源往返时间差不多需要十二个小时。就是说，如果当晚返回玛多县城，那就到了晚上八九点以后。即便西部天黑得晚，时值深秋，也会有一两个小时的夜路。

真正的扎陵湖与鄂陵湖就在眼前了。它们位于玛多县西部构造凹地内，海拔四千三百多米。出玛查里向西，通向河源的路先是一段柏油路，再是砂石路，然后就成了搓板路。尽管如此，路况还是比我预想的要好得多，至少有路可走，路面也算平整。

赶到鄂陵湖边的时候已近正午。传说中鸟群云集的小西湖“鱼餐厅”此时安静异常，没有水，没有鱼，自然也没有鸟。那个水落鱼出、群鸟啄食的季节已经过去了。

阳光强烈，气温适宜。堤岸左边的鄂陵湖浅滩波光点点，水色轻柔。我们下车，在水边用过午餐，沿着鄂陵湖与扎陵湖中间谷地向南走。前方是牛头碑和茶木错。左手的鄂陵湖岸边不时有成群的高山绵羊。它们就在湖边站着，看着我们的车一前一后经过，雕像般一动不动。我想起在青海南山见过的那些牛羊。它们气质相像——极其镇静，一副见惯不惊的神态。

右手是黄褐色的高山草甸，不时有藏野驴出没其间。偶尔能看见苍鹰或金雕，在云朵下面展翅滑翔。鹰隼类的大鸟活动区域在高空，难得有机会近距离观察它们。尽管依靠鸟类图谱反复比较过它们的形貌特征，但也只能在图片上分辨。看见实物，总难准确指认。我拿出笔记本，找到出发之前整理的资料：

鹰。泛指白昼活动的隼形类鸟。狭义的鹰指鹰属种类，我国常见种类有苍鹰和雀鹰。

雕。大型鹰科鸟类，体态雄伟，性情凶猛。翅膀短，尾巴长，鼻孔圆形。我国常见种类有金雕和乌雕。

鹫。大型鹰科鸟类，专食腐肉，能轻易飞越海拔七千米以上的山脊，有着酸蚀力强大的胃和特殊的免疫系统。

隼。包括鸮形目以外的所有猛禽。多在白天单独活动，飞翔能力极强，是视力最好的动物之一，在鸟类中处于食物链顶端，有重要生态意义。

天高风劲。车窗外面，高原上的生灵倏忽往来，似在标示世界的阔大与自由。

茶木错是扎陵湖东南部的一片小湖，夏季雨水充足，它会与扎陵湖连成一片。现在是枯水季，有一部分湖底裸露成为水岸，这片水面就成了单独的一块。茶木错附近的谷地平缓开阔，穿过谷地的小路蜿蜒向前，时隐时现。天空阴晴不定，湖水颜色则随天色变幻，或深蓝，或铁灰，偶遇云朵经过，便是一片银白。黄褐色的高原草甸与深嵌在谷地上的青蓝湖泊构成了触目的色彩对比。

处身于大体量的旷野之中，我仿佛被某种莫名的势力所镇压，直觉与经验难以贯连。烈风劲吹，头发在脸上杂乱无章地扑打。我抬手拢拢头发，蹲下对着地面拍特写。这里的草地属于高寒草甸，多是毛茛、问荆、针茅之类。这些经得住冷热旱涝的植物，有些贴地生长，四处伸展，像在大地上铺了一层毡子；有的会在雨水充足的夏季挑出细长的草尖和豆粒大的小花。而现在它们干枯发白，全都蜷缩在地面上，一团一团的，斑驳稀疏。

这片草地在承受水力、风力、重力和冻融侵蚀的同时，还要承受超载放牧和无度的垦草开田，从二十世纪八九十年代开始，干旱、泥石流和草原退化迹象便日渐严重。植被退化导致的水源涵养功能减退，已经使河源区的四千多个大小湖泊减少了一半。1997 年，黄河源头河段出现断流。1998 年，河源连续断流九十八天。因草原减少，依附于草原的生物种类和数量也在锐减。同时减少的还有氧气。本就相对稀薄的氧气因植被衰退而更加缺乏。

父亲他们的水准仪、经纬仪曾经在这片草地上支开过吗？他那时多年轻啊，又瘦又挺拔。他们穿着旧式棉布军装，脚蹬解放鞋，在这里走来走去，远看近看，校准，记录。父亲的战友里面有一个姓姜，他们年轻的时候就互称“老马”“老姜”。转业后老姜与父亲常常见面，成了一生的棋友加酒友。于是现在，我的快递收件人一栏，便交替使用着“老马”“老姜”的名字。仿佛我同时成为了他们两个人，左手与右手对弈，右手与左手碰杯。

这里的草种有些跟中原地区的一样。遍布草甸、被叫作“问荆”的植物，其实就是中原俗称的“节节草”。节节草对马有毒，却是人的益友。除了全草可以入药，它的水提取物能够抑制三十多种杂草的萌发，若提取成本不高，倒是可以做农田里的天然除草剂。更神奇的在于，这是唯一体内可以藏金的草。通过分析草汁液中的金含量可以勘探金矿——这一点是听青海本地同来的探矿专家说的。我对这名字更感兴趣。为什么是“问荆”呢？许是某个文人起的名字？

从茶木错返回，去牛头碑。牛头碑在措日尕则山顶峰。从山顶俯瞰，可以看到鄂陵湖和扎陵湖大约三分之一的湖岸线。大自然随物赋形，从来没有重复过任何一根线条。这些弧线在大河源头的谷地上肆意伸展、蜷曲，比人工造就的图画更令人赏心悦目。万物之内都有独特的势能，它们都会在酣畅和折磨中自我矫正。

双湖中处于上游的是扎陵湖。近处水色澄碧，远处是河水穿过湖心的流路，微微浑浊发白。而“扎陵”这个语音在藏语中的意思，正是“白色的长湖”。东部的鄂陵湖比扎陵湖体量大，湖色深沉，因而名为“鄂陵”，意为“青色的湖”。

父亲说起这个湖的时候口气神秘。鄂陵湖妖怪得很，他说，前晌风平浪静，一到后晌，平地起风，漫天跑马云，天也黑了，水也黑了，白花花的太阳地儿，一眨眼狼烟地动。

源头

午后赶到麻多乡。我们的位置在约古宗列盆地中部，通信信号已经没了。约古宗列，藏语意为“炒青稞的浅锅”。盆地呈东西窄南北宽的椭圆形，周围山岭环绕。盆地坡降很小，高原草甸在大温差下反复冻融，形成上百个大大小小的水泊。阳光照耀时水泊泛出孔雀蓝色，如开屏孔雀，所以在藏语里，这里叫作“玛涌滩”，意为“有泉水有孔雀的沼泽”。水泊四周是天然牧场，野生动植物众多。野牦牛散布在草甸上悠闲地吃草。高原气温已如严冬，仍不时有藏原羚和藏野驴在远处低丘之间出没。据说这里偶尔会遇见狼群、雪豹和棕熊。所以，我们的活动范围一直局限于越野车附近。

我下车，在路边站了一会儿。四千五百米的海拔并不算太高，但感觉空气里的氧气稀薄了很多。一个写诗的人曾经说过，他的理想，就是到西部水草丰茂之地，做一只吃草的羊。但是在这里，连呼吸都这么辛苦，做一只吃草的羊想来也并不惬意。

遍布水泊的草地上，星星点点的水面反射着天光，直如群星闪耀。玛涌滩的汉语美称是“星宿海”。唐朝贞观年间，李靖率军追击吐谷浑，曾派部将侯君集、李道宗等人来到此地。大唐时候的“星宿川”，就是眼前这片耀眼的星宿海。唐以后，历代以此为黄河源头。在星罗棋布的水泊边缘，是令人望而却步的深褐色滩涂。路上偶尔见到四肢没在泥中正在吃草的牦牛，它们长毛拂地，神态安详，但不知怎么，我总替它们担着心——看上去它们真像是湿地的食物，似乎这片沼泽里潜伏着无数张隐形的嘴，会随时把它们吞吃下去。

这种泥炭类的沼泽地，含有大量死亡生物体的遗骸分解物，在某种意义上的确是“活的”。它也真的会“吞吃”。有沼泽地行走经验的人，都会记得那种随时可能被“吞吃”的恐惧。一个不留神陷下去，非以强力拉扯不能脱身。因为这“活地”会把它的“食物”往下吸。那种诡异的下吸力，称为“下咽”毫不为过。

但它并不主动攻击你。当你保持一个旁观者的谦逊，遵守界限的时候，它呈现的景象是悦目的。距离产生美，在这里不是煽情，而是铁律。

天空明净，云朵静止。奇异的景象令人屏息。时间还早，加上氧气稀薄，我们沿着先来者留下的小路，慢慢开向河源。许多路段设了木桩标示，这让我们的行进轻松了不少。

到达玛曲曲果的时候已过下午五点，阳光依然明亮刺眼，感觉仿佛是午后。这里的日落时间比中原晚约两小时，离天黑还早着呢。

大河的源头并不如想象中那样神秘。大河的源头跟小溪的源头看起来没有什么区别。被认定为黄河正源的泉眼宽不过一米，深不过竖掌。如果不是一块带有“国家地理”字样的河源标石，你根本不会觉得这么一个不起眼的地方会跟黄河有什么联系。草甸上的河源碑有七八通，有的是自驾到这里探源的户外远行者所立，虽然不甚周正，但也令我肃然起敬。

在有标示的路上接近河源，跟漫无头绪、不知死活地寻找，完全不是一个概念。早期的越野人，有的在这里转好多圈都找不到地图上标记的这个点，走了很长的冤枉路，仍与河源擦肩而过；有的在约古宗列腹地屡屡陷车，惊险迭出；有的遭遇暴雪，全体高原反应，只得紧急求援。我们是迟到的一拨。借助了前行者留下的痕迹，还算幸运，没有迷路，身体也都还扛得住。

我不大能接受什么“正源”之说。关于泉水水量、河道宽窄、溪流长度的统计，都只是告诉我一些信息，却难以让我相信，黄河就是从某一处泉眼出发奔向了大海。一条奔流万里的大河正如某种绵延千万年的文明，它们的强盛都不仅仅是因为有一个明确标识的正源，而是由于具备了不拘一格、广纳博收的气量。

狭义的黄河源区，应该是指夹在布尔汗布达山和巴颜喀拉山之间的这片不规则三角形谷地。深居其间的约古宗列盆地像一方隐藏在地面下的储水库。

从黄河流域全图上看，在整个黄河源区，河水应该是在接纳了两侧高山无数泉水和溪流的约古宗列盆地第一次蓄积了能量，到扎陵湖和鄂陵湖再次蓄积能量，然后出湖，才具备了“大河”的底气。

玛查里以东，黄河水顺势而下，在青藏高原和黄土高原上画了一小一大两个首尾相接的“几”字，再经华北平原奔赴渤海。

愣怔之间，“妖怪”来了。高原上的乌云离地面很近，抬眼能看见密密麻麻的云脚，似乎云朵不是飘过来，而是踏着小碎步跑过来的。已经跑到头顶的乌云体量巨大。乌云正在崩塌，正从空中兜头压下。阳光灿烂的河源地瞬间变得阴森可怖。

谁也不知道接下来会发生什么。会不会突发暴雪？返回的唯一道路——那些本就忽隐忽现的车辙会不会被积雪掩盖？这一大片漫无边际的湿地会不会在一场雨水或雪水里顷刻化为沼泽，进而断绝归途？我想起父亲反复用过的那个词——漫水滩。我瞬间明白了“漫水滩”为什么让他感到“心慌”。

乌云推移的速度很快。我们不约而同，转身向车子飞奔。得赶快撤！我们被一大团黑苍苍的云块追赶着，仓惶离开。父亲的描述生动逼真。这就是他曾看到过的情形：跑马云。白花花的太阳地儿，一眨眼狼烟地动。

胥江的车技出神入化。我们很快返回扎陵湖。天上开始落雪。雪花稀稀落落的，让人感到祥和。前头是能正常行走的硬地。大家都松了口气。在墨灰色天空和枯黄草甸之间，又一次出现藏野驴。它们正从丘陵上奔跑下来。

但我们还是大意了。落雪越来越猛烈，天色也越加昏沉。鄂陵湖黑色的湖面开始起雾，很快便大雾弥漫。湖水隐在浓雾与雪花之中，仿佛消失了。这时，我想我才真正看到了“漫水滩”。四野苍茫之中，根本找不到路在哪里。玛查里通向河源的乡道尽管是粗沙路，也略略高于地面，即便落雪，仍依稀可以辨认。但这里是“漫水滩”，是雨季河水漫流的滩地，没有任何可以辨认的道路标识。在落雪的覆盖下，道路彻底消失了。

“十几个人撒在漫水滩上”，父亲用的词是“撒”——漫水滩太大，太空，人太小。他们当时是怎么通过这里的，我难以想象。那一辈人，太能吃苦了。而在种种艰苦条件之下，他们总是能千方百计找到出路。

胥江在小心翼翼往前挪。我一直信赖他的车技和方位感。即便在这样的漫水滩上，他也知道怎么找到可靠的路。到玛查里还有九十多公里，以目前的速度还有将近两个小时车程。我看着前面雪地上隐约显现的路面，倦意深沉。

到玛查里草草吃了点汤面，就赶紧躺下休息。四千三百多米的海拔加上雪天，气压低得让人头晕目眩。后脑开始隐隐作痛。

外面风声呼啸。大风在这个无遮无挡的小镇肆意掠过，把不知什么东西掀动得叮咚作响。你也在这里住过吗？父亲，那时你在哪里？还有谁在？说过什么？你提到过卡车、解放鞋、铝制水壶、漫水滩和“妖怪”，但你没提到高原反应——这种由人体内压力与气压不对等导致的膨胀，仿佛黄河源头对外来者的驱赶。

阿万仓

黄河河道经过第一次地理陡降之后，在青海久治和甘肃玛曲之间的谷地上回旋，来了一个一百八十度的反转——先在久治以东，流向东南方向的若尔盖草原，然后在四川唐克乡以北回转，经玛曲流向同德、兴海，再流向贵德，构成了上游河道的小“几”字。这个大转弯，称唐克湾。

从河源返回时，为尽快修复高原反应引起的不适，我们先下到了距离玛多最近的低地——阿尼玛卿山脚下的小城久治，稍事休整，再出久治向北，奔向阿万仓，再到郎木寺。

这段穿过小“几”字顶端的路程，不仅跨越青甘川三省，而且由西南向东北，两度跨越黄河，途经高原、丘陵、草原、湿地，海拔陡降三百多米。其曲折多变、幽僻阴郁，在我走过的道路中实属独一无二。

过了黄河桥，土路变成了沿河柏油路，道路呈T字形岔开，左右各自沿河而去。乡间道路没有任何标示，车载导航信号也有些紊乱。凭直觉应该向右——这段路大方向是西南—东北，无论如何，阿万仓都在右方。往前不远，路边出现了“阿群段”标志，里程标示数字渐减。这说明我们是在向着“阿”的方向走。我的判断是对的。

左手山丘，右手黄河。河道宛转向前，河面开阔平静。一场薄雨适时落下。雨点时紧时疏，在挡风玻璃和车顶敲出噼啪之声。胥江打开车载CD，放一首叫作《阿万仓》的现代风民谣。歌是藏族歌手唱的，歌词单调，音声混沌，只有每节压轴的“阿万仓”听得分明。阿万仓，这名字陌生、嘹亮，带有莽莽苍苍的乐感，有一种莫名的神秘和浪漫。不断回旋的曲调犹如一只点穴的手，它沿着某根经络兜转来兜转去，在每一处酸痛点停留，把那些紧张纠结一一捻开，让人浑身舒展。

地平线上先是出现了两排火柴棍似的电线杆，接着出现了一片白色建筑。灿金屋顶在蒙蒙细雨的阴郁背景中很是惹眼。不用说，一定是寺庙。这一带的房屋大多低矮俭素，但寺庙全都建得巍峨辉煌。沿途所见，无论规模大小，热闹冷清，每一处寺庙，无不庄严肃穆，郑重其事。所谓相信、重视，归根结底，是在这样的取舍中体现的。

道路旁边竖立的深褐色标示牌上是炭烙的寺名：阿万仓宁玛寺。

还在下雨。我停车，把冲锋衣帽子扯到头上，抻平帽檐，下车。刚才在远处看到的灿金屋顶，就是大门右侧正殿的。正殿建制四层，由下而上，高度、宽度逐级收缩，每层皆有四角塔柱和四方门；覆飞檐金顶，上有连珠塔刹。这种建筑格局，从视觉上给人以既高耸威严又沉稳安详的感觉。宁玛寺属于藏传佛教格鲁派寺院，是拉卜楞寺的属寺，寺院经堂内供奉着莲花生大士全像和释迦牟尼像，有许多珍贵壁画、唐卡、藏传法器和经卷。

他们不止一次从此经过。为了照顾我的需要，胥江问要不要进去看看。我摇头，还是不看了。我对佛教经典的奥义缺少理解，走进去晃一圈，了一了到此一游的浮念，太敷衍，反会让我感到惭愧。

右转就看见那小镇了。阿万仓，胥江提醒说，那就是阿万仓。在山丘之间的褐色大地上，阿万仓是白色的，在雨中微微发亮。

这里是藏族格萨尔神话的诞生地，也是西羌民族的集聚地。传说西羌民族与汉族同源，都是古羌人的后裔。在末次冰期结束后的洪水泛滥时期，原始人类聚居地并不在平原低地，而是在地势更高的高原临河地带。古羌人的聚落主要集中在有黄河穿越的山西高原和黄土高原中部交界带。迄今为止的考古结论表明，山西高原西南部的西侯度一带，是华夏先祖最早的聚居地。

大禹时期，随着地理气候的变化，洪水消退，地势较低、土壤肥沃、更为开阔平坦的平原临河地带，因适合农耕，成为人类聚落的首选之地。古羌人中的一部分开始离开高原，迁徙到渭河谷地及今中原地区黄河沿岸，开始了农耕生活。这部分羌人，史称“东羌”，是华夏民族直系先祖的一部分。另一部分羌人据守高原，依旧保留着游牧生活方式，史称“西羌”，乃西部及西南诸羌的祖先。传说大禹族裔即出身于西羌。所以时至今日，羌族依然膜拜大禹和鲧。

历史上，民族的融合与分解，并不全是血缘导致，甚至主要不是血缘的作用，而是生活方式与文化的作用。西周东迁之后，其同族姬姓留在西部地区的部落，因生活方式的差异，后来便成为西戎的一部分。西羌部族亦是如此。数千年来，西羌部族又经分解，陆续迁往不同的地区，成为后来的西南诸羌。

在地形图上，阿万仓处在阿尼玛卿山东南端余脉之间，在黄河一百八十度折转的小“几”字形臂弯里。而在中游的大“几”字形臂弯里的黄土高原中东部，则是古羌人最早的聚居地。这实在是一个令人欣慰的巧合。

时值午后，微雨中的小镇明亮静谧。我们的越野穿过阿万仓大街驶向玛曲。一片苍莽湿地在前方展现。我做过功课，知道附近有两百平方公里的草原，没想到就在小镇脚下。

黄河从久治进入玛曲木西合，先后接纳贡曲、赛尔曲、道吉曲等大小水流，河水因流泻不畅，积成了无数的汊河和沼泽。黄河到了这里便遁形了。黄河化为了一大片水流之网，像是张开的秋千绳。这便是阿万仓湿地，又叫贡赛尔喀——藏语意为“河曲汇流之地”。在一眼望不到边的草原深处，是密布其间、回环勾连的河湾；草地近路边缘，则是黑的牦牛群，白的羊群，红褐的马群，骑马的牧人，牧人的毡房，草垛，牛粪墙。

记忆中的阿万仓湿地是阴郁的，在若干年前的那个深秋，它颜色深褐，暮霭笼罩，犹如塔可夫斯基镜头里的故乡。

我试图沿着穿越湿地的木栈道走到深处去。那种一言难尽的惊怖又来了。在黄河源头的约古宗列，在祁连山腹地木里，那种诡异的感觉曾不止一次兜头袭来。那是巨大的荒野造成的威压，是视野乃至全部感官系统里的强震。在平坦、坚硬、安详的华北平原，我从来没有、也不可能见到这样诡异的地表。它是稀烂的、不能承托的软地，在深秋的雨水中，它呈现斑驳的肤色，恍若活物。无数的河汊虬曲交错，正如筋脉遍布其中；湿漉漉的苔草成块成绺，亦如绒毛密附其上。它是无声的，安静得令人不安；

却又分明在呼吸，气息中带有腺体分泌物特有的黏滞与微腥。它浑身都是口，都是胃。我仿佛成了投到这巨大活物口中的一枚小虫，正在被它咽下去，消化掉。

意识昏乱。心脏似被一只巨手攥紧，每跳动一下都需要努力。

这情形让人难以经受。我不得不停下，退回到湿地边缘的公路上。我长长舒了口气。这种泥炭地，根本不是人类的地盘，长时间待在里面，真不是闹着玩儿的。

胥江在旁边笑。什么叫长时间，还不到十分钟，他说，你怎么回事，魔怔了？我摇头。当然不是。我从来不信什么“魔怔”。这种貌似诡异的感觉，其实是缺氧造成的。大面积的高原泥炭地，都是极度缺氧的状态。所以，在约古宗列，在祁连山腹地，都会有类似的感觉。

路过阿万仓的那个下午已恍若隔世。那个被细雨洗得亮晶晶的高原小镇，那一片阴郁若无尽头的湿地，历十余年至今，如在梦中，如在目前。

草地往事

出玛曲县城不远，经过黄河小支流哇尔合曲，遇到第一次道路梗阻。可能是山洪导致的河流淤塞？河桥处正在围拦清理。只得调头走另一条路。

向东走的路跨省，西段在甘肃，东段在四川。平整崭新的柏油路看来是新修的，路况极好，不到半小时就到了甘川交界。两省分界指示牌刚刚闪过，柏油路中断，前面成了凸凹不平、坑洼遍布的弹坑路。在布满路面的坑洼之外，还有又深又宽的纵向长沟，稍有不慎，车轮就会卡在里面。得不时停车下去铲草皮补路。从两省分界到郎木寺不过四十公里车程，却走了整整三个小时。

为了避免再遇到这样的狼狈路段，第二天我们决定绕道松潘，到川主寺再折转东北。

这个绕道，让行程中多了若尔盖草原和岷江河谷。

在青藏高原和云贵高原—四川盆地—黄土高原之间，西起横断山脉以西，东至岷山一带，交错分布着许多南北向的高山大川，由西南而东北，依次是高黎贡山、怒江、他念他翁山、澜沧江、横断山、金沙江、沙鲁里山、雅砻江、大雪山、大渡河、邛崃山、岷江、岷山、嘉陵江。十几重天堑，使南北纵向通行的蜀道已经“难于上青天”，现代公路技术应用以前，横向通行是不可能的。也许这就是所谓“横断”吧。

这片一望无际的湿地，只是更巨大的湿地草原——川西北草原的一小块。川西北草原处在青藏高原—四川盆地—秦岭—黄土高原的连接段，南起查针梁子（位于今四川省红原南部），北至烈尔郎山（位于今四川省若尔盖北部），东抵郎架岭，范围包括若尔盖、红原、阿坝、松潘四个地区，纵横六百里，又称松潘草地或若尔盖草原。黄河支流白河（当地称噶曲）、黑河（当地称墨曲）贯穿其间，由于水势滞缓，河道迂回摆荡，形成无数牛轭湖和沼泽。

如今，这片湿地已经萎缩，有些区域早已畅通无阻。但在八十多年前，这里却是令人闻之色变的噬人沼泽。每逢五至九月雨季，本就泥泞滞水的草原更显得凶险可怖。

二十世纪三十年代，正是在这片草地最凶险的季节，有一支数万人的队伍曾从这一带经过，写下一段艰苦卓绝、令世人震惊的行军史。围追堵截的对手根本想不到有人能从这里走到对面去。怎么可能呢？纵横六百里的沼泽地，每走一步都可能突然陷下去，瞬间没顶；更何况天寒地冻，缺衣少食？我想起那种被吞噬的感觉，那种心脏被巨手攥紧的窒息感。我仅仅沿着栈道向内走了不过百米，待了不到十分钟。他们则要忍饥负重，深一脚浅一脚，走六百里。但他们硬是走过去了。

由于种种可以想见的原因，他们当年穿越草地的路线图已难以详考，大多数所谓的过草地路线图，标注路线只是根据出发地和到达地的相对位置所做的推测。这些看似不起眼的箭头，在八十多年前的草地上，却是一条条经过数日行军才能走出去的生死线。据不完全统计，当时右路军过草地之前近三万六千人，过草地之后剩下两万六千人，减员上万人，占四分之一以上；左路军因为三过草地，损失更为惨重，仅第三次过草地即减员近七千人。如果这个数字也能够平均，那么在六百里纵深的草地行军途中，差不多每走十来米，就有一人倒在泥沼里。

处于松潘草地西北角的这一片湿地草原，他们可曾踏足过？我不确定。这里不在他们的行军主线路上。迄今为止我能够查阅到的关于当时行军的地图，也都没有如此详细的标注。仅仅作为一种可能——在主线路之外，或者，在主力队伍之外，还有一些小分队，因为种种不可预测的原因，走到了这样一片湿地上。在地图上，这一片湿地只是松潘草原西北角的一小块，如果必须通过湿地，这里似乎是捷径；但是在需要用脚步丈量的大地上，这却是难以逾越的天险。

那一段行军留下了太多故事。在我印象中，“过草地”不仅仅是一段悲壮的行军，也是一桩考验人类意志力的极端事件。在大自然与强悍敌手共同设置的绝路上，有那么一群人，为了心中的执念，甘愿忍受连续、极端的饥饿冻馁，甚至甘愿踏上死地。人的意志力有极限吗？如果有，那么“过草地”应该是其中的一次峰值纪录。

我经过草地边缘的那个下午，天空中曾出现潮汐似的云阵。我们的路线起于黄河、长江分水岭，先纵向穿过若尔盖草原，沿岷江上游谷地北上，再横穿岷山腹地到略阳，走的正是“难于上青天”的蜀道。不过，想象中的艰险并没有出现，全程没有遇到多么难走的路段。

若尔盖草原视野开阔。我把座位调成半卧角度，打开天窗。整齐的云际线把眼前的天空对角分成了两块，一边暗蓝，一边亮白。仿佛是特为悦人眼目，一只鹰从云层中滑翔而出。我迅速对焦，揿住快门。一组二十多张。那绝美的瞬间，被我抓到了。在蓝天与白云的交界处，一只黑色的鹰展翅滑翔。图片连放，那只鹰滑出云层。

天空阴晴不定，草原似无尽头，云层间不时有鹰出没，一只，或者两三只。但我再也没抓拍到那样的景象。那景象跟随我度过十几番春秋冬夏，让我一再想起那个下午，想起崎岖曲折的长路，以及雪山、河流、草原、潮汐般的云层和深不见底的天空，想起胥江曾把车速悄悄减慢，直到停下来。

我当时并不知道，那样无瑕的人生瞬间不可多得，我以为一切理所当然，后面还会有数不尽的云朵，有深广的天空和深广的情意。然而，任何形式的完美都是昙花一现。一切终将消失。彼此相知的人们，也会有一天，在外力的围剿中渐渐失散。我放下相机的时候打开一小瓶青稞酒一饮而尽。我说，我们应该好好喝酒。我说，我们喜欢看鹰隼高飞，我们这样的人，一生都不会气馁。

此时，与那个下午有关的事物只剩下一只青稞酒瓶，它摆在我的书案上，瓶腹是直排草书的火红商标“青稞酒”，两侧各有一个拇指肚大小的凹陷——这设计是为了让人在喝完酒之后可以用酒瓶做分酒器；下面的托底青花上，是两行青蓝小字：

酒精度 58% vol，净含量 125mL

高原青稞酒厂出品

第二章　水枝蔓

古人把具有独立源头且独流入海的大河称为“渎”。依照“发源注海”(《尔雅·释水》)的标准，我国堪称“渎”的大河有四条，分别为长江、黄河、淮河、济水，此即所谓“四渎”。东汉应劭《风俗通义·山泽》博引先秦典籍，从词源角度解释了“四渎”的特殊含义：

江者，贡也，珍物可贡献也。

河者，播也，播为九流，出龙图也。

淮者，均，均其务也。

济者，齐，齐其度量也。

“四渎”在古人心中不只是自然河流，也是神祇。“四渎”之中，黄河的释义无疑更为凝重。河，不仅意味着广大与流布，而且是华夏民族的图腾所出处。

黄河的弯转之多也许是任何一条大河都无法相比的。在这无数的弯转之间，大大小小的支流不计其数。从河源到入海口，一级支流中流域面积大于一千平方公里的有七十多条。经过适度微缩的黄河水系，在卫星地图上形成了惟妙惟肖、美轮美奂的树枝与藤蔓图案。这是生命流动的标准图案。水系、雪花、树叶、山脉、人体乃至一切生命体的经络，都有类似的形状。由此我常常想，在万事万物之间，一定存在着某种隐形的关联，这种关联有时候会呈现为某种逻辑性，某种因果、传承或转接；有时候呈现为呼应；更多的时候则呈现为相像——例如这昭示于万物的形式之中，不断伸展、布散的枝蔓。

我喜欢看实在的黄河，也格外喜欢从卫星地图上看黄河。卫星图上的黄河是具体而微的实景图，是借助了卫星之眼的俯瞰，没有任何人为的涂饰。这样看黄河，会发现黄河的干支流在大地上的形状。它们在两个区域构成的大地图画尤为赏心悦目——其中一段在青藏高原的小“几”字弯，另一段在黄土高原的大“几”字弯内。

高空俯瞰

如果把兰州位置的黄河干流视为主干，则兰州以上至河源的干支流则形若一株巨大的藤蔓。藤蔓的主干先有两个连续相反的凹形转折，然后向西伸向共和盆地，甩出一个古拙的半圆，再弯转向东南的玛曲。在这一段转折之间，左右侧依次有庄浪河、湟水、洮河、大夏河、隆务河、大河坝河、曲什安河、巴曲、切木曲、泽曲等注入。这些支流或长或短，无不宛转曲折，简直是不折不扣的藤蔓。

黄河主干在玛曲回转，伸向西北，直到约古宗列盆地，沿途有无数短曲注入，仿佛藤蔓上伸出的碎芽；卷曲勾连的长曲，则先后有黑河、白河、东柯曲、西柯曲、热曲。玛多以上，双湖犹如藤干上的虬结；勒那曲、多曲、扎曲、卡日曲、约古宗列曲，以及分别汇入其中的细小曲流，则是藤蔓上伸出的嫩茎；而遍布河源地区的湖泊水洼，则恍如这一片藤蔓上结出的累累浆果。

河源的溪水皆被称为“曲”。这个名称所指代的溪水的形状，正与这个字的字义一样，是散漫的，任意的，无拘无束的，体现了隐含于一切自然物之中的天真与自由。我常常想，这种形状之所以赏心悦目，大约也是因为它们恰好代表了一切生命形式内在的倾向吧——移情与共鸣，正是欣赏的本质。

在中游，从托克托到桃花峪，黄河先后穿越晋陕峡谷、汾渭平原、晋豫峡谷。来自两侧高地的支流大大小小达数百条。在卫星图上，这一带的水系枝节繁茂、逶迤盘桓，像是从下游长上来的一棵树。

树干先在干流北侧的武陟和南侧的巩义各伸出一条枝丫。

北为沁河，枝丫伸向西北太行山东南端。先在沁阳岔出支脉，为丹河；过济源市紫柏滩，西北至太行山麓五龙口，再过阳城、沁水、安泽，抵沁源，达西北太岳山东麓。沁河上中游及其支流，在太岳山的山谷之间勾画出一个酷似树叶的形状。从山顶向下灌注的溪水在深色山坡上发出明亮的泛光，正如这枚巨大树叶的叶脉。

在南岸巩义伸出的枝丫是伊洛河，即伊河与洛河汇流河段。两河在洛阳以东的偃师一带岔开，洛河在西，中游有故县水库，上游向西南延伸至渭南箭峪岭；伊河在东，向西南入伊川，经嵩县陆浑水库，复向东南延伸至栾川县伏牛山北麓。这是黄河在潼关以下最发达的支流，不仅是下游黄河干流的重要补给，也因为水流清澈，成为古人开凿运河最爱引用的水源。

洛阳一带的洛河，汉时曾为“雒水”，曹魏时改为“洛水”。据《魏略》记载：“魏于行次为土。土，水之牡也。水得土而乃流，土得水而柔，故除‘隹’加‘水’，变‘雒’为‘洛’。”其实，在《山海经》及《尚书·禹贡》记载里，洛河自古便有“洛水”之名。古代帝王迷信阴阳五行之学，认为王者受命于天，故以五行之德为运，并以五行生克来附会历代王朝的兴衰。按照金水木火土的顺序，东汉时行次为火，而水克火，为了避水，改“洛”为“雒”。曹魏代汉，行次为土，而土是需要水来滋润的，所以去“土”加“水”，把古时洛水之名又恢复了。伊洛河交汇后入黄的洛阳盆地东北角、嵩山东北麓倾斜平原一带，称“河洛汇流区”，亦称为河洛地区，是河洛文化生发涵育的核心区域。

水枝丫指向黄土高原，越向上越旺盛。到潼关附近，树干则一分为二。最粗壮的枝干向上，为黄河晋陕大峡谷及汾渭盆地段干流，水利上称“北干流”；左侧由潼关以上岔出，为黄河流域水系最为发达的支流渭河。渭河水系有两条繁茂的水枝丫，一枝是潼关附近入渭的北洛河，另一枝是西安附近入渭的泾河。

从潼关附近上溯至托克托河口镇，水枝丫在北干流两侧参差伸展，或向上，或横斜，或呈弧形悬挂，强弱不等，总以百计。流域面积超过一千平方公里的，西有渭河、云岩河、延河、清涧河、无定河、秃尾河、佳芦河、窟野河、孤山川、黄甫川等，东有涑水河、汾河、昕水、屈产河、湫水河、蔚汾河、岚漪河、朱家川、偏关河、清河、浑河等等，再加上不计其数的二级、三级支流，其枝节葳蕤，疏密相间，彼此勾连，四方连续，直如大地素锦，令人眼花缭乱。

汾与渭

汾河，无疑是这一派水系中极旺盛的一支。从地质方面看，汾河是形成于燕山运动时期的古老河流，其源头在山西高原北端的神池，河水全程流淌在太行山与吕梁山之间的谷地，由北而南，贯通整个山西高原。

燕山运动形成了吕梁山、太行山等经向构造山系，使山西高原成为一个相对独立的地理单元，也使汾河在一连串的地堑盆地中逐渐育成。形成初期的汾河更为壮大，后经喜马拉雅运动，首尾均遭袭夺，便缩短为如今的规模。据考证，上新世晚期的汾河曾贯穿忻定、太原、临汾、运城等四大盆地，穿过中条山南流，于今平陆县茅津渡位置汇入黄河。后因一系列地质作用引起的地形变化，汾河干流在今山西侯马至新绛一带折转向西南，形成后来直至如今的“丿”形河道。

“汾者，大也。”汾河上游原本分东西两支，其东支在今滹沱河上游位置，后为太行山东侧的滹沱河溯源侵蚀夺袭，汾河于是独以西支为上游，水量骤减。今汾河自源头到后土祠入黄口，先后接纳大小支流一百多条，半数以上流域面积超过五十平方公里，其中岚河、潇河、昌源河、文峪河、双池河、洪安涧河和浍河等，流域面积均在一千平方公里以上。

汾河是属于山西高原的河流，被山西人视为“母亲河”。山西高原许多地名，诸如汾阳、襄汾、临汾等等，名称都来自汾河。当然，驰名天下的清香型酒鼻祖——汾酒，也得名于汾河。产于汾阳杏花村的汾酒，已经有数千年的历史了。据说在南北朝时期的北齐，有个好酒的武成帝。他满口赞扬的“汾清”，就是汾酒的前身。唐时杜牧的一首《清明》，更让酒产地杏花村的美名流传至今。杏花村位于吕梁山与太行山之间的晋中盆地西南部，西靠吕梁山东麓山地，东为汾河支流文峪河，植被好，湿度足，富泉水，加上河流冲积带来的微生物环境，可以说是一个绝佳的酿酒地。

汾河流域历史上开发较早。隋唐以后，由于历代建都均在山西高原附近，汾河沿岸山脉林木开采过度，以至于汾河所经之地，由原来的茂盛森林化为了光山秃岭。汾河水量大减，水质也遭严重污染，一度成为黄河流域水质状况最差的一级支流。曾有一段时间，汾河下游很多河段在卫星图上的显示是黑灰色的，像是流着满河的水泥。这些年，由于持续的全流域水污染整治，汾河水总算是褪去了那种令人心悸的颜色，恢复了一条河流本来的样子。

另一侧的延河与无定河，因为流域位于陕北红色老区而遐迩闻名。延河与无定河的源头相距不远，都在黄土高原中心区域。两条河流域普遍干旱，因而流量不大。无定河自发源地定边县白于山到清涧县入黄口，整个河道形成了半个堪称规则的圆弧，在地图上看起来，像一枝被果实压弯了的倒悬的枝条。因为上游流经毛乌素沙地，所以，在大量淤地坝建设与背河坡面措施实施之前，无定河一直是黄土高原挟带粗沙最多的河流。2017 年 7 月底，因流域持续暴雨，无定河向黄河输沙 1.6 亿吨，其中易在河道淤积的粗沙在入黄粗沙总量中占比达到四分之一。

黄河支流中另一条输沙大户是渭河。

从下游向上看，渭河从潼关卡口处向西伸出，过西安、宝鸡、天水、陇西，一直延伸到黄土高原西部边缘鸟鼠山，其水系发达程度几乎可以和黄河北干流平分秋色。北洛河和泾河，是渭河北岸两条最大的支流。北洛河源于定边县低山区，河道纵贯黄土高原，中途有葫芦河等二十多条河川注入，入黄口距渭河入黄处仅数十公里，无论是它带来的沙量还是洪量，对下游都会构成措手不及的威势。泾河在西安附近由北岸入渭，是黄河流域水系最为发达的二级支流。其主源在六盘山东南麓；北源也在陕北定边，与北洛河源头十分接近。泾河的较大支流有汭河、三水河、达溪河、黑河、汭河、洪河、茹河、蒲河、马莲河。亭口以上支流如蒲扇一样张开，覆盖了近七分之一面积的黄土高原。

西安以西的渭河河段，如果把每一条支流都标注出来，这条河流的形状就成了一把篦子。篦齿参差不齐，却密集如也。南岸的篦齿端点俱在秦岭，因地质构造关系，水流落差大、流量大，是渭河的主要水源；北岸的篦齿端点则在黄土高原，水流特征与南岸相反，水量小，却是渭河泥沙的主要来源。发端于黄土高原腹地的支流，除前文所述的北洛河与泾河以外，由东而西，流域面积超过一千平方公里的另有石川河、千河、牛头河、葫芦河、散渡河等；源于黄土高原西南部的则有咸河、榜沙河等。想象一下这些流程短、比降大因而冲刷力极强的支流从松软的黄土塬上奔涌而下的情景，就不难知道渭河为什么会被称为“小黄河”了。在实施黄土高原水土保持和普遍修筑拦泥坝之前，渭河每年向黄河灌注 5 亿多吨泥沙，相当于黄河年输沙量的三分之一。

即便拥有密集支流且流量丰足，渭河也常常有带不动这些泥沙的时候。渭河在关中平原的表现，与黄河在华北平原的表现太过相像——先清后浊，泥沙淤积，洪水，决口，改道……这条流淌在八百里秦川的“小黄河”，既奉献宝贵的水源和含有丰富腐殖质的淤泥，也带来无穷的灾害。

它也有着与黄河类似的生发力。河水带来的淤泥是如此肥沃，撒一把种子就能生长。在生产力低下的远古时代，渭河两岸及黄河小北干流至中下游交界带两岸高地，以其丰富的水土资源，成为华夏先祖最早的聚居地。据先秦文献辑录的传说，被奉为华夏人文先祖的黄帝，其氏族崛起于姬水。姬水乃今漆水（一说姬水乃今河南省新郑一带的溱水）的古称，属渭河北岸支流，位于今麟游至武功一带。炎帝氏族则崛起于姜水（今宝鸡市清姜河，古时渭水支流岐水的下游）。据夏商周的都城遗址分布可以推断，信史时代初期华夏先民的活动范围，正在陇山至泰山一带的黄河流域，横跨关中、晋南、豫西、豫中、豫北、鲁西南的黄河中下游地区。

纸上水系

黄土高原上有这么一派枝枝蔓蔓的河流，该是不缺水了吧？并不是。发达的水系只是个概念，是地图上的，不是大地上的。河道是有的，但是如今，河道里的水却时有时无，有些则是常年干涸。黄河中下游流域许多地区，不唯灌溉困难，甚至日常生活用水都紧紧巴巴。

黄土高原上的河流，发源地就在干旱区，源头活水并不丰盈，河流的水源补给依靠雨水汇集，大部分属于季节性河流；而沿途所经之地的农田，基本上是依靠从这些河流引水才得灌溉。所以，在非汛期，河流干涸是常见现象。即便是接纳了大量支流的渭河，在枯水期，也是涓涓细流甚至河底见天的状态。

在河流遍布的黄土高原，耕地灌溉常常需要长途引水。秦时修筑的郑国渠，就是在泾河下游与北洛河下游之间东西贯通的灌溉渠。秦时都咸阳，既然南濒渭河，已有东西贯通之便，为什么又在这个位置修一条与渭河平行的水渠呢？这是因为渭河地势低，北岸地势高，要灌溉咸阳以北农田，需要引水向上，比较困难；而引泾河顺势东流，就容易多了。西汉迁都长安以后，由于漕运需要，汉武帝时期先后开凿了白渠、漕渠和昆明渠。隋唐时则开挖了龙首渠、永安渠和清明渠，把浐河、潏河引入城内，以解决百万人口生活及手工业作坊生产用水。以泾河的水量，还额外支持着西安以东、北洛河以西汾渭谷地的大片农田，水资源的紧张状态可以想见。

相对于河流长度而言，黄河的水系实在并不发达。依照流域划分规则，黄河流域在中上游构成了一头肥硕的卧狮形状，而到了下游，它的水域瘦窄成绺，像这卧狮伸出的一条过于羸弱的前腿，或简直是卧狮颈上拖下的一截绳子。

郑州以下的黄河，河底高出背河地面几米至十几米，以至于黄河的河道不再是常识中水行低地的情形，而成了横亘于华北平原南部的“高地”，成了海河水系与淮河水系的分水岭。这么高的河床，意味着干流沿途不大可能有支流汇入。坐落在黄河岸边的郑州，按照地理逻辑自然是属于黄河流域的，但是在水利概念上，郑州地区的河流却大多属于淮河水系。从郑州绕城而过的贾鲁河，原本是引黄渠，后来因泥沙淤积太甚，所以堵塞引黄口，另择京水、索水、须水为引水源。如今的贾鲁河与黄河南岸几乎切边，却不可能汇入高悬在地面之上的黄河，终是转头南下，投奔颍淮去了。

发源于伏牛山区的汝河、颍河、涡河，发源于山东丘陵的泗水，也一律顺着地势，流向低处的淮河。北岸的情形也是一样。发源于太行山东南端的卫河，与南岸的贾鲁河一样曾是引黄渠道，如今其上游与黄河近在咫尺，却从焦作与武陟之间转头向北，经新乡、浚县流向河北，汇合漳河后向东北注入渤海。山东段黄河北岸的徒骇河、马颊河，也都纷纷避黄投海，以至于海河流域的边界线几乎伸到了黄河岸上。

世上没有第二条河流，竟然成为山岭似的存在；也没有第二条河流，行水千里而几乎没有任何支流的补给。晋豫峡谷以下，即便是偶有趁了地势之便注入黄河的支流，河流的状态也让人忧虑。

为了看看黄河中下游分界处左岸支流沁河的真实状态，我曾与朋友从沁河入黄口逆流而上，走到沁河出太行的五龙口。

沁河入黄口武陟一带，曾是黄河左岸最易决口的地方。据记载，清代以降，附近比较大的决口就有五次。三门峡以下黄河南岸的山头，依次为崤山、熊耳山、伏牛山余脉、邙岭。郑州北郊为邙山头。黄河从孟州出晋豫峡谷，河水突然失了约束，南岸又是连绵山岭，所以，凡有洪水袭来，处于黄河北岸的武陟便首当其冲。

号称防洪重点的沁河，在汛期刚过的八月底，入黄口就已经枯竭见底。在沁河入黄口武陟西南一带，已经很难找到它与黄河的汇流点。因为枯水，两河汇流的区域河底多呈龟壳状干裂，成为可以行走其上的硬泥地；剩余的水流宽不盈丈，浅如小溪，汪在岸边静止不动。我们沿着河底向上徒步走了很远。在白花花的烈日下，沁河显得楚楚可怜。在十万分之一比例尺的卫星地图上只有厘米之远的沁河口，仿佛再也走不到了。我们于是决定回转，开车沿大堤再往前走一段。正当我狐疑是不是走过了头的时候，堤顶道路左侧出现了一块醒目的标志碑：沁河口。

河口标志碑一带也看不见沁河的踪迹。石碑背面刻述了河口位置变迁、决口及历代加固堤防情况。碑后的长堤从所在位置看应该是临河堤坝，只是堤坝以内依然没有水。

这种情形，与我看过的许多黄河支流极其相像。冬季的渭河，夏季的沁河，一年四季的汜水……都是几乎断流的样子。因为枯水太甚，我站在渭河河心的泥地上曾经怀疑自己是不是走错了地方。彼时寒风凛冽，天空灰黄，眼前是大片大片干燥皲裂的黄泥地，和种在河滩上还没有来得及收割的玉米。我几乎听见了自己心里一连串的疑问：这是渭河吗？是黄河第一支流渭河？就这么点水，这么点河面？

河之初

黄河最初是怎样演化形成的，学术界一直存在比较大的争议。所有高山大川都是地质运动造就的。但地质运动的力量是怎样作用于某个区域的地壳板块，并以不可思议的地理逻辑重新组合了它们的方位关系，难以想象。地理因果远远大于人的判断与推理，大地的构图目标也常常出乎人的意料。这让人感到沮丧。对于地质时间的想象让人有一种失重感。沉溺其中，人就成了被强气流冲击的尘埃，忽忽飘荡，漫无定向。

地质学的说法之一是，两亿年前，泛大陆还是东高西低的地势。从陆地注入大洋的河流也遵循着地球重力亘古不变的规定，自高向低，由东而西。近一亿多年以来，地壳运动在东亚一带特别活跃。从一亿七千万年前，在目前我国版图内的许多地区，地壳因受到强力挤压而发生褶皱、隆起，形成东西横亘或南北绵延的山脉，华北地区沉降为低地，水流便也顺应地势，方向改为由西向东。这个时期的强烈地壳运动结果因以北京附近的燕山为典型，故称燕山运动。

经过燕山运动，东亚板块的地形地貌已成为如今的格局，华北地台基本形成。其后，随着大陆漂移和持续的地壳运动，特别是经过六千七百万年前的喜马拉雅造山运动，青藏地区迅速抬升，以其平均四千米以上的海拔及世界最高峰珠穆朗玛峰而成为地球“第三极”，成为众多五千米以上积雪高山的所在地，也成为东亚大陆许多大河的发源地。同样由于喜马拉雅运动，在第二地理梯级东边缘地带的山西高原上，产生了两条南北向的平行裂谷。裂谷位置在今黄土高原东缘与太行山之间。东部裂谷由北而南，继而弯转向西，整体呈“丿”形。这条“丿”形裂谷，后来成为汾河干流的行水通道。西部裂谷则成为古黄河中段的行水通道，即今黄河北干流所经的晋陕峡谷。

在地壳运动造就的中国地理版图上，从被华夏民族尊为神山的昆仑墟到东部一望无际的太平洋之间，形成了由昆仑山（东部分岔为阿尔金山、阿尼玛卿山和巴颜喀拉山）—秦岭—大别山连贯构成的中央山系。古黄河就诞生于这道巨大山系中部的巴颜喀拉山，并在这道山系以北的地理单元之间逶迤流淌，行水五千多公里归海。

水流为自己寻找出路的过程艰辛而漫长。

地壳运动最初只是造成了海底的局部抬升。这种抬升是不均匀的，有些地块形成高山，有些地块则成为湖泊。今黄河全线从源头至入海口，曾有麻涌古湖、唐克古湖、共和古湖、银川古湖、河套古湖、三门古湖、渤海古湖等依次分布。由于水流的溯源侵蚀和下切侵蚀作用，这些古湖泊逐渐向四周低地伸出水道。在这个过程中，古湖泊失去大片水面，轮廓拉长，成为区间性水道；与此同时，从高地下泄的冰雪融水、泉水和季节性雨水不断汇集，使得这些区间性水道的水量持续增大。较长的内流河便在这样的地理元素流变中渐渐形成。今天的黄河，最初就是这样五段区域性的内流河：

最西部的一段，源起巴颜喀拉山北麓麻涌古湖，向东流经今扎陵湖和鄂陵湖所在地，再沿着巴颜喀拉山和阿尼玛卿山之间的谷地流向东南；

另一段从唐克古湖发端，沿着阿尼玛卿山和西倾山之间的谷地，先向西北流向共和盆地，继而沿着西倾山西北边缘，从共和盆地向今兰州方向不断侵蚀；

拉脊山南麓，另有一段水流宛转向东，向北注入银川古湖，再向北侵蚀，指向今河套地区的乌梁素海；

在黄土高原东部与山西高原西部，无数的水流从两侧高地奔涌而下，在峡谷中汇流成河，滔滔向南，直泄今汾渭盆地，在这片椭圆形低地上经过漫长的淤积，造就了适于农耕的黄土沃野，这就是后世所称的汾渭平原；

最东部，山西高原南端的三门古湖不断下切，加上从太行山东麓密集下泻的水流，在广阔的华北地台上渐渐汇聚成河，经过山东丘陵北侧低地，向东注入渤海古湖。

流水本是最柔软的事物。只是，加上了漫长的时间，流水便能以绕指柔的功夫，渐渐勒断一切貌似坚不可摧的阻碍。在千百万年时间里，被高山厚土拘限的河水滔滔不息，水流日复一日，年复一年，上溯下切，不断侵蚀，咬穿了重重高山峻岭，使水的线段次第贯通。

一百万年前，从巴颜喀拉山到三门古湖的黄河已经形成。但在这条河流与中条山以东的河流之间，还隔着一重山岭。这段山岭如今南为崤山，北为中条山—王屋山。其山体坚硬，南北纵贯，把意欲东流的河水死死拦在山岭以西。水流是有耐心的。打通这重山岭，它又用了三十万年。就这样，在约七十万年前，河水终于在山脉之间切开了一处峡谷。

贯通三门峡之后的河水奔腾而下，与中条山东侧的河段汇为一体。现代意义上的黄河形成了。

打通了入海通路的黄河，在亚欧大陆东部的大地上画了一个无限曲折的“几”字。在这个“几”字形的线路上，黄河呈现为密集弯转、曲曲勾连的形状。尤其是在平原和盆地，因比降不足，水流不畅，河水更是走一步退两步，原地盘桓，徘徊不前，黄河不像是河流，更像是水流在大地上蚀刻的线描画。

双湖以下，黄河干流或穿峡谷，或经平原，前后有七个大的弯转：

第一个弯转在青海玛曲县。黄河出双湖以后，顺应青藏高原东南边缘西北高东南低的地势，沿巴颜喀拉山与阿尼玛卿山之间的谷地流向东南，在若尔盖草原遇到岷山阻挡，遂反向折转，沿着阿尼玛卿山与西倾山之间的谷地流向相对较低的共和盆地。

第二个弯转在龙羊峡一带。黄河到龙羊峡以上位置，流向已由西北偏转为正北。在龙羊峡，水流受北面青海南山阻挡，于是九十度折转，沿着青海南山—拉脊山与西倾山之间的谷地，向东进入黄土高原。

第三个弯转在兰州。兰州是一座有黄河穿城而过的城市，也是黄土堆积层最厚的地区。此地向东是黄土高原升势，黄河避高就低向北偏转，沿黄土高原西部边缘流向宁夏平原。

黄河在内蒙古有两个折转。受北部阴山山脉阻挡，黄河在巴彦淖尔磴口向东折转，经河套平原至内蒙古托克托河口镇，再受吕梁山阻挡折转向南，沿晋陕峡谷穿行七百多公里，泄入汾渭平原。这两个折转之间的河段，就是“几”字形顶部那一横。

河水在潼关以下进入了“几”字形底部。从北方来的黄河受南部秦岭阻挡转而东流。河水沿崤山与中条山之间峡谷奔腾向下，在孟津出峡谷，进入广袤的华北平原。

最后一个大转弯在兰考东坝头。这里也是黄河1855年大改道的决口处。因为正面受到山东丘陵阻挡而泻流不畅，黄河在这一带决口频繁。1855年决口后，河水在此折转流向东北，注入渤海。

很难找到另一条河流，具有如此曲折、千难万险的路途。在中国北部版图上，也找不出第二条能够贯穿如此广阔的干旱区的河流。这千转百回的河道，看似委屈受尽，却又执着到底，几番前途阻绝，却又别开生路，正如传说中经受了九九八十一难的取经之旅。

迂回

看看黄河的流域图则不难发现，渭河西源之一在甘南冶力关，与黄河上游支流洮河河道迫近；渭河西源另一支流咸河，与兰州东侧的苑川河几乎相接；北源葫芦河，则与祖厉河近在咫尺。我总是忍不住想象黄河从这几个岔口直接东流的情形。这种情形在玛曲第一弯处更明显——假如黄河干流跟大渡河、雅砻江或与它们并行南下的河流中的任何一条接通，那么，是不是长江就多了一条支流，而黄河也就不存在了？

这种假设其实是不成立的。

水流永远避高不避远，就低不就近。所以，哪怕是一处不起眼的高地，也能够成为许多河川曲流的分水岭，北坡的水流越不过山头到南坡来，南坡的水流也越不过山头到北坡去。

即便这种假设由于人力作用成立了，另外的河流也还是会形成这逶迤曲折、不远万里的路线。河流的成立并不仅仅是由于有源头，更是由于无数支流的汇集。各地的雨水都会找到能够容纳它们的低地。河流不过是把这些富水的低地连接了起来罢了。没有支流汇集的河很难成为大河。因为，纵有源头活水，倘若一条线到底，绝无枝节，再强盛的活水也抵不过长途的水流失。加入的水量大于流失量，一条河才能坚持到大海。所以河流之“源”，实质上是千百个不同源头的相加。

唯有融会贯通，才能源远流长。

自然存在有目的吗？归海是河流的目的？也许河流唯有状态，没有目的？

水需要循环，需要保持动态，否则水就会死。“死水”也像死了的动植物一样，会腐坏。水要活着，就得不停地循环，就得不停地流动、蒸发、凝结、落下、汇集、再流动。这是水活着的必要条件，也是水活着本身。每一滴水，都趋向于融入这个循环，不被搁浅。大海也只是水循环的中转站。它汇集百川，再经受烈日的蒸发，化为雨雪，回到百川的源头。

我终于明白了古时“河”与“水”的实质性区别。“水”必须能够持续流动，才成其为“河”。“渎”，等于赋予了河流一个基本定义——它必须是“活水”。能够入海，才能循环，才是“活水”。不能独流入海的溪水，把自己交给了小河；不能独流入海的小河，把自己交给了大河。它们通过汇集，加入更大的水道，从而通向了大海。而大河也正是通过不断地接纳，保持了自己的水势，从而保持了通向大海的动力。

天下黄河九十九道湾。这只是一种修辞。黄河当然远不止九十九道湾。在五千多公里的长路上，它的弯转一个接着一个，或陡急，或舒缓，大大小小，难以计数。

可以观察到，河水在比降较大的峡谷河段弯转比较少，在比降较小的平地弯转比较多。在比降极小的平地，除非经人力筑疏加以约束，黄河的河道总是大幅度弯曲，像故意要在大地上描绘一幅幅水图案。

河水的自然弯转有时候达到了匪夷所思的境地。那些个蛇形勾连甚至马蹄形弯转，既然并非地势所趋，河流造就它们的动机何在？为什么河流不选择近得多的直线呢？这过度的弯转曾让我觉得，河流毕竟是没有智力的，不知道直线是近路；又或者它的流淌完全是被动的、盲目的，并不存在什么道理。

直到最近我才了解，在比降不足的河段，河道的不断弯转恰恰能够赋予河水以必需的动力。从物理学的角度解释，对河流主流向造成适度阻碍的河岸，能够给予水流以小角度向前的反弹力，这种反弹力与永远趋下的水势结合，能使河水相对迅速地冲向下游对岸，对岸若是反向弯转，这种推动便会持续作用于水流，让河水保持必要的流速——很像蛇的爬行。

弯转，是河流的迂回和妥协，是水的“盘山道”。

这无数的弯弯绕里面，藏着我们看不见的动力，比多少人力作用更有效。而人工修筑的渠，却一律选择了直流。这固然有节约人力物力的考虑，但是否也有自以为是的成分呢？

河流的迂回却也总是够用为止。它的弯曲自有限度。在河曲发育充分的地方，随着水流不断侵蚀河岸，日积月累，河流的弯曲度会越来越高，以至于会形成超过二百七十度的缺口圆形河湾——也叫马蹄形河湾。水流侵蚀继续下去，这个缺口最终会被水流打开。这时，河流等于在局部完成了一次自我纠偏——它把自己的通道来了个裁弯取直。之后，河水便会删繁就简，由取直通道流下去。原来的河湾则因不再过水而渐渐封闭，形成状似牛轭的湖泊。大河流经平地时河岸附近星星点点的牛轭湖，大多是河流自动裁弯取直后的水泊遗留。

每一种自然选择，包括河流的决口和改道，都是有原因的。决口和改道只是人类给予的称呼。对河流而言，那只是它在寻找更合适的道路——要保持流动，它就不可能乖乖待在人类规定的河道里，在停滞不前中成为死水；除非人类通过设置，给它一个坡度或力度，使它保持必要的流势。

人类与大自然并非彼此的观照体。人类处于自然之中，仅能以自然界中其他的部分——动物、植物、微生物、无机物，以及“无物”的空间——为观照。这个“其他”，实质上也只是“其他”的一个角落，大致局限于这个星球。但在我们的理解系统里，“其他”都在股掌之上，仿佛“其他”都是为我们准备的。

人类进入文明时代以来，花了数千年的时间才领悟必须与河流和平共处的道理。大堤，大坝，水渠，不是人对河流的制服，而是人与河流的谈判。如果河流不签约，我们只能再后退一点——我们收敛耕种、放牧、建设、采伐，以及污染，把它的领地还给它，它才会有持续的、对人类有益的提供。

第三章 时光标本

在黄河流经的两个地理区间——黄土高原和华北平原，迄今已被发现的人类早期活动踪迹如果逐一标示，则不难看出，它们分布的区域与黄河中下游干支流的流域基本一致。

有研究者绘制了一张特殊地图，以绿线标示作为华夏文明直系源头的仰韶文化分布区域，以红线标示黄河中下游干支流流域。在这张地图上，红线和绿线标示的区域基本上是重叠的，两条线圈围的区域，都是渭河中下游至潼关卡口以下的黄河两岸。如果把华夏文明早期遗址类型分别与黄河流域做个比较标注，如上的重叠会一再出现。红色标线内密如繁星的小圆点，只是华夏古文明经过了数千年淘漉之后残存的印记，是时光留下的少量标本。这些点状标示后面，是远古时代四方连续的人类生活，是薪火相传、延绵不绝的文明演进。

人类史上最早形成的文明，都处于北纬 20° —40° 之间的大河流域。有历史学家和人类学家认为，古文明如此分布的原因在于，北半球亚热带到暖温带大陆，在资源、空气、温度和湿度上具备了原始人类生存必需的物质条件；同时相对于热带，这个地理区间又以适当的困难刺激了人类谋取衣食的欲望和潜能——因为有几个月的冬天，必须储存食物，必须有衣物和住所御寒，所以，这一纬度区的人们最先学会了种植、畜养、纺织和建筑。华夏文明的直系源头仰韶文化，发生于北纬35° 左右的黄河中下游交界带。也正是在这个纬度上下的黄河流域沿岸阶地上，发现了足以佐证黄色人种独立起源的远古人类遗迹，以及最早的农耕文化遗迹。

当黄河被称为中华民族的母亲河的时候，也许，其含义并不仅指黄河生成了华夏文明祖根地中最重要的冲积平原，也不仅指黄河的滋养为华夏文明的形成与发展创造了物质条件；而同时或主要是指，黄河与它所流经并重塑的这片黄土地，决定了华夏民族肇始于农耕、格外重视安居和繁衍、格外忍耐的心理底色。

人疙瘩岭

据迄今为止的考古发现，今中国版图区域内最早的人类用火遗迹在山西高原西南端的西侯度。这也是2019年春天第二届全国青年运动会选择此地为圣火采集点的原因。

西侯度遗址地处距离黄河数十公里的黄土高台上，旁侧是通向黄河的涧沟。依山傍水，筑居高台，是远古人类聚居地的共同特征。在石器和农耕出现之前的人类，唯有依山，才能不断获得自然界提供的果实；唯有傍水，才能获得便捷的水源；唯有居于高台之上，才能防止洪水的侵袭。山西高原西南端的黄土地台，高出黄河河面一百七十多米，正是中条山南麓延绵低丘地带的古老阶地，齐备了古人类聚居的各种便利。

从潼关—风陵渡黄河大桥跨河向北，沿临风公路北行约五六公里，在阳贤村东侧穿运风高速桥洞右转，有一条新修的柏油公路宛转进入山西高原腹地。新公路应该是特为西侯度遗址修筑的，一路上并无其他需要驻足的站点。公路在一片黄土低丘中绕了几个弯，便见“西侯度遗址”标识牌出现在道路右侧的立杆上。

遗址位于当地俗称“人疙瘩岭”的一处黄土峁。与其他远古人类遗址一样，经过一百八十万年时光淘漉的西侯度遗址基本上有“址”无“遗”，除了少量简单的打制石器，地面已是一派荒坡。遗址公园的布置显然经过了专家级的论证设计。大体量的聚落情景模拟，老老实实的发掘原址标记，以及涵纳四周黄土地构造的全开放呈现，仿佛自能“无中生有”，令人步行其间，既能看见原汁原味的方位关系，又似乎触及了某种痕迹，某种原始生活特有的气息。

遗址公园圈围的区域在人疙瘩岭两阶地台上，大致呈现为西北—东南方向的“鱼”形。“鱼头”部位是发掘原址；“鱼身”部分是二青会圣火采集广场和仿黄土构筑洞穴，位于人疙瘩岭顶端地台；“鱼尾”部分则是入口检票门廊和两侧的文物展厅，位于低阶地台。两处地台以一段青石山道相连。

遗址入口对面的弧形崖壁上专门镶嵌了碎石立面，其间镶嵌的“西侯度遗址”五字采用了钟鼎文字体，看上去颇有古风。遗址公园入口处，竖立着几块刻立于不同年代的“西侯度遗址”石碑。其中有一块 1961 年的旧碑，题款为“芮城县文物保护单位西侯度遗址（更新世早期）”。

作为文物出土原址的“荒坡”，根据发掘时间的早晚，已经界分成十几个几何区块。区块之间以碎石小路相隔。

这些碎石小路，实际上就是在遗址区从地面向下开挖的浅沟。几何区块分别以低矮石壁圈围。每个被圈围的小单元里，俱是荒草杂树，不加修饰，仅竖立一方小标识牌标注发掘序号。作为分界线的小路深约一米。参观者可随意停留，近距离观看这些荒坡。

自然是什么也看不到。然而人的感觉系统自有法力，它会在这样的情景提示下进入想象模式。一百八十万年前啊，那茹毛饮血的时代，遥远得仿佛是另一个星球的事。然而他们的旧场所就在眼前，就是在这里，在这一片荒草萋萋的所在，他们生火、饮食、休息，然后走出去，在这一片山丘上采摘野果、猎取飞禽走兽，在这沟沟壑壑里捕获鱼虾。

西侯度遗址在考古界称为“6053 发掘地”，意为 1960 年第五十三个野外发掘点。事实上，这一处遗址是 1959 年中国科学院古脊椎动物与古人类研究所、山西省考古研究所的考古人员在发掘匼河遗址时发现的，只是次年才得到确认。遗址确定范围约十二平方公里。此后两年，西侯度遗址的发掘和研究逐步深入，考古人员在几十米厚的红色土层下、由沙砾石层构成的原生地层中，发掘出火烧过的动物尸骨和带有切痕的鹿角化石，同时出土的还有三棱尖状器、刮削器、石片、石核和小型砍斫器等，动物化石则包括长鼻三趾马、古板齿犀、羚羊、麋鹿、纳玛象等几十种。经碳-14 及古地磁法测定，这些出土物均为距今约一百八十万年的古人类活动遗存。

2005 年，山西省考古研究所对遗址再次考古发掘，出土一千多件石制品和动物化石碎片。这些石制品里有打击痕迹十分清楚的精品和规范制品，带有明显的人类行为特征。当年 10 月，考古界对西侯度遗址的新发现做了学术研讨报告，确认西侯度遗址属于中国早期猿人阶段文化遗存，是迄今发现的中国境内最古老的旧石器时代遗址，也是有着人类用火遗迹的最早遗址之一。

几何区块里的荒土坚硬瓷实，隐约透着灰黑。捡一块放在手上，能看到不规则的纹理，仿佛被揉捏混合过。它们显然并不是自然原态的土，而是曾被人使用过的土。在考古学上，这叫熟土、路土，还是五花土？只不过，经过了百万年的休息，这些“熟土”似乎慢慢复活，又或者古老的熟土之上已经覆盖了后世的虫土，总之，野草杂树尚能够从中汲取养分，倔强地活下来。

原址北侧是陡峭的黄土崖，崖边设置了五处栈道式观望台。站在任一处观望台上，均可看到遗址北面的黄土高原地貌——层层叠叠、大大小小的黄土峁，有黄土小路蜿蜒其上的黄土墚，以及貌若地裂的沟壑。遗址所在的黄土峁北侧有一道长长的裂谷，裂谷对岸西北方向的村庄名舜南村。眼前的裂谷只是中条山西南麓无数黄土沟壑中的一条。这一带处于晋陕交界暴雨区的边缘，到了雨季，这条裂谷里会装满从山上倾泻而下的泥浆。于是裂谷成为河沟，名“舜南涧”。

在二青会圣火采集广场西北角搭建的石阶高台名“岳渎相望台”。只是高台还不够高，雾霭氤氲中，但见山丘层叠，滩地苍茫，远处万物混沌，看不见黄河的轮廓。

遗址西南侧的青黄平房群，便是遗址借以命名的西侯度村。每一种景色都似曾相识，仿佛我曾经来过，又或者竟是在这里生活过。是一时恍惚，还是对于晋陕豫一带相类地貌的印象所致，说不清楚。这样的冷寂苍黄，是与东方审美契合的格调——看似平淡无物，却于简素之中别具意味，其旷远沉郁，言语难以尽述。

有椒其馨

这一片被自然侵蚀割碎的黄土地，都被精心打理成了梯田。冬天的黄土地上看不到庄稼，唯有成行的花椒树、核桃树、柿子树。

西侯度所在地盛产花椒。周边的花椒种植面积有十多万亩，有华北最大的花椒贸易市场。每到秋收季节，往来运输的货车络绎不绝。因为土质和气候关系，这里的花椒品种多且优良。其中有一种与福建乌龙茶同名的“大红袍”，籽粒硕大，壳相明艳，是这一带的花椒名产。因地制宜、化劣势为优势的种植选择，成就了这一带“花椒之乡”的美名，也给当地人带来了殷实的收入。走在路上，能看见大片大片的花椒林。虽然在冬天，花椒树叶子落尽，只剩下了黑色的枝干，仍然可以想见夏秋时节花椒树枝繁叶茂、籽粒累累的情状。花椒的籽粒香气浓烈，尤其是新生的籽粒，香气更是有侵略性，远远就能闻见。到了夏秋时节，想必这里的空气都是香的。

花椒是原产于黄土地的香料，是华夏农业文明传统里的物产先驱。华夏先民从什么时候开始发现了这香气汹汹的植物？什么时候斗胆把它混进了食物，发现了它的妙用，进而开始栽植？不确定。在先秦时代的歌谣里，花椒便成为被一再歌咏的美物。“有椒其馨，胡考之宁。匪且有且，匪今斯今，振古如兹。”（《诗经·周颂·载芟》）花椒香气远播，长者健康安泰，不仅此刻如此，不仅当今如此，而是自古如此。形成于山西高原的《唐风》，更是把本地的美物写得葳蕤生姿：“椒聊之实，蕃衍盈升。彼其之子，硕大无朋。椒聊且！远条且！”（《诗经·唐风·椒聊》）花椒的籽粒装满了升，那个人高大健壮，没有谁比得上。花椒的果实一串一串的，花椒的枝条长长的。这一番相思衷肠，比红豆之思多了气味、多了形状、多了风度，却少了动作、少了言语，一番色香味俱全的恋念，却只是一个人的暗想。椒聊且，远条且，又浓密又洒脱。这才是堪托相思之物。

花椒的香气，宜人而为百虫所忌，最适合装饰房屋。最先发现这个妙用的，是汉初的宫廷。在皇帝和后妃居住的长乐宫、未央宫中，皇后的宫殿是最为特别的，其涂抹墙壁的泥料中和入了花椒粉，称“椒房”。这样涂抹出来的墙壁，不仅颜色温暖，而且馨香隐约，妙趣天成。最初的“椒房”是一种后宫建筑规格，只有皇后才能享用。“椒房”既然如此美妙，后来便成为皇帝手里的赠品。皇帝十分喜欢哪个妃子，就特赐“椒房”以示宠爱，称“椒房之宠”。有闲人统计过，历代享受过“椒房之宠”的后妃，不过十人左右。可见“椒房”难得，皇帝动情更属稀有。

为什么单单赐予女人使用呢？我想，这里面可能还有着更功利的用意。花椒性温，祛寒湿最有效，而女性多是惧怕寒湿的；又以花椒“蕃衍盈升”，“椒房”便也寄寓了“多子”之意。

花椒也是我极喜爱的香料。对我而言，花椒的香气比茶饮更能提神，比艾草更能宁心。那奇妙的香气，让我几乎有些上瘾。我喜用花椒煎烧炖煮，也喜用花椒加盐泡茶，更常常把花椒籽粒包进纱袋，放在枕下、柜中、案上，以及随身的背包里。

我对朋友说，咱们秋天再来？来这里摘花椒？朋友击掌道，妙品同好，不谋而合。

第一把火

二十世纪六十年代中期以后，在“砸烂旧世界”的时代潮流中，考古大约也是一件难以推进之事。与那个年代发现的许多远古遗迹一样，西侯度遗址从首次发现、逐步发掘到论证确认所属年代，前后经过了半个多世纪。

西侯度遗址在1959年被发现后，后续经过两次规模较大的发掘。第一次在1961—1962年，第二次在2005年。在两次发掘成果论证确认之前，汉语教科书上记述的中国境内最早古人类遗迹，是距今大约七十万年的周口店北京猿人。周口店遗址的发现早在1930年，考古学家首先发现有被火烧过的鹿角，然后陆续发现北京人洞穴遗址灰烬层中大量经过火烧的石块和骨头。这些迹象表明，北京人已经能够使用火。西侯度遗址的发掘论证和最后的成果报告，把中国境内人类用火的时间向前推进到距今一百八十万年。

用火，是人类文明演进史上里程碑式的事件。火的使用，让人类有了获得大量熟食的条件。这意味着以前许多不可食用的动植物进入了人类食谱。而食物种类的丰富，不仅促进了人类大脑的发育，也使人类聚居地不再过于受气候和地域的限制，从而导致了人类聚居方式的飞跃式进化。人类掌握了火，原始农业和手工业才有了前提，人类生产力借此获得了根本性的释放。所谓刀耕火种，不仅仅意味着文明的常规性进步，而且意味着人类生产和生活方式的飞跃式改变。在某种意义上，原始人手里的火把，与工业时代的大机械、信息时代的芯片和互联网一样，是人类解放的钥匙。因此，火的使用，被视为人类开始支配自然力并以此与动物相区别的进化标志。

人类用火遗迹的发掘和研究，一直是考古界的重要课题。西侯度遗址发掘以后，国内考古界又陆续在陕西、贵州、云南发现了早期人类用火遗迹。西欧考古界则在法国马赛附近的埃斯卡山洞中发现了距今一百万年的人类用火遗迹。即便从全球人类史的角度看，西侯度遗址的用火遗迹也属于最早的人类用火记录之一。

西侯度遗址的特殊重要性在于，它对长期以来流行的人类起源东非说提出了实证性质疑。

根据人类考古学的确认，坦桑尼亚“东非人”遗迹在距今一百七十五万年左右。这个时间节点处在西侯度遗址之后。由此，西侯度人不可能是“东非人”迁移过来的。这一考古实据，与人类活动能力和遗传常识也是吻合的。在一百多万年以前人类生产力极不发达的情况下，原始人类要完成空间距离遥远的洲际迁移，基本上是不可能的事。

即便排除了迁移难度，单一人种迁移后怎样演化为了多样人种，在生物遗传学上，恐怕也是一个难以回答的问题。我一直对地理决定论抱有某种程度的信赖，但并不相信地理因素能够改变高级生物的种属特性。地理环境的影响对生物遗传基因造成突变，究竟需要一个怎样漫长的时间段？在传说中的“东非人”向外大陆迁移至人类信史时代开始之前的时间段里，这个突变能否完成？地理环境虽然对整个生物界进化有着重大影响，但是在物种特征的形成过程中，或许生物体内在的遗传基因才发挥着决定性的作用。按照生物进化论的观点，气候、土壤等地理环境对生物变异的影响，甚至还不如生物天敌的影响来得更为显著。

花盛开

“外来说”远不止于人种源流问题。在仰韶文化遗址被发现、确认之前，文明渊源方面的西方本位主义一直颇有市场。曾有西方学者断言，中国没有经历石器时代，没有本土史前文明，中华文明是西方的衍生文明。

仰韶文化遗址的发现和确认，使这种论断不攻自破。

“仰韶文化”的概念是瑞典地质学家安特生首次提出的。1918 年底，受聘为北洋政府农商部矿政顾问的安特生因时局混乱无从开展工作，于是奔赴豫西，开始致力于古生物化石的采集和研究。1920 年秋，安特生派助手刘长山赴渑池收集古生物化石。无心插柳柳成荫，本意为收集古生物化石的刘长山，在渑池的仰韶村，却从农民手里意外收集到六百多件远古时期的石器、陶器和骨器碎片。安特生喜出望外，于是再赴渑池，来到仰韶。

黄河经过三门峡以后流向东北方向，在洛阳以西又折转向东南，在三门峡和洛阳之间的黄河右岸形成了一处接近九十度的凸岸。九十度折角顶点处的黄河，左岸是著名的王屋山，右岸则是秦岭东北端余脉韶山和青要山。最早发现的仰韶文化代表性遗址——仰韶遗址，就位于韶山南麓的黄土缓坡地台上。

这一带地处黄土高原东南边缘，与前述西侯度一带相似，是黄土高原特有的峁墚地貌，大地之上沟壑遍布。遗址所在的地台，是水流冲刷、黄土沉积形成的。

也同样由于水流侵蚀，遗址东西两侧土质相对疏松的地带形成了两条深涧，深涧在遗址南部交汇，把遗址所在的地台围合成半岛形状。交汇后的深涧称小寨沟，向下直达南部的涧河。每到雨季，这些深涧蓄积了从韶山下泻的雨水，便成为涧河的季节性支流。密集的涧水，曾为仰韶原始居民提供了生存必需的水源。

正是在这些深浅不一的地堰断面中，安特生带领的考古团队发现了大量的文化堆灰层和袋形灰坑，获得了数千件彩陶和大量磨制石器、骨器等。据此，安特生判定仰韶村是古人类活动的重要聚落遗址，并首次提出了“仰韶文化”的命名。

仰韶文化遗址发掘的器物和遗迹，被证明为距今7000—5000年前新石器时代的遗存。中国远古时期的人类历史，通过典籍记载以外的途径呈现于现代。

此后，随着陕西、甘肃、豫西以及晋南诸遗址不断被

发现，特别是半坡、庙底沟、大河村等不同地域多个仰韶文化类型的确定，仰韶文化的分布范围逐渐清晰。这一文化类型以陕西中部、晋南、豫西为中心，遗存范围包括了西至甘肃东部洮河流域，北及鄂尔多斯沙漠，南至汉水上中游流域，东由河南而北直至河北南部的广大区域。这个范围，与先秦文献记载的上古传说中关于华夏先民的活动地区（西起陇山，东至泰山），以及夏以后的文化信史互为印证，进而得出一个重要的考古结论：仰韶文化是华夏文明最早的直系渊源。

仰韶村文化遗址发掘确认后，各地新石器时代遗址相继被发现、研究、确认。发现于河南、山东的裴李岗、大汶口、龙山文化遗址，发现于陕西的仰韶文化半坡类型文化遗址，发现于浙江的河姆渡文化遗址等，在时间与文化类型上形成了一个前后相接的逻辑链，较为完整地显示了华夏地域新石器时代人类活动线索。

传说中的三皇五帝时代，大致在公元前一万年至夏立国之前，跨越了从新石器时代之初到龙山文化新石器晚期数千年的漫长时光，是古中国从城邦时代至奴隶制国家时代过渡期在后世文字典籍里的半纪实、半虚构性遗留。

己亥年岁尾，我第一次去了那个因仰韶文化遗址的发现而举世闻名的村落——仰韶。因是匆匆路过，加上小雪覆地，赶到时已近傍晚。仰韶文化遗址在仰韶村周围的分布不止一处。先赶到仰韶文化博物馆，却被告知临时闭馆。还不到闭馆时间。我问为什么闭馆，其中一人小声回答，明天上面来人视察，领导要先来“踩点”。只好先去看遗址。离博物馆最近也是规模最大的遗址，在寺沟。通往遗址的道路也临时禁止“社会车辆”通行。那就步行进去吧，但愿时间还来得及。

我们看到的这一处遗址规模并不大。遗址的处置也比较简单，就是把遗址周围的地面铲低，把文化堆积层露出来，圈围，标注，外加平层建筑保护。匆匆一看，就赶紧往回赶。重要的是看博物馆。再晚，博物馆就关门了。博物馆门口保安依然告知闭馆。我上前解释了几句，总算通融，让我们进去了。展馆内麦克风传声洪亮。一干人正陪着“踩点”领导细细介绍。

五个展厅大部分空着，展品寥寥。相对于仰韶文化发掘研究积累的丰富成果，这样的展览实在有些说不过去。对比之前看过的西侯度，一个在一百八十万年前，一个在数千年前，遗址和遗存展示的难度相差本如天壤，但是西侯度做到的，仰韶居然没做到。远古文化遗存的保护和展示，还是需要有点专业精神的。缺了这个，开馆布展只为敷衍人目，那大约就难成气候了。

为了弥补这一次参观的遗憾，回到郑州之后，又特意去了黄河南岸的大河村。大河村总算不让人失望。每看一次，都有收获。

特别引人注目的，是各式陶器上的装饰图案。七千年前，人类已经开始在生存必需之外装饰生活、妆饰自身。质朴的宽带纹、网纹、弦纹，神秘的几何图形纹，玄妙的花瓣纹，灵动的鱼纹，或涂染，或线刻，或连贯，或残缺，仿佛远古人类设置的密电码，在红色、黑色、灰色或白色的陶器上，标注着彼时的人间烟火。

彩陶上的花图案，最为常见的是合瓣花冠和覆瓦状花冠，据说分别表示菊花和蔷薇。这些花卉图案，与华夏民族的称谓有着密切的关系。“华夏”由来，“华”早于“夏”。古代“华”“花”同源，皆由一朵盛开花朵的象形字演变而来。曾有考古学家提出，仰韶彩陶的一个鲜明特征——花卉图案，可能是“华族”得名的由来。

无论这一说法是否成立，仰韶文化彩陶美饰的影响都是不可低估的。仰韶陶器上的图案至今仍是艺术创作和工业设计的灵感源泉。出产于豫西的名酒彩陶坊，瓶身设计则直接采用了仿仰韶古陶器的材质、形状和图案。

李泽厚先生曾对仰韶文化遗址出土陶器上的几何纹样做过一些符号学和美学研究。他认为，这些纹样是由生物形象的写实而逐渐抽象化、符号化的；图像由写实到符号化，标志着“美”的原始形成过程，也是所有文字形成的必经之路。在半坡遗址出土的陶器上，考古学家发现了二十多种刻画符号。这些符号虽然至今未获解读，却被认为可能是最早的原始文字，至少是原始文字的雏形。

前信史时代

迄今为止的考古成果相加，只是印证了石器时代在华夏文明中的源头性存在，却不足以构成逻辑严密的信史。因而，被称为中华人文滥觞的炎黄时期，依然只能归于“传说时代”。

在所有的远古传说中，都存在纪实与虚构掺杂的情况。由于信息获取渠道的狭窄，判断可资依据的资料极其有限，加上表达手段的幼稚，人类早期的文字记录往往是因形生义的、猜测或想象的、似是而非的，风格犹如童谣。但毋庸置疑的是，在这些前信史时代的传说里，隐含着某种程度的历史真实。

中国有确切年代记载的历史只能上溯到《史记·十二诸侯年表》的始年，即西周的共和元年——公元前 841 年。再往前的历史，或零落缺失，或记录彼此歧异。为研究证实中华文明源头期和夏商周三代的历史脉络，二十世纪九十年代开始，夏商周断代工程和中华文明探源工程先后启动。据大量考古实据和研究推断，截至目前，有考古实据的华夏文明早期的历史线索为：

距今 5800—5300 年前，黄河中下游、长江中下游及西辽河等区域出现了文明起源迹象，各区域陆续进入了文明阶段；

距今约 4100—3800 年前，中原地区形成更为成熟的文明形态，以王城岗、新砦、东赵、二里头等遗址为代表的夏早期文化，在极短时间内吸收了各区域的文明元素，呈现出前所未有的王朝气象。

2019 年 10 月 19 日，洛阳偃师二里头遗址以“夏都”之名正式对外开放。

这一命名引发了学界的种种质疑。也许，对人类文明初期任何事物的确证，都会在科学测定的基础上不可避免地含有推测的成分。考古结论是一种基于有限论据的推论，不可能像算术式那样精确。只不过，推测也有推测的逻辑。逻辑成立，是演绎的前提。

二里头参观，我用了一整天时间。时值博物馆刚刚开放，天气晴好，博物馆里人流熙攘，摩肩接踵。我竟没有像平时一样对人多感到不耐烦。这也是我看各种遗址和博物馆用时最长的一次。尽管如此，我还是觉得仓促了。同行的朋友也连连感叹，回头得再来，慢慢看。

洛阳盆地是一处堪称完美的人类聚居地。盆地处于秦岭东端，秦岭余脉崤山、熊耳山、伏牛山分别在盆地西部、西南和正南，盆地东南为箕山，东为嵩山，北为低山丘陵邙岭。发源于秦岭东部的伊河、洛河分别沿着崤山—熊耳山、伏牛山余脉外方山的山间谷地，从西南方注入盆地，分别流经洛阳市东南和西北，在偃师东北交汇为伊洛河，再经邙岭与嵩山之间的地理缺口流出盆地，在巩义北汇入黄河。洛河支流涧河、瀍河则分别从西部和西北方向注入盆地，与洛河、伊河一起，在盆地中形成一个向西张开的扇形水系。邙岭以北，则是黄河。

相对封闭的自然环境，既有山丘围合之固，又有四方交通之便。盆地周围山峦之间的交通孔道上，曾有多处关隘要塞。盆地中部是伊河、洛河冲积平原，南部则为山前洪积冲积坡地，盆地内地势平坦，土质肥沃。因此，洛阳盆地一直是帝王建都的首选之地。洛阳是十三朝古都，偃师则是包括夏都在内的七朝都城。至今仍然遗存丰富的这些古代都邑，都位于古洛河的北岸，是为“洛阳”。

地球上最古老的文明实体——古巴比伦、古埃及、古印度和古中国，兴起的时间都在公元前 3500 到公元前 2500 年这个千年之间。这期间，农耕、城市、文字、青铜等文化形态开始在各大文明中出现。从仰韶时代起，华夏文明经过数千年的独立发展，在公元前 2500 年前后形成多元邦国，开始走向以城邑为标志的王朝文明。

自画像

在距今四千年前，黄河流域曾发生过一场滔天洪水。

在对二里头遗址发掘层进行剖面分析时，考古学者发现了古代洪水堆积层的清晰痕迹。洪水遗迹并不局限于遗址所在的洛阳盆地。在青海喇家遗址一带（今共和盆地以东至兰州），以及山东菏泽袁堌堆、济宁尹家城，先后发现了同一时期的洪水遗迹。

这是一场遍及黄河流域的大洪水。洪水不仅导致洛河改道，而且造成了二里头遗址周边的生态环境剧变，使这一地带形成了地势平坦的厚土平原。大洪水遗迹与传说中的大禹治水，时间都处于距今四千年左右的龙山文化晚期与二里头文化早期之间。

大禹治水之后的“划定九州”，应该不是一个部族首领势力范围内的事。在尧舜禹时代之前，传说中的三皇五帝时期，社会统治形式已经进入了部族联盟阶段。黄帝和炎帝本是两个部族的头领，后来经过与蚩尤的征战，两个部族联合为一体。

尧舜禹的禅让故事，实质上是夏立国以前部族联盟的首领传递权位的方式。禅让，并不是简单的一对一让位，而是一个曲折让位的过程。尧感到自己年老无力时，便让位于舜；尧去世后，舜要避让尧子丹朱；尧子再让，舜才继位。禅让不是一让，而是三让。权位传递走了一个“之”

字。舜和禹之间也是如此。禹即位以后，划定九州，奠定了华夏国家的雏形。但是到了大禹禅让的时候，情况变了。禹让位给贤者伯益；大禹去世后，伯益避让禹子启；启自认才干高于伯益，就没有再让。三让变成了两让，禅让变成了世袭。

二里头遗址范围包括洛阳市偃师区翟镇二里头、圪垱头、四角楼、北许四个村，现存面积约三百多万平方米，经过几代人的考古发掘，累计发掘面积四万平方米，占总面积不足百分之二。遗址区中轴线上分布着宫城和大型宫殿建筑群，宫殿区以北有专门祭祀区，以南有各种器物作坊，外围有“井”字形主干道网连接交通。方正规矩、功能完备、等级分明的城垣布局，既是社会政治生活和等级制度的重要体现，也是二里头文化进入国家阶段的显在标志。

二里头夏都遗址博物馆汇集了 1959 年以来丰富的考古发掘研究成果。博物馆共有五个展厅，包括“第一王朝”“赫赫夏都”“世纪探索”三部分，系统展示了夏时从禹至桀共十七代王时期的政治结构、经济状态、部族分布、都城迁移、征战兴替等重大历史事件及其遗存，展品包括青铜器、陶器、玉器等十几种类型，资料范围则涉及华夏人类活动源头直到夏商周时期的历史，加上大量的时空方位列表和视频展示，形成了令人叹为观止的展览规模和体系。

我尽量避开密集人流，跟在后面慢慢看。琳琅满目的展品，精美程度令人瞠目。器形优美的陶瓮、陶钵、陶罐，纹路神秘的镶嵌绿松石兽面纹铜牌饰，透着贵族气息的牙璋，经过数倍放大镜方能看清面貌的微雕，近似原始文字的神秘刻符……夏的轮廓、智慧与趣味，通过它们，淅淅沥沥浸入我的印象。四千年了，他们的劳作与生活，通过器物、通过刻画、通过残垣断壁、通过灰土与炭迹，在我面前一层层打开，既辛苦又从容，既陌生又熟悉，既丰盛繁复又简洁纯粹。

站在二里头遗址复原的土方台中间的行道上，我的身影被夕阳拖曳得长长的，像一株树。天空和太阳还是原样，但是这一方土地上，人类史已经翻过了四千年。我说，其实谁也没看见过时间的样子，能看见的只有改变。“这是诗啊，”朋友在旁边笑道，“我得把这话写下来。”我笑他矫情。在奔流东去的黄河岸边，在人类辗转兴替的浩漫历史中，谁能够看见诗歌呢？能看见的，只有生活的建立与崩坏，只有人群的融合与分离，只有林林总总的形象，与文明的显著标志——符号。

作为符号的汉字与所有的象形文字一样，因为较多地保留了原始图画的特征而极具美感。

作为符号的“夏”字也是美的。“夏”字的词源，据《说文》解释，意为“中国之人”。构成“夏”字的部首“页”“臼”“夊”，分别指人的头部、双手、双足。从象形文字的创制规律看，“夏”字相当于本土先民的自画像。在汉字书法诸体中，这个字若工整写就，正像一件古时的酒樽，质秉青铜，端庄挺拔；若草书而成，则如迎风站立的高士，衣袂飘飘，气宇轩昂。怎么看，都是美的。

第四章 道光二十三

1952年毛泽东视察黄河时，听到了一首陕县民谣："道光二十三，黄河涨上天，冲走太阳渡，捎带万锦滩。"

民谣的历史背景是清代道光二十三年（1843年）夏暴发的大洪水。

黄河的水流量虽然并不算很大，但是流域内暴雨多、强度高，来水时间集中，因而极易突发洪水。整个流域的暴雨区域有五个，除了兰州以上暴雨区和下游大汶河流域暴雨区之外，另外三个暴雨区全部集中在中游，分别在河口镇至龙门区间（水利行业称"河龙间"）、龙门至三门峡区间（称"龙三间"）、三门峡至花园口区间（称"三花间"）。这一地理区间，地面空气多为冷锋，高空多为切变线、西风槽和台风，每年夏秋时节，气流、风力和地形交互作用，往往形成宽阔的暴雨带。

暴烈的降水，众多的支流，加上黄土高原疏松脆弱的土质，使得暴雨期洪水挟带着大量泥沙奔涌向下，对下游河岸往往形成摧毁性的冲击。

道光二十三年的大洪水，发生在黄河干流潼关以下直到兰考河段，原因正是黄河中游的大暴雨。当年夏天，黄河北干流与渭河流域连降暴雨，数日不绝。现场调查、历史文献记载和当年洪水淤积物的鉴定结果显示，那场大洪水是由西南—东北向切变线型暴雨造成的。当年的暴雨主要集中在黄土高原中东部黄河流域到黄河北干流两侧支流特别是西侧支流流域、泾河支流马莲河流域，以及北洛河上游。这场大暴雨导致中下游交界带河水骤涨，使黄河两岸无数农田房舍惨遭覆没。据历史资料和洪水痕迹推算，这次洪水是有史以来黄河干流上流量最大、水位最高的一次特大洪水，豫西陕县最大洪峰流量换算成今天的数据，达 36000 立方米每秒。

一份水情奏折

黄河博物馆的展品里，有一份道光二十三年的水情奏折。据其文意，当是时任河务官员回答上谕的折子。奏折引述“上谕”中提到的“慧成”，是满洲镶黄旗人，道光二十二年（1842 年）署东河河道总督，负责河南、山东段黄河治理事务。这一段黄河的水情，既关系到沿岸民生，也直接关系到漕运安全，所以备受朝廷重视。这份水情奏折自称“奴才”，当是身在旗籍的慧成写的。而文中提到的“钦差大臣”敬征、何汝霖，当时分别为大学士及兵部侍郎，道光二十二年并为钦差大臣，前往查勘东河工程。

道光皇帝看了慧成之前的奏报，下旨督促盘筑堤坝及相关事务，大意是，我看目前黄河水情，应该先盘筑西岸，等水势稍定再盘筑东岸等等。慧成于是又写了一道奏折，汇报当时黄河洪水上涨形势，解释为什么先盘筑东岸：

查中河九堡口门两岸裹头，本拟先盘西岸，缘万锦滩黄河于七月十三日巳时报长水七尺五寸，后续据陕州呈报十四日辰时至十五日寅刻复长水一丈三尺三寸。前水尚未见消，后水踵至。计一日十时之间，长水至二丈八寸之多，浪若排山。历考成案，未有长水如此猛骤。是以口门因之刷宽，而溜势仍复圈注东岸不移。诚恐再有续塌势，不容不先其所急，当将东岸裹头赶紧盘筑。西岸裹头亦已集料，克日赶办。

这意思是，皇上说的自然是对的，本来也打算先加固西岸，可是现在水势冲的是东岸，口子越开越大，只能先加固东岸。不过，慧成很会给皇上留面子，又补充说，加固西岸的东西都准备好了，马上就办。这里的“东岸”“西岸”，不是指河岸，而是指决口口门的东西端。

奏折中提到两个地方：一是“九堡”，位于今郑州市中牟县雁鸣湖镇官渡大桥南端西侧；一是“万锦滩”，位于今三门峡市陕州区黄河右岸湿地。

慧成在奏折里提到的洪水涨势，究竟是指哪里呢？

清代治河机构设置层层叠叠，更改颇多。道光年间，设南河总督和东河总督。总督下设管河道员，道员下设管河同知、通判等七级官员。河南黄河河务属东河总督管辖。东河河道下辖八厅，分别为黄沁厅、祥河厅、上南河厅、下南河厅、下北河厅、上北卫厅、中河厅、郑中厅。所谓“堡”，本指明清时期黄河官署在黄河险工处建的防汛房舍。这些房舍，每隔一公里建一处，由上游到下游依次编号。“中河九堡”，就是中河厅管辖河段的第九堡，即今中牟九堡村位置。

奏折之所以提到“陕州”“万锦滩”，是因为当时的陕州万锦滩和太阳渡均是黄河右岸渡口，万锦滩位置设有专门记录黄河水位的志桩，一旦有洪水，水汛可在一日之内传递到下游。这个位置河道稳定，水位记录与黄河流量之间有着比较稳定的曲线关系。惠成的奏折上所说的陕州万锦滩涨水记录，就是在下游收到的水情通报。

道光二十三年的大洪水，把两处渡口全部冲毁。在渑池县东柳窝村半山腰的土坡上，至今还嵌着一方咸丰二年（1852年）当地村民的石刻，上刻“道光廿三年河涨至此”字样。石刻意在提醒后人，修建房屋不要低于这个位置。所幸陕州至渑池一带两岸皆是高丘，河水暴涨会淹没部分农田房舍，但不至于大面积泛滥。

而下游的中牟九堡就不一样了。这一带平原地势低且平坦，河水了无阻碍，仅靠堤坝约束。一旦洪水达到了堤坝约束的上限，势必出现决口。

据今《雁鸣湖镇志》记载，自明末至民国二十七年（1938年），由于黄河多次决口，这一带黄河岸边有很多村庄被淹没，其中历史上曾有记录而明末以后消失不见的村庄，就有今辛寨村南四里处的了舍村、董沙河村，今丁村南二里处的贺家楼村，今岳庄北侧的东小朱村，今韩寨村周围的庙岗、南岩、校家岗、刘寨、杨新庄，今万庄村周围的小程村、古城墙村、变杨祥村，朱固村南边的谭寨村、圣水里、原敦里、大郭里、北岩保等十几个村庄。

雁鸣湖镇如今有个东漳村，原名东张村。据说清代时有位治河官员迷信，看“张”字左边的“弓”字部首上下开口，有黄河多处开口之嫌，所以变“张”为“涨”，把村名改成了“东涨村”，意思是用水“封其口”。清代咸丰年间，又有治河官员认为“涨”字也不吉利，有常年涨水之嫌，遂引经据典，又改村名为“东漳”。“漳”字原有“前高后低”及“遮挡”之意，以“东漳”为村名，其用意显而易见，一是期望河水前高后低，顺势东流，再是期望堤岸能阻挡河水泛滥。

为村庄改个名字，当然阻止不了黄河决口。道光二十三年的洪水从中游奔腾而下，又一次在这里的九堡找到了出口。据中牟地方志记载，当年“洪水所经之处，沙深盈丈，县东北沃土尽成不毛之地，县西北尽成沙碱荒滩”。

“知道了”

道光二十三年七月，面对东河河务奏折，道光皇帝旻宁的朱笔御批只有三个字：“知道了。”

后续资料记载显示，慧成正是因为这一次河堤垮塌被革职——准确地说，是革职留任。革职，是因为慧成应该为辖区内河堤垮塌负责；留任，是因为还需要慧成继续担当河防重任。清代时河官更换频繁。只不过，大约道光皇帝也知道，河官再换，危若累卵的河堤也还是难以抵御如此凶猛的大洪水。所以，在急惶惶的水情奏折上，他没表态。

不表态，固然是不好表态，但是这位道光皇帝，也的确优柔寡断惯了。正是在他在位的三十年（1820—1850年）时间里，中外势力对比发生了颠覆性的反转。

1840年鸦片战争初起，万里来犯的英军不过数千人，使用的武器是前装燧发滑膛枪。那是火器时代初期最麻烦的武器，射程短，准确率低，装填烦琐，而且射速低，发射一颗子弹最快也需要二十秒。这种火器，与当时民间尚在使用的鸟枪相比都不占多少优势。清军使用的弓弩，貌似落后，却比这种麻烦的火枪射程更远、射速更快。加上人数的绝对优势，如果铁了心要打，清政府完全有实力把区区数千人的英军打回老家去，无论如何都不至于输得那么惨。

可惜，清政府的重兵都布置在皇帝四周。闽粤一带的兵力部署，无论数量还是装备，与京师相去甚远。远在闽粤作战的清军要听命于北京皇宫里这位皇帝的调遣，而皇帝的态度，则忽东忽西、反复无常——先是轻敌，极力主战，口气浮夸；一有失利，则立刻议和，道歉赔偿，自己打脸；看对方不给面子，又恼羞成怒，竭力喊打。如是反反复复，朝令夕改，加上千里迢迢，军令传递非数日不能到达前线，清军的士气和状态，可想而知会是个什么样子。

面对外敌入侵尚且犹疑不决，面对一份水情奏折，说句“知道了”，不痛不痒，不咸不淡，也就是很符合人设的事了。

当时的黄河积患多年，下游淤积严重，一年数度决口，已经到了不得不治，又无从下手、治而无果的地步。在道光二十三年大洪水之前，黄河接连于1841年、1842年出现大洪水。往往是前一次的洪灾遗患还来不及整治，下一次洪灾就到了。道光二十三年的洪水不仅使陕州河段吃紧，下游宽散河段水势更为惊险。暴涨的洪水在中牟九堡冲决黄河右岸，造成中牟以下二十八个州县受灾，洪水向东南倾泻千里，直灌洪泽湖。因为这场大洪水，当时地处下游的开封府也遭了殃。开封护城堤被冲得七零八落，以至于水漫全城，河南的科举考试都不得不延期举行。

连年频发的洪水除了与中游暴雨有关，也与下游河道淤垫、河床抬高有直接关系。连续大范围的溃决，意味着黄河堤防已经不堪重负，河流已经到了改道的前夜。

清初以降，施加人力让黄河改道北流的建议不时上呈。道光二十三年大洪水之前，刚刚完成洋洋五十卷《海国图志》的魏源撰文，力主对黄河实施人工改道："使南河尚有一线之可治，十余岁之不决，尚可迁延日月。今则无岁不溃，无药可治，人力纵不改，河亦必自改之。"（《魏源集》）大约是人微言轻，对这个建议，旻宁没有理睬。这个巨大的隐患，他留给了继任的咸丰。

水总会给自己寻找合适的低地。十三年后，黄河果然自行改道——魏源的预言应验了。

咸丰五年（1855年）六月，黄河在河南兰阳（今河南省兰考）北岸铜瓦厢决口。咸丰五年以前，黄河在今郑州以东，经原阳、封丘、中牟、开封、兰考，过山东曹县、安徽砀山到江苏徐州，再经苏北睢宁、泗阳入淮，在滨海入黄海。铜瓦厢决口后，黄河从左岸改道北流，河水淹过封丘、祥符（今河南省开封）、兰仪、考城、长垣，夺大清河，汇入渤海。铜瓦厢以下数百里南流河道自此废弃，成为"废黄河"。

清朝廷对黄河水患的放任态度，自然备受诟病。这种放任固然是对民生的极端漠视，但对于当时的清朝廷来说，也实在有着万般无奈。

道光二十三年，正是第一次鸦片战争失败后第二年，中英《南京条约》除了割地通商条款外，还有对英 2100 万银元的赔款。银元指的是当时世界通行的西班牙银元。2100 万西班牙银元，相当于当时的 1470 万两白银。1843 年春天大洪水来临之前，对英第二期赔款（210 万两白银）还未筹足，加上前两年黄河连番决口，朝廷急需调拨河工和赈灾银两，正是国库空虚、捉襟见肘的时候。就在这个当口，户部银库爆发了巨额库银亏空案。

这一桩由上上下下历任管库、监库官吏联手做下的惊天贪污案，几乎掏空了当时的大清国库。

引爆亏空案的是一桩库丁舞弊事件。

道光二十二年，户部银库有个库丁张诚保，他的哥哥张亨智想为儿子报捐知州，托亲戚把一万多两白银分装成 11 袋送到户部报捐。张诚保办理入库时故意舞弊，先把第 2 袋误报为第 3 袋，见当值库官和查库御史心不在焉，便在接第 7 袋时直接捏报为第 10 袋。漏报的 4 袋白银运回张亨智的银号。事后，知情库丁都分到了好处，但银号几位管事人却没得到好处，于是告发了此事。

直到次年三月，也就是道光二十三年黄河水患暴发前夕，道光皇帝旻宁才得悉案件全貌。旻宁自然恼怒异常，即命刑部查验全部库存。查验的结果，让这位颟顸皇帝如遭五雷轰顶——户部银库应存白银 1218.2 万两，实际库存却只有 292.9 万两，亏空达四分之三以上，近 1000 万两库银被管库各等官吏私分，涉案官员达 321 人。

在内忧外患、国运未卜的形势下，面对所剩无几的国库、巨额的亏空数字和大面积的监守自盗，旻宁的心情可想而知。他下旨严审，并出诏令：从嘉庆五年至道光二十三年

（1800—1843年）间历任库官、查库御史，各按在任年月，按月罚赔银1200两；历任管库王大臣每月罚赔银500两；查库王大臣每次罚赔银6000两；已故各员按数减半。

因涉案人数太多，一时难以全部停职查办，不得不以“革职留任”的方式，让戴罪之人来查“罪”。结果可想而知。罚赔、追缴持续了六年零两个月，却只收缴白银150万两。相对于925.3万两的亏空总额，旻宁这一道诏令，差不多算是白下了。

贪腐的又何止银库管理官吏。道光时期，河员的奢靡更是到了无可救药的程度。本来清代时河员设置就层层叠叠、冗员颇多。当时黄河水患日甚，这些河厅官员却不务正业，整日挥霍大把的帑银，蓄养戏班子消遣。每年霜降之后，河厅都会花数万两银子延请名优，连续演戏三个月，美其名曰“安澜”。观剧通宵达旦，宴席连缀不歇，专用厨师成班成队。河员的日用佩戴更是奢侈无度。他们穿的冬装裘皮，每年入秋便着专人到关外筹办，采购只拣颜色匀净、毫无瑕疵的整张狐皮；夏装绸缎，则全由苏杭一流机坊专机定制，其用料华贵、名目繁多，令人瞠目。

道光时期的河工经费主要来源是地丁银、盐课银和关税银，本来不算紧缺。但在连续几年的堵口事务中，由于河道官员的腐败，河工经费却常常出现缺口，进而导致河夫懈怠，物料供给迟缓。

清代官方治河的河工经费虚高到了什么程度，乾隆时期有几次堵口实例可以比较：

乾隆四十三年（1778年）闰六月，黄河在仪封十六堡决口。这次堵口历时两年，直到乾隆四十五年才合龙，花费帑银五百多万两。

乾隆四十六年（1781年）七月，堵复一年的黄河又一次在仪封决口，漫口二十余处。乾隆派大学士阿桂督工堵口。第二年“两次堵塞，皆复蛰塌”。第三年，决口终于堵住了。这次堵口的花费，“历时三载，用帑两千万”（魏源《筹河篇》）。

而在此前的乾隆三十九年（1774年），有过一次著名的民间堵口。

这一年八月，黄河在清江浦老坝口决口。当时的南河总督张皇失措，只得求教于出身下层、熟悉河工的郭大昌，许以钱粮五十万（两），限期五十天，让郭大昌主持堵口。郭大昌只提了一个要求，不许各级官员到场干涉。结果，这次堵口合龙，仅用了二十天，花费帑银十万两千多两。这个效率，比限期提前了一大半，比官方许诺的开支节约了八成。

当然，每一次堵口，具体情况不一样，花费也不可能完全一样。但是，十万两与数百万两、数千万两的差额，特别是郭大昌堵口实际花费与官方许诺开支的差额之大、效率差别之大，至少说明了一个问题：当时官方河员的贪腐与渎职，已经到了明目张胆、肆无忌惮的程度。

这种情况到了道光时期，可以说有过之而无不及。如此治河，黄河的洪水如何堵得住？

以水代兵

天灾之外，人祸更甚。在历代征战记录中，“以水代兵”甚至成为一种用兵“谋略”。而“以水代兵”的战争戏码背后，是多少生灵涂炭、流离失所，从不在战争操纵者的考虑范围之内。

最早提到“水攻”的是《孙子兵法》：“故以火佐攻者明，以水佐攻者强，水可以绝，不可以夺。”意思是水攻可以阻断敌军道路，但不能消灭对方，不如火攻来得彻底。战国之《吴子·论将》，唐之《太白阴经》，宋之《武经总要》，无不对“以水代兵”津津乐道。春秋、战国之交著名的历史事件“三家分晋”，实际上是由晋国将领智伯“以水代兵”的阴谋引发的。智伯跟合伙人商量，想决堤放水淹了对手，结果自己先被合伙人给淹了。韩信与曹操也都是“以水代兵”的老手。南宋端平元年（1234 年），宋将赵葵乘金国灭亡，出师进驻汴州（今河南省开封），觊觎宋土已久的蒙古军队于是挖开黄河边的寸金淀，水灌开封。1642 年，明朝廷驻军被李自成带兵围在开封，河南巡抚高名衡为了解围，挖开了黄河朱家寨河堤，李自成反掘马家口河堤，结果使整个开封城没顶。

最近一次后果惨重的“以水代兵”发生在 1938 年。

当年 5 月，侵华日军由东向西步步进逼，国民党军开封、商丘守将在决战关键时刻先后逃跑，致使兰考、开封相继失守，日军进攻前线直逼郑州。蒋介石于是决定“以水代兵”，用黄河洪水阻止日军西进。

决口地点起初选在赵口（位于今河南省中牟万滩镇）。但是赵口大堤基石坚厚，加上时值枯水，数次疏流，没能奏效。于是掘堤地点改在花园口。为加快掘堤速度，当地县乡政府奉命征集骡马大车派上工地，第一战区派来一个

工兵连紧急支援，并调水利专家上堤指示掘土方法。

6 月 9 日凌晨 5 时，就在中牟失守的同时，花园口大堤被掘开了。为扩大决口宽度，蒋介石急电部队调来平射炮，连射六七十发炮弹，把决口炸开到一百多米。本来，当时正值枯水期，河水倾泻一阵之后便成涓涓细流。然而谁也想不到，大堤掘开次日，黄河中游地区突降暴雨。苍天仿佛在发怒，又仿佛在助纣为虐。暴雨持续数日不停。顺流而下的洪水把花园口决口迅速冲开到三百七十多米，之前淤塞的赵口也被大水冲开。洪水沿贾鲁河及以东低地汹涌奔泻，从河南郑州一直淹到安徽六安、江苏扬州。

洪水所过之地，房倒屋塌，人畜俱没，浩浩平原沦为泽国。整个黄泛区由西北至东南长达四百多公里，遍及豫皖苏三省四十四县，八十九万多人命丧黄泉，两千万亩耕地毁于一旦，一千二百万人流离失所。从 1938 年花园口决口到 1947 年黄河归故，八九年之间，整个豫东、皖北、苏北连年饥荒、饿殍遍野，因洪灾、饥饿、瘟疫造成的死亡达到千万人以上。

据当时《河南省黄泛区灾况纪实》记载，为防军情泄露，蒋介石不准提前通知居民撤离，以致黄泛区居民因事前毫无闻知，猝不及备，堤防骤溃，洪流踵至，“财物田庐，悉付流水。当时澎湃动地，呼号震天，其悲骇惨痛之状，实有未忍溯想”。

花园口堵口完成后，官方立碑为纪，蒋介石题书“济国安澜”。这样的题书，自欺已经很难，怎堪用以欺人？为了“济国”，所以拿千百万人命作为牺牲？则“济国”济的是谁的国？人心不可欺。当执政者连最后的活路都不给的时候，老百姓抵死也不会再相信你的虚词大言。骇人听闻的花园口事件，对于老百姓而言，是一场滔天惨祸；对于制造者而言，则无异于自掘坟墓。

据说蒋介石晚年忏悔平生诸事，第一件便是花园口事件。只不过，这样的罪孽，又哪里是临终忏悔便可消释的呢。

一张特殊的历史地图

地理的河道图之外，黄河还有另一张地图，一张令人触目惊心的历史地图。在这张地图上，黄河出晋豫峡谷之前的线路清晰明了。郑州以上，黄河干流虽有局部河段宽浅散乱，在经过平原和盆地时也有过游荡，但河水流向没有大的改变。出晋豫峡谷以后的黄河却不一样了。两千多年间的黄河干流踪迹，在华北平原形成了一个巨大的缺口扇面。缺口处是山东丘陵。奔腾向东的河水不可能跃到丘陵上去，因而只能绕过这片高地，或绕向东北注入渤海，或绕向东南注入黄海。这个由历代黄河故道画成的扇面，覆盖了河南省北部、中部和东部的绝大部分地区，以及河北省东部、天津市局部、山东省中北部、安徽省东北部、江苏省北部的部分地区。

黄河中下游分界为什么设在郑州荥阳的桃花峪？这个地点上游和下游的黄河有什么区别？只要看一眼这张特殊的历史地图就明白了。如果说黄河摆动在华北平原上造成了一个巨大的令人惊怖的扇面，那么桃花峪就是这把扇子的扇纽。也就是说，黄河数千年来的决口与改道，基本在桃花峪以下。这个地点，也许是黄河河道上最为重要的节点之一。

事实上，黄河每出峡谷流经平地，都会像脱缰野马一样发生决口改道。在两千六百年的黄河信史中，有记载的决口次数达到了一千五百九十三次。在磴口以下的河套平原，在汾渭盆地，黄河都有过频繁且大幅度的摆动。不过相对于下游的情况，这两个地段的河道摆动造成的影响要轻微得多。出晋豫峡谷以后的黄河几乎一直在华北平原上南北“扫荡”。决溢范围北至天津，南达江淮，覆盖二十五万平方公里。决溢之时，苍生万物惨遭灭顶；决溢之后，河道淤塞，良田沙化，卤地千里，白骨历历。从迄今为止发现的河流文献看，在历次决溢记录中，造成改道的决溢有二十六次，发生方向性改变的大改道七次。经过七次大改道及多次局部改道，黄河在北至天津、南至淮河的广阔平原上，留下了蛛网般的“故道”：

史载第一次大改道之前的黄河河道，是传说大禹治水时经过人工整治的河道，称“禹贡河”。据《尚书·禹贡·导水》记载，其河道经今巩义洛河河口，向东北到大伾山转折向北，过大陆泽（今河北省南部），向北分为多道岔河入海。

周定王五年（公元前 602 年）黄河决口后，从宿胥口（今河南省浚县）以下改变方向，经今大名、馆陶（今河北省南部）、德州，于今沧州入渤海，史称“汉志河”。

王莽新朝始建国三年（公元 11 年），黄河在魏郡元城（今河北省大名附近）决口。河水东夺漯川，经今滨州入海。后经东汉王景治理，黄河从长寿津（今河南省滑县东北）与西汉河道分流，经今濮阳、德州、淄博，向东入渤海，史称“东汉大河”。

北宋庆历八年（1048 年），黄河在商胡埽（今河南省濮阳县东）决口，改经馆陶、德州、宁津，东流入海。1060 年，黄河在大名决口，形成岔河，向北经今冠县、衡水，绕道天津北，在乾宁军（今河北省青县）入海，时称“北流”；原河道称“东流”，因位置在当时的“北京”大名以东，后世亦称“京东故道”。黄河从此形成两股河入海格局，统称“北宋河道”。

1128 年，宋守将杜充为阻金兵，在滑州李固渡（今河南省滑县西南沙店集附近）决河，决口以下河水东流，经今滑县南及濮阳—东明之间，夺济水、泗水入淮。黄河从此南下，经淮河汇入黄海。1194 年，黄河在阳武（今属河南省新乡市）决口，经封丘、开封、归德（今河南省商丘），汇合北部南流河水，经徐州，借泗入淮。南宋至元，黄河在这两路南下河道之间反复摆荡，以致岔河网布。后经贾鲁治理，堵截北路河道，黄河干流集中到南路河道南下。但贾鲁治河不久，黄河又复出现多路岔河。南宋至元代的各路黄河岔河统称“南宋—元河道”。

明弘治六年（1493 年），刘大夏受命治河，对南宋以来黄河多股乱流加以整治，断绝北流，使黄河主流沿着当年贾鲁疏浚过的南下河道入淮。经过整治以后的新河道经兰阳、考城、归德、徐州，在今江苏宿迁入淮河，再入黄海。这条河道一直沿用到清后期，后世称之为“明清河道”。

清咸丰五年（1855 年），黄河在铜瓦厢决口，先向西北淹到封丘、祥符各县，分成三股岔河向东漫流，穿运河，入大清河，在今山东利津牡蛎口入海，形成现今黄河河道。1938 年花园口事件后，黄河主流离开故道，向东南泛滥达八年有余，1947 年经人工整治归故，安流至今。

在黄河历史地图上，今河南省濮阳台前县以南、郑州以东、徐州西北的平原上留下的许多“故道”，大多是在两个时段留下的：

一个是南宋至元代。南宋—元故道主要有四个路线。其中一路，从今武陟以东的阳武南下，经今开封与兰考之间汴渠故道，向东南入泗水。另一路从豫北浚县西南古宿胥口附近岔向东南，再分为两股，流向东南的一股经曹县、徐州入泗水，向东的一股在天野泽以东遇丘陵阻挡，再分为南北两条岔河——北路岔河沿山东丘陵北缘入渤海，南路岔河沿山东丘陵西南边缘到徐州，借泗入淮。除此之外，黄河南岸决口南行的水流前后还有过借涡入淮、借颍入淮的路线。这些被记录在案的河道，构成了不断分岔的重叠的“众”字形河道网。但这只是对黄河主要故道的记载。从当时的决口频率看，真实的情形应该是，彻底失去了约束的黄河，在今郑州以东、山东丘陵以西的平原上，肆意滚荡、漫流了二百多年。

另一个时段，是 1938 年花园口决口到 1947 年黄河归故的将近九年间。当时郑州以下，南到大别山北麓，东到洪泽湖，东西宽数百里、南北长达千里的地域之内，尽成黄河水路。

大禹治水之后

黄河“安澜”，往往是开明当政者的执政目标之一，更是深受洪水祸害的人们的盼望。但黄河“安澜”一直是相对的。即便在“安澜”期，规模较小的决口、泛溢也没有停止过。对于生活在下游华北平原上的人们而言，这无疑是一种蔓延性的灾难。

黄河最早见于记录的河道，是禹贡河。这是大禹治水之后、史载第一次大改道之前的黄河河道。战国时代假托古时先贤所书的《尚书·禹贡·导水》，记载了大禹疏导的黄河河道：“导河积石，至于龙门；南至于华阴，东至于底柱，又东至于孟津，东过洛汭，至于大伾；北过降水，至于大陆；又北播为九河，同为逆河，入于海。”

这段记录，应该是指起自晋陕峡谷、终于入海口的黄河中下游。“积石”，指积石为岸。“洛汭”即洛河与黄河汇流处的凸角，位置大致在今河南巩义市洛口村。“大伾”，一般认为是河南浚县大伾山。今浚县县城处于大伾山和浮丘山之间，被视为大禹治水时代疏通的黄河故道。但斟酌句意，“大伾”更有可能指郑州荥阳的大伾山。用“至于大伾”，说明黄河到了这里是一个端点，接下来河水由东流转为北流。这段话几处“至于”后面的“龙门”“华阴”“底柱”“孟津”“大陆”等，也都是黄河流向或所经地势、地形有明显改变的位置。两处大伾山有可能本是一体，黄河依大伾山西麓流向东北，河势指向右岸，河水不断东侵，土质的大伾山遂一分为二，山头在浚县，山尾在荥阳。伾，意为土山。这两座大伾山我都去过。荥阳大伾山确为土质，形貌与黄土高原上常见的黄土塬类似；浚县大伾山却是青石山，正因山体结实，所以历经千万年自然侵蚀而屹立不颓。“降水”指今河北、河南交界带的漳河，是西门豹治邺故事的诞生地。“大陆”指古湖“大陆泽”，位于今河北邢台一带。“播为九河”，乃指黄河到了入海口附近分岔为多股、河汊成川的状态。

禹贡河从传说中的大禹时代，经过夏、商、西周到春秋时期，发生了史载最早的一次决口。清代胡渭《禹贡锥指》，有周定王五年“河徙自宿胥口”的记载。宿胥口，就在今淇河入卫河的河口附近，地属浚县新镇。宿胥口决口，导致黄河下游河道向东南偏移一百多公里。改道后的黄河下游呈舒缓的雁翅形弯转，安流数百年直到西汉。

西汉时期，由于泥沙负荷不断加重，黄河开始了寻找新的入海通道的过程。受弛耕政策影响的过度垦荒，也许还有气候与降雨的原因，黄河中游水土流失加剧。在峡谷区，有两岸高地约束，加上河水比降较大，超负荷的泥沙顺流而下，大部分被带到了孟州以下的开阔平原。西汉中后期至东汉前期，成为黄河下游决口较多的时期。

汉文帝十二年（公元前168年），也就是史籍中的“河”变为“黄河”后三十余年，黄河在酸枣（今河南省延津县境）决口，河水冲垮右岸大堤，泄向东南。从此，黄河有了比较多的决口记录：

汉武帝元光三年（公元前132年）的瓠子（今河南省濮阳市西南）决口：“河决于瓠子，东南注巨野，通于淮、泗。”（《史记·河渠书》）汉时瓠子隶属东郡（今河南省濮阳至豫鲁交界一带）。“巨野”即巨野泽，其北部也就是后来《水浒传》所称的“梁山泊”，今山东省东平湖一带。

汉武帝元封二年（公元前109年），黄河在馆陶决口，在平地上冲出一条新河，东北经今馆陶北、临清南、清河东、景县南，至东光县西复归黄河干流。这股岔河时称屯氏河，与主河并行达六十余年。

汉元帝永光五年（公元前39年），黄河在清河郡灵县鸣犊口（今山东省高唐南）北决口，在鸣犊口以下又形成新河（后称鸣犊河）。

汉成帝建始四年（公元前29年），黄河又一次冲垮馆陶和东郡位置大堤，“泛滥兖、豫，入平原、千乘、济南，凡灌四郡三十二县，水居地十五万余顷，深者三丈……”（《汉书·沟洫志》）。

王莽新朝始建国三年（公元11年），“河决魏郡，泛清河以东数郡”（《汉书·王莽传》）。

“魏郡”是一个在黄河决口历史上经常出现的地点，汉时区划在今豫鲁冀三省交界带，治所位置在今河南安阳、河北邯郸之间。由于不同时期区划设置的变动，春秋以降，此地先后被称为邺、魏郡、阳平郡、兴唐府、广晋府、大名府等。公元11年的决口位置，一说在邺（今河北省临漳）。但从迄今可查的西汉黄河故道标注看，决口地点可能更为靠南，在今濮阳一带。黄河在这一次大决口后，改经平原、济南向东，到千乘入海。

当时王莽看到河水向东，从此他在元城的祖坟可不再受黄河水患之害，于是放任不管，以致黄河东侵漯川（今徒骇河），淹过南乐、朝城、阳谷、聊城、禹城（今属山东省德州）、临邑、惠民（今属山东省滨州）诸地，一路泛滥入海。

此后六十多年里，黄河不断南侵，不仅兖州、豫州一带多罹水患，而且导致引黄通淮的汴渠壅塞东侵，黄淮之间漕运交通几至断绝。

汉明帝永平十二年（公元 69 年），王景受命治河。王景率数十万人，一年内“修渠筑堤，自荥阳东至千乘海口千余里”（《后汉书·王景传》），而且整治了汴渠河道，从此“河汴分流，复其旧迹”（《后汉书·明帝纪》）。经过王景治理的黄河，在豫北经滑（今河南省滑县）、浚（今河南省浚县）、濮阳、平原，由千乘入海，安流近千年。这也是有史以来黄河最长的安澜期。

在这样一个历史时段里，中国历史经历了三国两晋南北朝的大分裂之后，进入隋唐大一统时代。政治、经济、文化全面鼎盛，被后世称颂的大唐时代，可谓得天独厚——从始到终，黄河没有出过什么大事。

然而，黄河的关照到此为止。

谁灭了大宋

到了北宋，黄河开始添乱了。北宋王朝统治的 167 年间，黄河及其支流泛溢 154 次，黄河干流大范围泛滥、改道近 80 次，几乎隔年便有一次决口，灾害范围波及黄淮海流域大部分地区。

显而易见的原因是，东汉以来黄河下游河道行河已近千年，河床已经淤高，局部形成悬河。另外，黄河下游自孟州以下河道，为了滞洪，两岸都是宽堤，但是到了滑澶河段（今河南省滑县东到濮阳市），两岸有低丘约束，河道变得相对狭窄。上游洪水一到，从今滑县以上宽河涌向下游窄河，常常导致壅水。所以北宋黄河决口，大多在豫北。

北宋景祐元年（1034 年），淤积日甚的黄河在濮阳横陇决口。河水脱离河底高抬的主河道向东北方向流泻，经今大名、德州、滨州入海。黄河自此离开行水千年的东汉河道，形成了“横陇河道”。

庆历八年（1048 年），黄河在横陇附近的商胡埽再次决口。一种说法是，这次决口导致了黄河第三次大改道。但如果连贯地分析黄河决口及不断变动的河道记录，所谓黄河第三次大改道，应该是在隔三差五的决口中渐次形成的。

横陇决口后七十多年内，黄河大决口三十多次：

1051 年，黄河在馆陶郭固决口，改道南移。

1060 年，黄河在大名（漳河、卫河汇流处，魏郡决口附近）决口，取道乾宁军入海，时称北流；原横陇河道称东流。

1077 年，黄河在澶州（今河南省濮阳）南侧决口。

1080年，黄河在小吴（即小吴埽，位于今河南省内黄）等处决口。

1081 年，黄河在澶州北侧决口。

1099 年，黄河在内黄决口。

1117 年，黄河在瀛州（今河北省河间）、沧州先后决口。

……

连绵不断的水患一直持续到北宋王朝覆灭。

随着1060年黄河在大名决口后形成北流、东流两股河入海的局面，激烈的治河之争爆发。参与争论的大臣里，有位居高位、名闻后世的王安石、欧阳修、苏轼、苏辙、司马光等人，以及他们的门生故吏。东流北流之争与当时波及甚广的元祐党争彼此纠缠，前后持续了百年之久。元祐党争的根源在于宋神宗时代的王安石变法及哲宗时的司马光复辟。再往前，还可以上溯到仁宗时代由范仲淹主导的庆历新政。变法派与保守派各自网罗势力，成为水火不相容的宿敌。这两大派，在任何事情上都没得商量，各执一词，言之凿凿，都是一副代表正义、扫除奸佞的架势，正所谓“同我者谓之正人，异我者疑为邪党”。黄河如何治理，也成为不同政见者争论的焦点。一派主张东流，另一派必主张北流。

如今看来，他们的主张都不无道理。东流派认为让黄河北流是舍近取远、遗患无穷；北流派认为让黄河回归故道是以人力勉强水势，肯定力难从心。而从当时黄河下游的实际情况看，黄河无论是北流、东流还是两股河入海，都有难以克服的隐患。如果东流，则行水千年的故道淤积严重，必然行水不畅，导致新的决溢；如果任其北流，则河流上下游纬度跨度大，很容易形成凌汛；如果两股河同时入海，一则堤防不易，二则河水水势减弱，淤积会更严重。

怎么才能治得了黄河，可谓进退维谷。

大约是出于对东汉大河安澜千年的信赖，仁宗、神宗、哲宗三位皇帝，前后采纳的都是恢复东流的建议。大臣们唇舌鼓噪，认为应该让河水向东走近路。可是河水不吃这一套。河水偏要向北，拣低地，走远路。仁宗采纳东流建议，于是河务上下不惜巨力，强堵商胡埽决口，欲使黄河东流。堵复当晚，黄河再决，因此毙命者成千上万。神宗采纳东流建议，结果回河九年，七年决口。哲宗再纳东流建议，1094 年尽闭北流。时隔五年，内黄决口，黄河仍然滔滔向北。如此兜兜转转，耗费了多少人力物力，直到北宋灭亡，黄河依旧在华北平原肆意摆荡。

宋徽宗建中靖国元年（1101 年）春，又有人提出改河东流的建议。时为左正言的任伯雨当庭直谏，批东流之选为“自困之道”，对多年来大费周折、人为改道而不成功的河务痛加驳斥：

河为中国患，二千岁矣。自古竭天下之力以事河者，莫如本朝。而徇众人偏见，欲屈大河之势以从人者，莫甚于近世……盖河流混浊，泥沙相半，流行既久，迤逦淤淀，则久而必决者，势不能变也。或北而东，或东而北，亦安可以人力制哉！为今之策，正宜因其所向，宽立堤防，约栏水势，使不至大段漫流……风闻近日，又有议者献东流之计。不独比年灾伤，居民流散，公私匮竭，百无一有，事势窘急，固不可为；抑亦自高注下，湍流奔猛，溃决未久，势不可改。设若兴工，公私徒耗，殆非利民之举，实自困之道也。（《宋史·河渠志》）

任伯雨是言官，《宋史》对他的评价是“抗迹疏远，立朝寡援”。这个人刚直不阿，什么话都敢说，什么人都敢惹。这番话，不仅批了东流派，连带把前面几任皇帝也批了。任伯雨后来被削职发配通州，但这番谏言还是起了作用，东流之议从此不提。

是谁灭了大宋？是宋徽宗的“花石纲”，还是两大政治集团的掰手腕？是大金的虎狼之师，还是宋王室一再负约最终招来的蒙古铁骑？也许都有吧。只是在我看来，与其说是这些因素灭了大宋，不如说，是延绵不绝的黄河水患，先已耗尽了大宋的元气。

大改道

元明清三代皇都依赖漕运供给，在治河与保漕运两者中无不以后者为重。治河关系着老百姓的生命财产安全，漕运状况则直接关系皇族和朝中百官的衣食供奉。元时为保漕运，黄河北岸堤防不断加固，致使原来北向流入大清河（古济水）的河水彻底枯竭，黄河从此结束分流局面，全部南流入淮。明代朱棣发迹于燕地，即位后把首都从应天迁至燕京（迁都后分别改称两地为“南京”“北京”），于是保漕运更成为治水的第一考虑，黄河治理多采用北岸筑堤、南岸分流的办法。南岸多年分流，地势逐渐淤高，便埋伏了改道北流的隐患。

元代区区九十余年，史载大决口达十余次：

1297 年，黄河在杞县决口，河水南流入涡水，因涡水南流不畅，河水转而向东，经归德、徐州，夺泗水、淮河入黄海；

1309 年，黄河在归德、封丘两处决口，河水再次北趋；

1324—1330 年，黄河先后在开封、原阳、长垣、东明、济阴等处决口；

1343 年，黄河在山东曹县白茅堤决口；

1344 年，黄河又一次在白茅堤决口，并引发金堤连续决口，导致汲县、滑县至张秋河段全线溃决；

1365 年，黄河在东平决口，河水东受山东丘陵阻挡，分流为南北两股，分别绕行丘陵南北侧入海。

这种状况，至明清尤甚。

咸丰五年，黄河在铜瓦厢决口。这是黄河距今最近的一次大改道，铜瓦厢以东、原本穿过苏北汇入黄海的黄河从此断流。这一次决口非同小可。流势汹涌的洪水将大堤冲开二百多米，一夜之间，河水泱泱北泻，淹过兰仪、封丘、祥符、考城、长垣、张秋，夺大清河入海。河南、山东、直隶（今河北及京津一带）三省俱被殃及，无数村落遭遇没顶之灾。当时的官方水利资料汇编描述水灾情形：“远近村落，半露树梢屋脊，即渐有涸出者，亦俱稀泥嫩滩，人马不能驻足。”（《再续行水金鉴》）

此后百年，是河患与国难交加的一百年。时势纷乱之际，当局哪里还顾得上黄河？大王旗在城头不停地变幻，“三年两决口”的惨剧却在持续。民国元年至民国三十七年间，黄河决口十七次。1933 年 8 月，黄河遭遇近代史上有水文记录以来最大洪水，黄河下游以河南境内为主，上上下下有五十多处决口，整个黄河大堤成了名副其实的“豆腐腰”。

关于黄河的二十六次改道、七次大改道，说法并不完全一致。其实，数千年来发生的“决溢”“改道”与“大改道”之间，不可能有斩截的量级划分。不过，黄河下游河道自有明确的文字记录以来，先向东北，后向东南，再改东北，又复东南，如是三番，则至少有过六次大改道，当是确凿无疑。

在历代黄河水患为害最甚的河南，有“豫西存粮，豫东拆房”的民谚。民谚说的是豫西和豫东生活观念的差异。豫西人讲究“留余”，不仅指处事方面留有余地，也是指过日子重视积攒，为将来留有储备。豫东人相反，有多少消耗多少，拆房子卖地也在所不惜。

这样的差异，不是因为秉性，而是因为黄河。在豫西，黄河沿岸多为山岭，即或发生道光二十三年那样的大洪水，除了少数河滩村落，损失的只是一部分田地的当年收成，人和家宅至少是安全的。日子相对安稳，积攒就有了前提。而在豫东，特别是近代以来的豫东，黄河的洪水一场接一场，几乎没有消停的年份。一季夏粮收获之后，汛期就到了。大多数人穷困至极，无可积攒；纵然有小富之家积下家产，洪水一来，也会瞬间化为泡影，倒不如吃干用尽了事。不安稳，便不可能有积累。

数千年来，深受黄河水患之害的又何止豫东人。拖儿带女外出逃荒，对于豫东人、豫北人而言，是司空见惯的事。他们逃荒的线路，总是逆着黄河水流的方向，向西，再向西——向西走意味着投奔高地，意味着安全。逃出去的人们，有的会在黄河的枯水期回乡，有的则在异乡安顿下来，以求远离黄河洪水的威胁。

花园口事件之后九年间，每到洪水泛滥季节，无数灾民拖家带口，远走陕西、甘肃，以求得一饭之安。

花园口决口造成的黄泛区，面积达到五万四千平方公里。滚滚黄水在郑州以东黄河南岸直到淮河流域的平原和丘陵低地上，画出了一个巨大的“狐”形。“狐”的脚爪伸到了大别山北麓的六安，长长的“狐”尾则一直扫到长江北岸的扬州。“狐”形所在，本是中国东部最肥沃的土地，但当时由于常年泛洪，土壤大面积沙化、盐碱化，即便在非汛期，土地耕种也出产寥寥。

古人有“贫不远行”的说法。因为贫困者远行，行无车，宿无钱，在路上断炊无人接济，只能乞讨为生，若再遇到伤病，客死他乡几乎是必然的。但是，无数的贫穷之家在河患面前，为了求生，却不得不远离故土，流浪千里。

八十多年前，从黄泛区逃荒外出的人们也许根本难以想象，黄河连年为患的灾难史，就要结束了。

第五章 束水，束水

在远古时代人类遇到的天灾里面，山崩地裂罕见，猛兽毒虫可躲，而一到雨季就可能出现的洪水，却是最难预料也最难防范的灾难。因此，在人类早期神话里，都有灭绝性的大洪水，都有治水救世的神。人类史演进到传说时代，神话里的神便成了带有神力的人，或者说，成了半人半神的英雄。神话与传说寄托了人类治水的想象，也隐含了人类对于洪水的深刻恐惧。这种恐惧，来自于人与自然力量的不对等，也来自于人类对水的依赖。水至为俗常，也至为神秘；至为亲和，也至为暴虐。它平静的时候，可捧可掬，随物赋形，无可无不可；而一旦它集聚成势，则会无坚不摧、所向披靡。人们梦想把这巨龙一般的河水束缚住，图其利，去其弊。然而，天下最难束缚的事物，就是这看似温和的水了。数千年来对于洪水的治理，固然是人与水的较量，但又何尝不是人与水的妥协？

在华夏民族历史上，水患最为严重的时期有两个：一是传说中尧舜禹时代的大洪水，所谓“汤汤洪水滔天，浩浩怀山襄陵”（《史记·五帝本纪》）；一是北宋至民国时期的黄河水患，其频率达到了“三年两决口，百年一改道”的程度。在这两个时期，都有许多与治水有关的故事——虚构的，或纪实的。

神话与传说

华夏民族的图腾“龙”，一说意味着生殖崇拜。然而，这能够腾云驾雾、翻江倒海的神秘生物，难道不也是洪水咆哮的形象？龙身如河，龙势如洪。它是属水的神，也是镇水的煞。

龙的威力，不在大小，而在于变化。它“能幽能明，能细能巨，能短能长；春分而登天，秋分而潜渊”（东汉许慎《说文解字》）。这变化不定、幽明难测的属性，与时而枯竭无踪、时而铺天盖地的黄河水，又是何其相似。古代传说中的龙，修炼五百年为角龙，修炼千年则成应龙。应龙鳞身棘脊，修长灵动，宽首长尾，尖吻利齿，有双翼，能飞天。因为美，也因为在龙族里级别最高，所以在商周青铜器、战国玉雕，以及秦汉的砖雕、帛画和漆器上，应龙是出现最多的龙形象。它也是神通广大的。传说大禹治水时，“应龙以尾画地，导决水之所出”（南朝梁任昉《述异记》）。也就是说，应龙是大禹治水的向导。

众多的治水传说中，大禹治水无疑是最为人熟知的一则。如今，在黄河所经地区，特别是中下游的陕西、山西、河南、山东一带，祭祀大禹的禹王庙、禹王台、禹王陵有几十处之多。在郑州登封太室山、少室山一带，还有与大禹传说有关的启母石和启母阙。传说是不能全部当真的，但传说中往往有真实的影子。可以确定的是，曾有过那么一些人，在构木为巢的原始时代，率领自己的部族，有过导河积石、疏通百川的壮举。那样的赞叹，想必是由衷的，也是有具体指向的：“微禹，吾其鱼乎！”如果不是大禹（制服了洪水），我们就变成（水里的）鱼虾了吧。

治水的传说并不是从大禹开始的。在大禹之前，已经有过不止一个治水英雄。大禹的父亲鲧就是其中之一。尽管鲧的形象从来都是一个失败者，是大禹的陪衬。

通行的说法是，鲧治水失败于“堵”。其实，在所有防范洪水的对策里，“堵”始终是最基本的方式。即便时至今日，我们的千里连贯堤防，也是为了“堵”。“堵”的办法，大禹也用过。《尚书·禹贡》有“九泽既陂”句。对此，有学者解释，这个“陂”，意同“坡”，是指“坦坡之堤”。就是说，大禹在因势利导的同时使用了修筑堤坝的办法。只是“堵”的方式不一样罢了。

先秦文献里多有“鲧作城”的记录。鲧所作的“城”，是围堰，也就是在房舍田地周围以土石为坝，把洪水挡在外面。鲧使用的“堵”法，是纯粹被动的防守，把人的领地围起来，把外面的世界让给洪水。而大禹的“堵”，是“导河”式的堵。大禹筑堤以水势顺流为前提，河堤只是起到了辅助“导河”的作用。

史记大禹治水，治理的是九州所有的河流，黄河只是其中一条。大禹治河的办法是“导河”，也就是顺应地势和水势，疏浚沟渠，使积水入河；又疏导干流，在下游开通多条河道，分解洪水的水势，使河水顺畅入海。传说大禹治水的重点之一是疏通三门峡。在地理史上，三门峡位置的山岭曾是古黄河全程贯通的最后一道屏障。但在治水传说里，黄河贯通三门峡成了大禹的功劳。自然的神力化为人格化的大禹，化为禹神的巨斧。巨斧落下，高山被劈成“人门”“神门”“鬼门”，于是三门峡成，黄河自此顺流而下。

大禹的功绩，不仅在于把洪水引到了大海，也在于治水的成功导致了人群聚居地和生产方式的巨大改变。据《尚书·禹贡》记载，经过大禹的治理，黄河中下游“九河既道……桑土既蚕，是降丘宅土。厥土黑坟，厥草惟繇，厥木惟条”。意思是洪水消退之后，原来积水的平地上土壤肥沃，草木茂盛，避居高地的人们迁往平原，筑宅垦土，以事农桑。这意味着，在黄河中下游两岸的广阔平原上，更为先进的农耕生活开始了。

金堤

信史时代的堤防，最早见于春秋时期。当时处于黄河中下游的诸侯国，为了保护屋舍田园，纷纷修筑阻挡河水的堤坝。于是齐桓公召集诸侯国在葵丘（今河南省民权）会盟。盟约的条款之一，便是“无曲防，无遏籴，无有封而不告”（《孟子·告子下》）。这等于是当时的一桩“国际”公约。“无曲防”，就是不要在边境修筑堤坝，把洪水排到邻国去。由此推测，则春秋时期各国普遍修筑的堤防依然类似于围堰，修筑堤防的目的是保护屋舍田园，而非约束河流。

考证成书时间大致在战国至西汉时期的辞书《尔雅》，其《释地》篇有“梁莫大于溴梁”“坟莫大于河坟”的句子。溴，即溴水，史载为发源于济源西北、东南注入黄河的河流，有人推测为今之蟒河，但据其位置和流向，很有可能是如今的沁河。“溴梁”，意为溴水岸边长形高地，当指河堤。“坟”，意为比较大的河堤。“河坟”，即黄河的大堤。可见《孟子》之后、《尔雅》之前，已经有了沿河堤防。

西汉贾让有“治河三策”，其中有言：“堤防之作，近起战国，壅防百川，各以其利。齐与赵、魏，以河为竟。赵、魏濒山，齐地卑下，作堤去河二十五里。河水东抵齐堤，则西泛赵、魏，赵、魏亦为堤去河二十五里。”战国时期黄河在荥阳以下，先穿过魏国，又先后经过赵齐边境、赵燕边境入海，赵、燕在左岸，齐在右岸。齐国处于黄河下游，地势相对低下，所以在距离黄河二十五里的位置修筑了长堤。黄河汛期泛滥，东岸受到齐国大堤阻挡，于是向西岸的赵国、魏国泛滥，所以赵、魏两国也在距离黄河二十五里的位置筑起长堤自护。这里提到的堤防，显然已经不是保护房屋田园的围堰，而是指具有相当规模的河岸长堤了。但是这种大堤，只是各国为了自卫修筑的，还不是沿河连贯堤防。

黄河当时流经七八个诸侯国，是一条“国际”河流。在没有约定“国际”分工的情况下，任何一个国家都不可能独自耗费大量人力物力去治理一条“国际”河流。从动机上讲，唯有在大一统国家建立之后，黄河成为一国的内河，修筑连贯的沿河大堤才有了可能。

到了秦代，这个前提成立了。

秦始皇特别热衷于修筑大型工程。秦统一六国之后，除了筑长城、凿灵渠、修陵墓，还兴建了一桩体量巨大的综合工程——驰道。秦始皇统一六国后第二年，就下令以咸阳为中心，修筑通往各地的驰道。据说当时的驰道有九条，有通往陕北的上郡道，跨过黄河通往山西的临晋道，通往河南、河北、山东的东方道，通往九原的直道，等等。其中的东方道，由咸阳东出函谷关，向东再向东北，直通海滨，与当时黄河的流向基本一致。

据说这条驰道不仅规模巨大，而且构筑特殊，“道广五十步，三丈而树，厚筑其外，隐以金椎，树以青松”(《汉书·贾邹枚路传》)。“隐以金椎”，意思是在修筑驰道的时候把椎形金属深扎到地基以下以为桩基，以增加驰道的坚固程度。这绝不是寻常道路的构造，只有防洪的河堤才能用到。这种办法，直到现代修堤堵口仍在使用。

关于驰道的用途，明代河官万恭著述的《治水筌蹄》中，有“一以障河之南徙，一以为驰道”的说法。秦都咸阳位于黄河潼关卡口西南，则这条东方道位置应在黄河右岸。黄河右岸在三门峡至荥阳段俱是低山低丘，是不必修筑河堤的。“以障河之南徙”，在潼关以上主要是为了保卫都城咸阳不受洪水侵袭，在荥阳以下则是保障黄河下游河道不至于南滚。显然，驰道与黄河大堤本是两位一体。

在如今豫北平原的新乡、濮阳一带，有多处残堤被称为“金堤”，附近还有不止一处“金堤河”。到底哪里才是“金堤”，“金堤”之名何以得来，“金堤河”又是怎么回事，众说纷纭。一说“金堤”最初即指豫北至豫鲁冀交界带的秦代驰道。另一种说法是，“金堤”是西汉时期黄河开始泛滥后，官方以石头修筑的坚固堤防。

汉时及其后的河渠记录中多见“金堤”之说。其中《史记·河渠书》记载，汉文帝十二年“河决酸枣，东溃金堤，于是东郡（今河南省濮阳）大兴卒塞之”。《汉书·沟洫志》则清楚记载了“金堤”在黎阳（今河南省浚县）一带的具体方位："近黎阳南故大金堤，从河西西北行，至西山南头，乃折东，与东山相属。民居金堤东，为庐舍，往十余岁更起堤，从东山南头直南与故大堤会。"《水经·河水注》也提到，在王景治河之后，"顺帝阳嘉中，又自汴口以东，缘河积石为堰，通渠，咸曰金堤"。"汴口"，即汴渠引黄口，位于今郑州市荥阳东北。汉顺帝阳嘉年间，右岸有过多次决口和改道的黄河，已经把秦驰道切成了几段。汉顺帝之前，王景治河时曾经在黄河上"十里为一水门，令更相洄注"。则《水经·河水注》中之"金堤"，有可能是指这些水门的拦水坝。

在山东省阳谷县城的观城中街以西，至今有高出平地数尺的无名带状残垣，相传即为秦汉时"金堤"。这种带状残垣在南到濮阳、北到高唐一带都能找到。

由此，"金堤"由荥阳到延津，经濮阳、阳谷到高唐的旧迹基本可见。这个走向与宿胥口决口之后、王景治河之前黄河的河道也是一致的。

如今豫北与山东省交界带的"北金堤"，据说是西汉时位于东郡、魏郡、平原郡的黄河石堤。这道"金堤"从河南卫辉、滑县起，经濮阳、范县、台前直到张秋，也被认为是东汉王景治河主持修筑的由荥阳至千乘海口的千里长堤遗存。长堤现存较完整的一段，起自河南省濮阳南关火厢头，经清丰、莘县入阳谷。铜瓦厢改道后，这条大堤位于黄河左岸。清光绪十年（1884年）临黄左堤贯通后，"金堤"处于黄河大堤之北，始称"北金堤"。

事实上，不仅"金堤"之名多地都有使用，且这一带残存的故堤，多是代代相沿的遗迹，前代河堤上往往又有后代的延筑或加固，所以，很难绝对地说它们是归秦还是归汉。

瓠子歌

瓠子堵口，是黄河堵口历史上颇具文艺色彩的故事。事主汉武帝刘彻，公元前 141 年至公元前 87 年在位，当政五十四年。刘彻是一位强权君主，也是使用皇帝年号纪年的肇始者。在他之前，中国人使用天干地支纪年，十天干与十二地支排列组合，六十年一个轮回。以当时人的平均寿命而言，六十年约等于人生的长度。

在历代后宫故事里，刘彻时代造就的典故最多。他先后有陈阿娇和卫子夫两任皇后。前者是其姑姑馆陶公主的女儿，因自幼相熟，故有“金屋藏娇”故事。后者为平阳公主家中歌女，被刘彻一眼看中，纳入后宫，宠幸有加，其家族及亲眷中先后出了卫青、霍去病这样的名将。刘彻时乐府规模很大。他以乐师李延年为协律都尉，并纳其胞妹为夫人——这就是“一顾倾人城，再顾倾人国”的李夫人。

刘彻即位时十六岁，朝政实权掌握在太皇太后窦氏手里。刘彻二十二岁时窦太后去世，他便着手消除朝中旧势力，对外开始跟匈奴较量，先后起用卫青、霍去病，连番出击，扩大疆域，设置苍海郡、朔方郡，降服匈奴浑邪王，设五属国。公元前 114 年，刘彻四十三岁时开始使用年号，以两年前汾阴出宝鼎之年为元鼎元年，再追定即位次年为建元元年，并定其后多个年号。中国历史从此开始了用皇帝年号纪年的时代。五十岁之前的刘彻持续伸张武力，平定南越，置九郡；平定西南夷，置五郡；分酒泉、武威，置张掖、敦煌两郡；率十八万骑北巡，谕告匈奴单于臣服；降服东越，迁其民于江淮；俘楼兰王，破车师；降服朝鲜，设四郡。相对于秦代，中国版图多出了西北、西南、朝鲜半岛等大片疆域。

封禅泰山，堵塞黄河瓠子缺口，就是在此期间完成的。

汉武帝时黄河积弊日久，已经到了连年为祸的时代。公元前 168 年，黄河在酸枣决口，河水向东冲垮“金堤”，泄向东南，夺泗水，入淮河。这是黄河最早的一次夺泗入淮。从此黄河进入了有史以来第一个河患时代。

汉武帝元光三年（公元前 132 年）春季，黄河于顿丘（今河南省清丰）决口。因春季水势有限，河患没有引起重视。到了夏季汛期，黄河水势暴涨，又在东郡瓠子决口，洪水向东南冲入巨野泽，进而泛入淮河支流泗水，南侵淮河流域，致使梁、楚十六郡国全部被淹。这次大水患引起了刘彻的注意，他派了汲黯、郑当时率领十万人筑堤治水。无奈水患猖獗，几番塞而复坏，洪水依然漫流，筑堤前功尽弃。

此后黄河水患便疏于治理。其中的原因，据说是因为丞相田蚡。田蚡是汉景帝皇后王娡的同母异父弟弟、刘彻的舅舅。田蚡家族的封地在鄃（鄃县，始置于西汉初年，今属山东省德州市），黄河在瓠子决口，洪水向南淹，他的封地反而无忧，因而田蚡建议：“江河之决皆天事，未易以人力为强塞。强塞之，未必应天。”这无疑是个假公济私的建议，但田蚡的口舌之能也正在这里——这个馊主意直接说到了要害。汉时统治者自称“天子”，“天意”是绝对皇权的基本依据。“天子”之名虽肇始于周，但彼时“天子”是指“修其天爵”的人，还没有成为帝王的专称，诸侯国对周天子依然沿用着“大王”的称呼。到了汉代，“天子”成为皇帝的专称。田蚡拿“天意”来进言，刘彻不得不慎之又慎。

瓠子决口久未治理，形成的黄泛区持续二十多年。汉武帝元狩三年（公元前 120 年），因为灾情严重，汉武帝只得下令将七十万灾民迁到关中、朔方。

田蚡进言也许只是个谣传。

田蚡死于公元前 130 年，而黄河水患的治理直到元封元年（公元前 110 年）才动手。可见，黄河水患被搁置，真正的原因并非田蚡阻挡，而是当时严峻的边患。刘彻在位前期，汉朝廷的头等大事是反击匈奴。公元前 110 年，匈奴彻底降服，四方边患皆平。这时候，黄河治理才被当成了一件大事。

这一年，汉武帝在泰山封禅，并把年号改为“元封”。泰山虽不是最高峻的山岭，却高耸在地势较低的黄河下游、靠近大海，观感上显得格外高峻。古时泰山名“岱宗”，即大山之首，被视为可以直通上天的神山。统治者到泰山去祭天，行过“受命于天”的仪式，天子的权力才有了正当性。泰山封禅是古时帝王的最高典仪，一般在江山易主或久乱承平后才可进行。自秦始皇开始至宋真宗为止，共有六位皇帝封禅泰山。在泰山之巅筑土为坛以祭天，称为“封”；在泰山脚下辟场以祭地，称为“禅”。元封元年，匈奴已降，黄河水患却到了刻不容缓的地步。汉武帝这一年泰山封禅，可谓意味深长。

泰山封禅的第二年，刘彻亲临河边，沉白马、玉璧祭祀河神，发卒数万人堵口。

据《史记·河渠书》记载，瓠子堵口时，因为当地有烧草做饭的习俗，“以故薪柴少，而下淇园之竹以为楗”。南朝《史记集解》解释“楗”字，引用了三国时期注家如淳的话：“树竹塞水决之口，稍稍布插接树之，水稍弱，补令密，谓之楗。以草塞其里，乃以土填之。有石，以石为之。”就是用长竹竿沿着决口插入河底为柱，渐渐由疏到密，先使口门的水势减缓，再用草料填塞其中，最后压土、压石，使口门合龙闭气。

这种堵口方法，后世称为“横堵”，据说是瓠子堵口的首创。还有一种被奉为经典的“立堵”法，乃汉建始四年（公元前 29 年）王延世主持的东郡堵口首创，“以竹落长四丈，大九围，盛以小石，两船夹载而下之”（《汉书·沟洫志》）。这种办法，就是先从口门两端向中间进堵，待口门缩窄到一定宽度，再用沉船的方法把竹石笼沉下，然后加土使决口合龙。后世堵口，则吸收前代智慧，一方面使用瓠子堵口先阻水势、再填埋堵口的思路，另一方面改平桩为竖桩，吸收从两侧向中间进堵的“立堵”经验，从而形成了更为有效的堵口办法。

据说当时为了堵复瓠子决口，豫北淇园（战国时卫国著名的园林）的竹子都被砍光了。堵口成功后，刘彻感慨而作《瓠子歌》：

（其一）

瓠子决兮将奈何？

皓皓旰旰兮闾殚为河！
殚为河兮地不得宁，
功无已时兮吾山平。
吾山平兮钜野溢，
鱼沸郁兮柏冬日。
延道弛兮离常流，
蛟龙骋兮方远游。
归旧川兮神哉沛，
不封禅兮安知外！
为我谓河伯兮何不仁，
泛滥不止兮愁吾人？
啮桑浮兮淮、泗满，
久不反兮水维缓。
（其二）
河汤汤兮激潺湲，
北渡污兮浚流难。
搴长茭兮沈美玉，
河伯许兮薪不属。
薪不属兮卫人罪，
烧萧条兮噫乎何以御水！
颓林竹兮楗石菑，
宣房塞兮万福来。

这洋洋长歌，写堵口的只有最后两句。前面一大堆话，写了三个意思——瓠子决口了，为了这件事我操碎了心；河伯不仁，添了很多乱子；好容易河伯答应了堵口，可是堵口的柴草却不够了，这都是卫地人的过错，他们把柴草烧得剩这么点，还拿什么堵水啊。

瓠子堵口之后，刘彻命在堵口处修筑“宣房宫”。“宣房”本是刘彻为自己修建的行宫，相当于前线指挥部。后人以“宣防”替代“宣房”，乃为讹误。“宣”字本义是帝王颁布诏令的地方，“房”字本义指正室左右的屋子，在此也有“临时住所”之意。在甲骨文里，“宣”字下面的“亘”形如漩涡，所以“宣”字又可取义于水，引申有“疏导水流”的意思；而“房”字引申则有“庙宇”之意。《瓠子歌》既两次提到“河伯”，所以，“宣房”在当时可视为皇帝的行宫，后世若视为纪念堵口、供奉河神的建筑，似乎亦无不可。

如今，位于滑县老城北的宣房宫已是残垣断壁。遗址以北的瓠子堤蜿蜒向东北，经浚县到濮阳故城。这段残堤究竟是汉时的原堤，还是经过了后代的加固，不得而知。

治河三策与王景理渠

古时防洪和堤防技术毕竟有限，西汉以后，随着泥沙淤积程度的不断加重，黄河在华北平原地段的决口也越来越频繁。到东汉初年，河堤不断淤高的黄河终于弃高就低，改道偏向旧河东南，取道千乘汇入渤海。

汉明帝永平初年，王景受命治理浚仪渠。浚仪渠前身为战国时期魏惠王开凿的人工运河鸿沟，其主干自今荥阳东北分黄河水东流，经今开封折向东南，再经今淮阳入颍河，成为沟通黄淮两大流域的重要水运通道。到两汉时期，这条河改称汴渠，又称浚仪渠。浚仪渠当时位于黄河以南平原低地，黄河南泛时往往被冲毁。因黄河流势变动不居，保持浚仪渠水路稳定成为一大难题。王景采用堨流法，即在干渠近岸设滚水堰以控制渠内水向，从而保证了渠堤安全。

因为浚仪渠的成功修治，永平十二年（公元69年），汉明帝命王景统修河渠。《后汉书·循吏列传》以寥寥数语记载了王景的治河方法："商度地势，凿山阜，破砥绩，直截沟涧，防遏冲要，疏决壅积，十里立一水门，令更相洄注。"这段话谈到了王景治河的三个要点：一是在西汉故河之南利用地势开凿新河道，对故河河道做了截弯取直；二是利用直流水势冲刷河道，疏通河道壅积；三是每隔十里引黄河水外泄沉沙，然后再让澄清的水从下游回流入河，以减少泥沙淤积。

王景的办法，实际上承继了前人贾让的治河思路。

西汉后期，黄河自公元前602年改道以后已行河数百年，由淤积造成的决溢日渐频繁。汉哀帝初年，使领河堤的官员奏报黄河水患大势，建议博求能够浚川疏河的人，于是贾让上书，提出了流传后世的"治河三策"。贾让上呈的策文原文已不可考。如今流传的"治河三策"，乃班固《汉书·沟洫志》的转述。

策文洋洋千言。概要言之，其上策为"徙冀州之民当水冲者，决黎阳遮害亭，放河使北入海"，就是把冀州沿河容易被水冲到的居民迁到安全地带，不与水争地，实行宽堤距，开辟滞洪区，让河水在宽阔的河床上北流入海。"遮害亭”指河流与滞洪区之间的水闸。水情严峻时提闸放水，可减弱洪水水势，阻止水害的发生，故名“遮害亭”。中策为“多穿漕渠于冀州地，使民得以溉田，分杀水怒”，就是多多开渠建闸，引黄灌溉，缓解水势。下策则是“缮完故堤，增卑倍薄”，就是培修、加固过去曾被损坏的堤防。“故堤”被什么损坏了呢？应当是为争种河滩土地而修筑的防水围堰。这种围堰，往往使河流在较短的距离之内七弯八折，在汛期，对河流正常行水会构成严重阻碍。

贾让提出的“上策”，即迁徙河滩居民、宽堤行水的治河思路，成为王景治河的重要参考。王景的治河方略，概括起来就是“理渠”，也就是破除河流行水的一切阻碍，同时分杀水势。这一治河方略，显然吸纳了治河三策之上策的精髓。

事实证明，王景的“理渠”是极其成功的。黄河经过这一番系统整治，渐渐归于稳定，形成后世所称“东汉河道”，安流千年。

埽岸之哀

王景治河以后到北宋之前，黄河有没有决口记录？也是有的。只是与北宋以后的情形相比，这个时间段的黄河实在是安稳得多。

千年安澜，如果说仅是由于治河之功，恐怕是夸张了。主要原因还是在自然界。气候研究结论表明，华夏文明史上有过四个地理温暖期，即殷商时期、战国至汉初、隋唐时代、元初期。受温度和降雨量变化的影响，每一个地理温暖期之后，因为中游地区农业垦殖强度的增加，晋陕峡谷水土流失加剧，黄河泥沙量增大，便会有一个泛滥期。史载黄河第一次大改道，就发生在第一个地理温暖期之后。第二个地理温暖期之后，即西汉中后期，“黄”河出现。而北宋，正处于第三个较长的地理温暖期之后。

也有人从社会经济方面归纳原因，认为西汉后期黄河泛滥，是由于文景之治时期持续的“弛耕”政策；而北宋以后的黄河水患，则由于隋唐时代黄河中游地区的农业大开垦。

总之，到了北宋，黄河为患的灾难时代开始了。

因为决口成了家常便饭，北宋成为堵口技术进步最迅速的时期。治河史上著名的埽坝技术，在北宋时期达到登峰造极的程度。

埽，最初是指治河时用来堵口护堤的专用器材，一般用树枝、秫秸、石头等捆扎而成；后来也用于指称用秫秸修成的大坝或护堤。“埽”的名称最早见于宋代文献。在《宋史·河渠志》《河防通议》等水利文献中，均载有“埽”的制作方法。但据说埽在先秦时即已出现，西汉瓠子堵口就曾运用埽工。到了宋代，由于黄河决溢频繁，制埽技术、埽工形式不断改进。

为了堵口需要，埽的构造越来越复杂，以至于制作卷埽成为一项庞大的工程，需要专业河工技术人员指导，集纳大量物料，在特定场所组织制作：“以竹为巨索，长十尺至百尺……梢芟相重，压之以土，杂以碎石，以巨竹索横贯其中，谓之‘心索’。卷而束之……其高至数丈，其长倍之。”（《宋史·河渠志》）卷埽完成后，由数百人乃至上千人一起推堆到堤岸薄弱的地方，把卷埽“心索”两端的绳索牢系在两边堤岸事先打好的桩橛上，以横向固定；再自上而下打进木桩，木桩穿过卷埽深扎河底，以纵向固定。这样，卷埽就成为十分牢固的堤岸，称为“埽岸”。这等于先做好一段堤岸再填装到特定位置，有点类似于现代建筑中的预制构件技术。这么堵口，一定也是深谙黄河堵口之难、在多少次的失败中摸索形成的办法。

埽岸技术也用于修筑与河堤成丁字形的护堤短坝。在河流险工段，埽坝可保护堤岸免受水流的冲刷，以固定河道，防止滚河；在较宽的河道里，特别是黄河下游宽浅河段，埽坝可使河床束窄，水势集中以刷深河槽；于河道弯曲的凹岸一侧，则可起到转变流向、保护凹岸的作用。这种短坝现在一般称为丁坝，也称导河坝，普遍应用于黄河下游两岸险工河段。

因为黄河水涨落不定，所以，北宋时对黄河水势的描述已经化为符号化的指称系统。立春之后河水初融，宋人认为，此时河水涨一寸，那么夏秋河水便会涨一尺。所以，北宋把立春后的黄河水称为“信水”，意为预报信息之水。此后数月的河水，便随着当月的时令植物或风俗，或河水特点，分别命名为“桃华水”“菜华水”“麦黄水”“瓜蔓水”“矾山水”“豆华水”“荻苗水”“登高水”“复槽水”“蹙凌水”。还有一种不到汛期突然到来的涨水，类似不速之客，被称为“客水”。符号化的称呼，一般是针对频繁出现的事物或现象，也或者出于应急需要。很少有别的时代，对黄河水的重视能到这样的地步。可见黄河水患对北宋政权和老百姓的生活有着怎样的影响。

北宋时期，从中央到地方有一整套完备的河务机构，且普遍采用了埽工护岸。随着埽坝技术的发展，北宋专业治河的技术河工不断充实，人员也相对稳定，他们常驻在黄河两岸，形成了防治黄河的专门水利机构——埽所。北宋时期黄河中下游各州县都设置了多处埽所。每处埽所设埽总两名，埽夫五六百人，储备埽料，修筑埽岸，专司堵口。到宋神宗元丰四年（1081 年），仅黄河北流两岸已分立埽所五十九处。

这样的重视，是被迫的，也是前所未有的。只是，这样的努力与技术水准，相对于黄河河道上积累的巨大隐患，还是远远不够。王景治河以后已经行水千年的黄河下游河道，泥沙日积月累，早已不堪重负。淤高到与地面平齐甚至高于地面的河床，根本没有容洪能力。一旦遇到洪水，再坚固的埽岸都难以抵挡。

黄河太复杂了，治理黄河从来都不是个简单的态度问题。在治河方略和实施办法上，往往会面临两难选择。黄河不只有水的问题，还有泥沙的问题；不只有河水外溢的问题，还有河水内滚的问题；不只有下游的问题，还有中上游的问题；不只有黄河自身的问题，在隋唐以后，还有借道而过的运河的问题。

每一种选择，都意味着取舍，意味着有限的目标与无限的风险，都是利中有弊、优缺参半。

黄河，为华夏民族的成长和强盛提供了丰厚的滋养，也给这片土地上的人们出了太多、太大的难题。治理黄河，哪怕仅仅是一次堵口，都意味着高难度的技术要求与巨大的经济投入。这样两个硬条件，直到二十世纪中后期还没有完全具备。

黄河的事情

陕州民谣描述的情景既形象又直接。“黄河涨上天”的景象，想必比数字和概念更能直击眼目。1952 年深秋，那首传唱了一百多年的民谣，让视察黄河的毛泽东过耳难忘。他问时任黄委会主任的王化云，黄河涨上天怎么办。

对王化云而言，乃至对整个水利行业的人而言，这是一个重若千钧的提问——不能不回答，但也很难用一两句话来回答。王化云略略沉吟说，不修大水库，光靠那些埽坝根本挡不住。这是一句实在话。当时的黄河大堤，构筑方式还沿用着北宋以来的埽坝技术，有的河段堤防则是抗战结束后黄河归故时临时恢复的，用料多为松散的沙土。这样的堤防，哪里是洪水的对手？

毛泽东又问，大水库应该修在什么地方。

王化云回答，邙山，或三门峡。

三门峡大坝的修建很快提上了国家议事日程。1954 年 2 月，一支由中苏两国专家和工程技术人员组成的查勘团，先后勘察了二十多处水库坝址。坝址最终选定三门峡，是因为三门峡独特的地质优势。三门峡谷是黄河中游最狭窄的河段，拦水比较容易；峡谷河道窄，水流落差大，有着巨大的电力开发潜能；最重要的是，三门峡谷底分布着坚硬的闪长玢岩，岩体厚度达到百米左右，而且在长达七百多米的峡谷河段横跨黄河，是再理想不过的大坝基础。

水库选址也考虑过邙山。就控制洪水面积和淹没损失而言，在邙山建库显然更有优势；但是就工程地质条件而言，邙山地面是黄土基础，与三门峡坝址条件悬殊，何况对岸了无遮挡，还需要修建很长的副坝。

曾被提及的另一个坝址，在三门峡下游百余公里的八里胡同，即今小浪底水库坝址上游。这个提议的根据是，在黄河中下游干流上修建水库，主要任务是防洪和控制下游的泥沙，而不是发电。这本来是个常识。古今中外所有的水库，无非是企图通过人力干预，对天然水的不均衡分布进行反调节，水多的时候，把水存起来，水少的时候，把水放出去，既防洪水，又防干旱。

现代水利技术应用以后，水库又多了一项功能——发电。利用水动力发电，在一穷二白的五十年代，实在是很有诱惑力。

坝址选在了三门峡。工程建设目标设定为：蓄水，拦沙，发电，灌溉。

鉴于根治黄河已列为苏联援助中国的第一百五十六个工程项目，三门峡水利枢纽大坝和水电站委托苏联设计。1957 年，三门峡工程动工；1960 年 9 月，大坝下闸蓄水；1962 年 2 月，第一台十五万千瓦机组试运转。

在当时的建设和技术条件下，这样的速度实可谓突飞猛进。从表面看，水库建设的目标是达到了。被大坝拦阻的河水静止下来，泥沙全部沉到了库底。经过沉沙的河水从泄水孔流出来，黄河变清了。工程投入使用以后，黄河下游再没有发生过水灾。

“黄河涨上天”的问题似乎解决了。然而，三门峡水库运行不久，便出现了严重的后遗症。巨大的泥沙量显然超出了三门峡水库的负载能力。当初预设的通过中游水土保持而控制泥沙的计划，实际操作起来却很难有立竿见影的功效。中游的泥沙源源不断地下泄，三门峡库区死库容很快淤满。由于当初听从苏联专家建议，大坝修建时预留的导流底孔全部堵死，河道内的泥沙无法下泄。一年多时间里，十五亿吨泥沙全部铺在了三门峡以上到潼关卡口的河道里，把黄河转弯处的潼关河床抬高了四米多。这等于塞住了渭河的入黄口。于是，渭河开始涨水、决口、淹地。关中平原地下水壅积，短短几年时间，上百万亩良田被浸没或盐碱化。泥沙淤积以极快的速度向上游延伸，西安工业基地遭到严重威胁。

1962 年 3 月，三门峡水库调整运用方式，由“蓄水拦沙”改为“蓄水排沙”。从 1964 年到 1973 年，大坝经过数度改建，先是在黄河左岸水库旁侧山丘上打了两孔巨大的穿山洞用以泄洪，同时把半数发电钢管改为泄水钢管——简称“两洞四管”；然后，重新挖开了大坝底部被堵死的施工导流底孔，以蓄清排浑、调水调沙。泄流排沙问题算是暂时解决了。但潼关河床高程仍比建库前高出三米多。1992 年 8 月，渭河洪水入黄不畅，纷纷漫堤决口，淹没农田六十多万亩。

在建成使用的半个世纪里，三门峡工程饱受诟病。有人提出，三门峡大坝弊大于利，应该炸掉。事实上，二十世纪五十年代兴建的几处水利工程——山东位山水利枢纽工程和郑州花园口水利枢纽工程等，都因为运作不良先后拆除。

我曾经就此请教一位水利专业的学者，假如当时能够重来一次，三门峡水库还会不会兴建；如果兴建，是否有更好的选址，比如选在后来的小浪底位置，是不是就会避免潼关高程问题。

他回答，其实不存在完美无缺的选址，以当时的大坝修建技术，要确保水库安全，必须考虑大坝基址的地质，从这个角度说，水库选在三门峡也许是最合适的。

我又问，如果导流底孔没有堵塞，有没有可能完全避免潼关高程的问题。

他沉默片刻，似乎在考虑怎么说才能让我这个外行明白。他说，以当时进入黄河的泥沙量，即使打开全部导流底孔，也还是会出现类似的情况，只是个程度轻重、时间早晚的问题罢了。不过，他又补充道，水库修建从来都是利弊权衡的结果。

平心而论，在小浪底水库投运前，三门峡水利枢纽工程作为黄河下游最后一道屏障，对下游防洪确实发挥了保障性作用。黄河中游北干流及水系发达的支流——泾河、北洛河、渭河的洪水，实际上全部依靠三门峡水库的节制，才避免了对下游堤岸的大规模冲击。而与下游相邻的黄河三花间发生的洪水，也唯有通过三门峡水库的错峰调节，才不至于对下游构成更大的威胁。1964 年以后，三门峡以上地区曾出现六次洪峰流量大于一万立方米每秒的洪水。没有三门峡水利枢纽的控制运用，当时的下游堤防能否保证河水不决溢，很难估计。

三门峡水库的缺憾，成为后来修建小浪底水利枢纽的动因之一。在某种意义上，小浪底水利枢纽是对三门峡水库的反调节。针对三门峡淤沙易、冲沙不易的状况，小浪底工程设计的一个重点就是调济和补救三门峡的水沙关系。从另一个角度看，小浪底的投入运行也盘活了三门峡水利枢纽的运作潜力。每年汛期，由三门峡水库调节水沙搭配，形成人造洪峰，把小浪底库尾淤沙推至坝前，为坝体防渗形成泥沙铺盖。没有三门峡人造洪峰的强大动力，就没有小浪底水库异重流的形成，黄河调水调沙试验的目的就难以达到。

修建小浪底水库的动议，早在 1971 年就开始了。只是由于种种条件限制，筹建未几便告搁浅。1981 年，小浪底工程设计论证重启。1991 年，筹备已久的小浪底水利枢纽前期工程开工。2001 年底，工程全部竣工。小浪底建成使用后，与三门峡、故县、陆浑四库联动，可使百年一遇洪峰流量由 29200 立方米每秒削减到 15700 立方米每秒，千年一遇洪峰流量由 42300 立方米每秒削减到 22600 立方米每秒。从而，黄河下游防洪标准才可达到千年一遇。

自竣工当年起，小浪底开始调水调沙。调水调沙，就是每年在汛期到来之前打开泄流孔清库存。5000 立方米每秒的泄流量，往往会持续一周以上。湍急的水流冲向下游，会把下游河槽中积存的一部分泥沙带到山东艾山以下。而艾山以下由于河槽缩窄、河流纵比降较河南段加大，水流速度快，仅靠河流自身的力量，便可以把这些泥沙从艾山带到入海口。

随着库区水位的不断降低，调水调沙到了最后几天，库底积存的泥沙便会随着水流一起喷涌而出。

2020 年汛期到来之前，我趁周末时间赶到了小浪底。

为了让我更清楚地看到调水调沙的实况，在水利部门工作的朋友经过申请批准，带我走到泄流孔正上方的坝顶。从坝顶看到的水流阵势强悍。水流的轰鸣声震耳欲聋。水被速度改变了形态。高速奔涌的水流恍若闪光的固体。它在早上的阳光照耀下跌入河道，瞬间又碎成白茫茫的水雾。唯有靠近一些，脸上手臂上微微潮湿，你才能感觉到那些细密的水颗粒。水颗粒飞到我的头发上、衣服上。水颗粒在逆光下形成了若隐若现的虹影。脚下的地面微微震颤，似乎在强调大水奔向低处的急切与鲁莽。

我们在轰鸣的水幕前合影留念。朋友说，再过几天，这水就成黄色的了，那时我们如果站在这里拍照，浑身上下的衣服马上会成为泥点花衣。那泥点真是最好的染料，朋友说，用什么洗涤剂都洗不掉。

我还没有看见过泥流奔涌的景象，但我没有时间留下来等待。时间仿佛被不知名的东西给蚕食了，每天都必须分出时间给一些无谓之事。这真是遗憾。

几天之后，朋友特意发来泄流孔出沙的视频。那是他一早就赶到坝顶拍摄的。在视频里，太阳刚刚从对面的山顶冒出来，整条河谷还隐在暗影里，冲出泄流孔的泥沙流以雷霆万钧之势跌向河面，让我仅仅看着视频都感到惊心动魄。这由人控制的、微缩的洪水，就已经是如此气概，若是一场滔天洪水，其情景又当如何？

不得不说，调水调沙是个了不起的创举。

调水调沙解决了数千年无从措手的下游河道河床淤积抬高的痼疾。黄河洪灾之所以频繁，主要原因并不是来水量太大，而是泥沙淤积导致的河床抬高。几千年来，黄河无论是南流还是北流，只要经过了一定的年份，河底就会高出地面，这时候，无论怎么治理，黄河水都会寻找新的水道。郑州以下、艾山以上河段，黄河的河床全部在地面之上。黄河河底与地面的落差，最大可达到二十米。黄河的河底一直在往上长，长高速度平均每年十厘米左右。小浪底实施调水调沙以来，黄河河底的“长势”被遏止了。水利部门测量发现，黄河河底在刷深。数千年的地上悬河不仅不再增高，而且在逐年下切。据水利部门实测，花园口河床每年刷深十厘米以上。

调水调沙，打破了黄河中下游水库“有限”使用的铁律。因为泥沙，黄河中下游的水库都有个泥沙淤满拦沙库容的问题。小浪底水库设计拦沙库容共有 75.5 亿立方米。按照原来的测算，这个库容到 2020 年会全部淤满。但是，小浪底实施调水调沙以后，这个预测失效了。到 2020 年汛期结束为止，小浪底水库实际泥沙淤积量为 31.46 亿立方米，仅占设计拦沙库容的 42%，还不到一半。有水利常识的人都知道，小浪底的拦沙库容余量，直接关系着黄河下游防洪、生态和供水安全。超过设计容量一半的拦沙库容是怎么节约出来的呢？正是通过调水调沙。调水调沙有效延长了小浪底水库的使用寿命。我甚至幻想，如果通过调沙，使入库泥沙和出库泥沙达到一个量的平衡，那么，水库的“使用寿命”，不就可以无限延长了吗？

不过，小浪底调沙的成功，只能说黄河泥沙问题解决了小半。毕竟，泥沙问题的根子不在下游，而在黄土高原。有没有可能使小浪底水库的泥沙淤积量和调沙出库量大体平衡，还要看中游的减沙能达到什么效果。

原地拦沙

近年来，从中游下来的泥沙量年均三亿多吨，较过去的年均十六亿吨下降了八成多。有十二亿多吨泥沙被拦到了它们的发源地——黄土高原。

在此之前，每年集中在七、八月份降临的暴雨，不仅把巨量的泥沙冲进了黄河，而且把黄土高原本来平展的地面切割成了支离破碎的样子。据不完全统计，黄土高原上的大小沟壑有二十七万多条。黄河每年从中游带向下游的十几亿吨泥沙，就是从这二十七万多条沟壑里来的。而目前成功拦截了十二亿多吨泥沙的，也正是这千沟万壑上修建的拦泥淤地坝。据了解，目前黄土高原上已建成各类淤地坝十二万多座，淤成坝地五百多万亩。

这样归纳，似乎把一件艰苦卓绝的事说得太轻易了。

数千年来，在与黄河水患较量的长路上，人们注意到的只是黄河水患的标，而没有看到本；历代治河，治的是水，而没有想到沙；治的是下游，而没有想到中游。到了明代的万恭和潘季驯，治河才包含了“攻沙”的内容。但是对于如何“攻沙”，前人依然没有看到根本，他们“攻”的是黄河下游河道里的沙。康熙年间河官靳辅的助手陈潢，是第一个把治河视野扩大到中游的人。但从他们的治河实践看，实际治理的仍然是下游——下游的堤岸，下游的引水渠，下游的河道主槽，下游的泥沙。

曾有些眼光独到的人，注意到了黄河泥沙的利用问题。早在北宋时期，主张土地改革的王安石便提出了利用多沙河道大放淤的主张。实施大放淤的河道不仅包括黄河下游干支流和引水渠，也包括了黄河中游支流和大量的季节性涧谷溪流。据《宋史·河渠志》记载，从 1070 年到 1080 年，河流放淤形成的滩地和坝地达到了五万顷以上，不少贫瘠之地变为沃壤。虽然王安石的着眼点主要在于土地而不是河流，但是，利用河流泥沙放淤成地，却成为后世实施中游原地拦沙的滥觞。

清乾隆八年（1743 年），在监察御史胡定上奏的河防建议里，出现了在黄河中游筑坝拦沙的主张："黄河之沙多出之三门以上及山西中条山一带破涧中，请令地方官于涧口筑坝堰，水发，沙至涧中，渐为平壤，可种秋麦。"乾隆皇帝把这件事交给了当时的河道总督白钟山评议，白钟山则以没有前例为由，十分敷衍地把这个建议给否决了。

直到二十世纪三十年代，黄河治理的重心才转到中游。1933 年夏的黄河洪水，造成了下游堤防六十多处溃决。水灾波及下游五省三十多个县，灾民达到二百七十多万。当年 9 月，水利专家李仪祉受命于危难，就任黄河水利委员会首任委员长。李仪祉的治河思路采用了现代水利科技发展的最新成果。他首先规划并实施了对黄河水文的现代化测量，提出了上中下游综合治理、解决泥沙问题的策略。

有史以来，黄河治理重点第一次放在了黄土高原。对于流经黄土高原的黄河干支流，李仪祉的治理主张有三条：一是植树造林，保持水土；二是山谷间修建横坝，拦阻泥沙，淤出平坝；三是支流上修建水库。对于历来令人头疼的下游河道治理，李仪祉强调稳定中水河槽，办法是：疏浚下游河槽，加大主河容量；修建支流拦洪坝，控制进入主河的洪水；开辟减水河，分减主河水量。

李仪祉的方案不仅针对性很强，而且科学可行。只可惜，这一套方案还没有来得及充分施行，日本侵华战争全面爆发。

从 1950 年开始，李仪祉提出而没有来得及实现的黄河中游治理措施，在黄河水利委员会的主持下一步步落地。1953 年到 1954 年，黄委会先后组织了两次黄土高原水土流失情况大勘查。在长达十几个月的时间里，由王化云主持，数百名勘查队员跑遍了北自宁夏和内蒙古、南至秦岭、西到乌鼠山、东到吕梁山的广大区域，对黄河上中游的湟水、庄浪河、祖厉河、无定河、延河、皇甫川、泾河、窟野河、北洛河等三十多条支流进行了拉网式查勘，徒步观察干流河道八百多公里，调查支流及沟洫无数。

大勘查后形成的水土保持工作报告把黄土高原分为九类地区，分别提出了具有针对性、便于因地制宜实施的水土保持建议。其中提到的具体办法，包括打坝淤地、修堰窝地、引洪漫地、植树种草、修筑梯田、发展小型水利、修筑谷坊蓄水拦泥等等。每一条建议，都是在黄土高原荒僻的沟涧里摸爬滚打、四处寻访得来的结论。

二十世纪五十年代，当王化云提出应该把黄土高原的水和泥沙拦在原地的时候，他大约也没有估计到，这将是一桩艰苦卓绝、需要几代人持续努力的事情。对于泥沙危害和水土保持难度的预估不足，成为三门峡工程出现后遗症的主要原因之一。尽管这并不是王化云个人的过错，但是，作为工程的建议者和主要负责人之一，他为此承受了巨大的压力。若干年后，王化云在《我的治河实践》中再次提到三门峡工程出现问题后自己的复杂心情。他认为，三门峡工程的失误，主要是对中游水土保持减沙效益的估计“过于乐观”了。

但从另一个角度看，三门峡工程的失误，也让更多的水利专家和决策者不仅意识到中游水土保持对于黄河治理的根本意义，更意识到黄河泥沙的治理绝非一朝一夕之功，而是一个需要持续努力的系统工程。

从二十世纪五十年代至今，黄河安流已有七十年。这是黄河自北宋以降史无前例的纪录。

有研究者把黄河安澜归因于气候干旱期。其实，早在1958年，黄河下游就经历了一次百年不遇的大洪水。当年7月中旬，黄河中下游三个暴雨区同时连降暴雨，黄河干支流河水涨势迅猛，花园口水文站出现了22300立方米每秒的洪峰流量，大洪水冲断了作为南北交通咽喉要道的郑州黄河铁路大桥。这是黄河自1919年有水文观测记录以来的最大洪水，洪水流量超过了此前1933年实测黄河花园口洪峰最大值22000立方米每秒，属于百年不遇的特大洪水。为了确保大堤安全，黄河沿岸集结部队和民工二百多万人，河南、山东的省委书记及沿岸各级地方首脑都上了大堤，周恩来飞抵郑州协调防洪。

我至今记得母亲常常絮叨的1958年大洪水。那年母亲十七岁，刚刚从“岗上”的娘家嫁到了有着大片水浇地的平地村庄。她从来没见过那么大的水。她的形容是“沟满河平”。村里的人都挤到了当时的村小学所在的高台上，夜里也不敢回家。我的故乡在汤阴与新乡之间的平原低地，离黄河数百公里。仅是本地高岗上下来的雨水，就已经是这般情形。倘若黄河决口，这片村庄可能早就没了。

那场来势凶猛的特大洪水，硬是被挡在了黄河大堤之内。

大河滔滔，如歌如诉。

从西汉中期开始源源不断向下游输送的泥沙，第一次，有八成以上被拦在了原地。因泥沙持续淤高河床而“百年一改道”的黄河，第一次，观测河床增高值出现了每年十厘米的负数。这些数据，来得何其不易。多少人殚精竭虑、不辞辛苦，治黄历史上经过的多少次失败与摸索，在这些沉甸甸的数据里面，仿佛都找到了回应。

第六章　水患时期的治河者

在华夏历史图卷中，黄河始终是一个恩威并施的角色。它给予，也剥夺；它抚慰，也打击；它养育，也消灭。

黄河的水患难治。在隋代大运河开通以后，黄河下游的状态往往影响到其南部的运河。元代以大都（今北京）为都，大运河弃弯取直，把原来绕道洛阳的“人”字形运河，改道为从大都南下直达杭州的纵向大运河。而当时的黄河河道经过一再改道，干流从开封以下转向东南方向，经泗入淮，借淮入海。新运河在今江苏北部淮安以南与隋代运河重叠，在淮安以北则直接借助黄河南下河道，再于骆马湖附近与黄河分流，直通徐州以北“南四湖”（即山东丘陵西侧的微山湖、昭阳湖、独山湖、南阳湖），出南四湖向北，经济宁、临清至京津。

这样一来，西北—东南方向的黄河下游河道、东西向的淮河下游河道与南北向的京杭大运河河道，便在淮安一带交汇。但凡黄河下游出现问题，往往同时牵连淮河和漕运。黄河的治理变得更加复杂、困难。

在人类早期宗教的解释系统里，洪灾的罪魁祸首是受灾的人自身——人类有罪，所以神以洪水来示惩罚。不肯做冤大头的人们很快便找到了代罪人。无法辖制的洪水当然无可加罪，而水患造成的灾祸总得有人负责。谁来负这个责？治河人。人类古代文明对于成败功过的观念，差不多是相通的。在很多情况下，犯“错”等于有罪。唯有结局是重要的，唯有最后的那一次“对”是重要的，之前的多少“错”都没有意义，或不仅仅没有意义。汉语里的“错”与“误”常常连用。这两个字，很微妙地介于“败”和“罪”之间，仿佛两个约等号。“败”就是“误”，“误”就是“错”，“错”就是“罪”。这样的追罪逻辑，习惯于事实上溯——人们从河患看到了失败，从失败找到了治河人。

鲧作城

迄今为止发现的关于史前时期的治水故事，最早是在先秦两汉时形成的。其中一则记录，是共工氏“壅防百川”。耐人寻味的是，先秦时代对于共工治水的陈述明显带有贬义：“古之长民者，不隳山，不崇薮，不防川，不窦泽……昔共工弃此道也，虞于湛乐，淫失其身，欲壅防百川，堕高堙庳，以害天下。”（《国语·周语》）意思是，古代先贤尊崇天意，不做削高填低的事，而共工破坏了这个规矩。

“壅防百川，堕高堙庳”，就是把高处的石块、泥土搬运到低处，筑成简单的土石堤埂来防止河水肆虐。但是，在讲究“顺天应人”的东周时期，这样的行为却被认为是破坏了“不隳山，不崇薮，不防川，不窦泽”的先贤之“道”，是逆天行事，会给人间带来灾祸。

有人认为，共工与鲧是同名异记，两者在上古读音中非常接近，急读则为“鲧”，缓读则为“共工”。

在关于鲧的先秦记录里，也有类似的归咎。其中之一为《山海经·海内经》:“洪水滔天，鲧窃帝之息壤以堙洪水，不待帝命。帝令祝融杀鲧于羽郊。”鲧被诛杀的原因不是治水失败，而是违逆——不等天帝发话，就擅自动用了天帝的息壤去堵塞洪水。

不过，这大约是先秦时代以封建意识形态为前提的附会。在尧舜禹时代，形而上学尚未肇始，功与罪，看的是实效。鲧被问罪，主要还是因为结果的“失败”，与“犯上”大概没有关系。

《史记·夏本纪》有如此记录：“尧求能治水者，群臣四岳皆曰鲧可。尧曰：‘鲧为人负命毁族，不可。’”就是说，鲧治水虽然得到了尧的同意，但这是四岳（四位长者，一说为掌管四方的官吏）推荐的，尧对鲧整个持否定态度，认为鲧为人“负命毁族”，就是违背天命、败坏同类——这实在是天大的恶名。四岳建议，不妨让他试试，真不行就算了。于是尧采纳四岳的建议，命鲧治水。

“鲧作城”的事迹，在战国时代文献《世本》和《吕氏春秋》中都有记载。有古代水利研究结论表明，鲧所修筑的“城”其实是用以挡水的围堰。围堰，就是四面围合的土墙，目的是把水拦在外面，把田地房舍保护起来。宋时《通志》说：“尧封鲧为崇伯，使之治水，乃兴徒役，作九仞之城。”“九仞”之高，恐怕也有附会的嫌疑。不过据考证，鲧率人修筑的“城”，的确已经不是简单堆砌的土墙，而是以夯土筑起的高墙，“城”外还挖了巨大的壕沟以滞纳洪水。这样的“城”，本为抵御洪水，客观上则同时具备了防御敌对部族攻击的功能。因此，传说中鲧作的“城”，也是后世城邑的滥觞。

鲧所作的“城”中有没有临河大堤？说法不一。明确提到“鲧堤”的记录出现在宋代《太平寰宇记》中：“鲧堤，在县西一十五里，自黎阳入界，尧命鲧治水，筑堤无功，其堤即所筑也。”传说禹贡河流经黎阳大伾山以西，今浚县县城所在地。鲧堤如果存在，当是河堤无疑。关于鲧堤的位置，清代地方志里也有记录，所记位置与宋时记载大略一致，都在今浚县及周边县市。只是岁月浩漫，即或当地有鲧堤，也早就埋在地面之下了。

鲧治水九年，却没有制服洪水。当时尧已经老迈，由舜摄行天子之政，舜四方查看后，向尧建议“流共工于幽陵，以变北狄；放驩兜于崇山，以变南蛮；迁三苗于三危，以变西戎；殛鲧于羽山，以变东夷”（《史记·五帝本纪》）。从这里可以看出，舜建议尧处罚四个罪人，对其他三人用的都是流放边地的办法，唯独对鲧用了极刑。总之，鲧治水九年，得了个被诛杀的结果。

在大禹治水的传说里，有“三过家门而不入”的故事。但据《史记》记载，大禹之所以“过家门而不入”，是因为有所忌讳：“禹伤先人父鲧功之不成受诛，乃劳身焦思，居外十三年，过家门不敢入。”（《史记·夏本纪》）一个“伤”，一个“不敢”，一个“劳身焦思”，大禹的哀痛怵惕与忍辱负重便直击眼目，令人感慨不已。

贾鲁“功成而乱作”

贾鲁（1297—1353年）应命治河的时候，正是黄河河道摆荡最频繁的时候。

宋元之间，有大约七八十年时间，黄河未曾得到必要的整治。靖康之变后宋室南迁，金人、蒙古人相继南下，黄河下游地区连年战乱，河道堤防失于整饬是可以想见的。1128 年杜充决河后，黄河借其他水道南下入淮，此后长期处于摆荡不定的状态。治理荒疏加上极不稳定的南下河道，使北宋以来本就积患严重的黄河决溢更加频繁。水患最为严重的年份，黄河两岸往往会同时出现几十处决口，下游地区包括今河南东部、山东西南部、安徽东北部和江苏北部，每逢汛期便是黄水横流、一片汪洋。

元世祖至元二十三年（1286 年）十月，黄河在开封、阳武等十余处同时决口。成宗大德元年（1297 年）七月黄河在杞县蒲口决口，次年六月，蒲口决口达九十六处，河水泛滥汴梁、归德。元惠宗至正四年（1344 年）四月，黄河下游地区连降大雨二十多天，河水暴涨，平地水深达到两丈。五月白茅堤决口。六月金堤决口。十几个州县皆遭水患，老百姓的房屋田地俱被淹没，许多人家不得不背井离乡、流浪谋生。

元惠宗急令朝中大臣访求整治河患的方案，特别指令贾鲁兼任都水监之职。

贾鲁受命，先去看河情。他顺着黄河河道往返几千里，实地考察过黄河的地理形势之后，绘制了黄河水路图，提出两种治河方案。贾鲁的第一种方案，建议在黄河北岸修筑大堤，制止河水横向泛滥，这样做比较节省。这个方案，显然是考虑到当时已经十分窘迫的国家财力。另一种方案是事半功倍的治理方案，即堵塞决口，同时疏浚下游河道，引导黄河回归故道。但这样做，所需费用比第一种方案将高出几倍。

随后贾鲁升任别职，他的建议便没了下文。此间贾鲁曾出任都漕运使，就漕运事务提出二十条建议，朝廷采纳了其中的八条。被采纳的八条建议中，包括在京城附近实行由官府出钱收购民粮来供给军饷、给予漕运司衙门管辖的漕运船户优厚待遇等惠及民生的建议。可见，贾鲁实际上早已注意到了当时负荷沉重的民生状态和一触即发的社会矛盾。

元时诗人萨都剌曾有五言古诗《早发黄河即事》，其中有句："炊烟绕茅屋，秋稻上陇丘。尝新未及试，官租急征求。两河水平堤，夜有盗贼忧。"当时黄河涨水、赋税沉重、贼盗纷起、民不聊生的状况，于斯可见一斑。

至正九年（1349年）五月，黄河洪水又一次决堤而下，向东北冲入运河，一直漫延到济南、河间一带，直接危及漕运和盐场。这年汛期过后，右丞相脱脱召集群臣讨论治河事宜，贾鲁再次提出上述两个方案。脱脱决定采用第二个方案，先正河道，挽河南流。

这个方案，用贾鲁的话说，即"疏南河，塞北河，使复故道"。也就是说，把散漫不羁、已呈"众"字形状的各路北向岔流彻底阻断；同时疏通南向河道，让黄河干流回到元初的故道，从封丘向东南，经曹州、徐州入泗水，再借淮入海。

至正十一年（1351年），五十五岁的贾鲁出任工部尚书兼总治河防使，指挥堵口治河。贾鲁采取的是先易后难、先疏后塞的办法。考虑到疏浚河道的工程量最大，又相对容易，贾鲁把整个治河分为疏浚故河、堵塞黄河故道下游上段各处决口和豁口、修筑北岸堤防并堵塞白茅堤决口三个阶段。工程四月下旬开工，七月份便完成了故道疏通和新河开凿工程，八月份四处泛滥的洪水回归故道，九月份运河上舟楫通行，十一月份堵口、固堤工程竣工，黄河北流及各路岔流断绝，干流回归主河槽，南下入淮。明时刘大夏治河时，利用了贾鲁疏浚的部分河道，因为其中曹州至徐州河道是贾鲁主持治河时新开的，便把这段河道称为“贾鲁河”。

在治理黄河的同时，贾鲁还主持疏通了当时的漕运通道。南宋以后，因黄河南泛，加之北方为金人占领，北宋时代的“漕运四河”相继淤塞。元、明两代，为了沟通东南漕运并宣泄积涝，先后对汴河、蔡河故道疏浚开拓，形成了新的漕运渠道。贾鲁疏通的漕运水道分三段，上段从郑州到中牟，利用了北宋所开金水河的故道；下段从朱仙镇到周家口（今河南省周口），利用了北宋惠民河故道；中段，也就是从中牟到朱仙镇段，是贾鲁新开的河道。一说这段新开于运河上的河道，才是最早被称为“贾鲁河”的河段。这段漕河疏通后，今郑州到周口的漕运故道与淮河、大运河水系连接为一体。

贾鲁治河的工程规模之大，在封建时代治河史上堪称罕见。据元代翰林承旨欧阳玄《至正河防记》记载，贾鲁治河“动用军民人夫二十万，疏浚河道二百八十余里，堵筑大小缺口一百零七处……修筑堤防上自曹县下至徐州共七百七十里”，而工程费用也达到了“中统钞一百八十四万五千多锭”，所用木桩、草料、石料等物料无计。

整个河道整治半年功成。贾鲁随丞相脱脱受到嘉奖，惠宗还命欧阳玄制《河平碑》，记载贾鲁治河的功绩。

此后不久，贾鲁遭到同僚弹劾。弹劾理由是贾鲁治河时“驱役严厉”，以致“功成而乱作”。

这样的指责，也不能说全无根据。身为工部尚书的贾鲁关心的是如何消除河患，他万万想不到，集聚在黄河两岸修筑河堤的民夫会揭竿而起，成为元政权的掘墓人。

曾有人把元政权灭亡的原因归结为“贪腐、印钞、治河”。官僚腐败向来是政权的腐蚀剂，这一点自不待言。而元末大肆印钞导致的经济泡沫和民生凋敝，已经把老百姓逼到了无以为生的地步。至正四年黄河在白茅堤、金堤相继决口后，沿河州郡先遇水灾，又遭旱灾、瘟疫，灾区民不聊生，死者过半。社会压力本已到了爆发的临界点。至正十一年贾鲁治河，时紧工迫，河工们本来已经十分辛苦，但因为“食钱”屡屡被监工找茬盘剥，他们出苦力的同时还要挨饿受冻。这年年底，元惠宗又决定变更钞法，官府开始滥发纸币，造成严重通货膨胀，老百姓被迫弃用货币，实行物物交换。

生存的绝望与压抑的愤怒，是后来起义发起者一呼百应的内在原因。

贾鲁开河后，北方白莲教首领韩山童及其教友刘福通趁人丁集结的机会，谋划发动了武装起义。他们派人凿了独眼石人埋在即将挖掘的黄陵岗附近河道上，一面散布“石人一只眼，挑动黄河天下反”的民谣。独眼石人挖出后，平时备受压榨的河工们揭竿而起。起义军头裹红巾，称“红巾军”。红巾军迅速占领颍州、亳州、项城、朱皋（今河南省固始北）、汝宁（今河南省汝南）、息州（今河南省息县）、光州（今河南省潢川）等地，所到之处，开仓散米，赈济贫民，队伍迅速扩大到几十万人。这次起义虽以失败告终，但起义军转战北方十三年，历经大小数百战，影响波及元政权统治下的大半个国家。

民变本是时弊积累所致，但在指向贾鲁的攻讦中，“治河”却成了罪魁祸首。所谓“功成而乱作”，从表面看，仿佛是事实——民变毕竟是在治河的民夫中发生的。然而，即便是弹劾贾鲁的人大约也明白，治河只不过充当了导火索而已。

纵观数千年的黄河水患史，可以说，每一次封堵不够及时的黄河大溃决，都会导致河水在大范围内往复摆荡，对天然水系形成致命的破坏。洪水过后，河湖淤浅，容水和灌溉能力遭到大幅度削弱，又反过来导致地表大面积干旱。洪水经过的低地，则往往形成星罗棋布的积水洼地。这种死水潭，是蝗虫繁殖的温床。因而，一场水灾过后，旱灾、蝗灾往往接踵而至。水灾、旱灾、蝗灾轮番侵扰，粮食没了，田地废了，后果可想而知。

黄河决口与改道的历史，是老百姓家破人亡的血泪史，也是无数灾民被迫以暴力求生存的历史。在中国历史上，颠覆王莽政权的绿林、赤眉起义，对北宋政权雪上加霜的宋江、方腊起义，锤击元政权的红巾军起义，摇撼晚清政权的白莲教起义，无不紧随河患而来。

元政权风雨飘摇之际，贾鲁在跟随脱脱平乱时病死军中。

黄河在短暂稳定后又开始了决口、摆荡。而这样的情形，也并不是治河本身的失误。元政权建立后，北方游牧民族有一部分南下内地，开始了相对安定的农耕生活。黄河中游流经的黄土高原东部垦殖过度，植被的水土保持能力变得薄弱，加大了黄河的挟沙负担。所以，虽然相对于东汉王景治河，贾鲁的治河举措更为彻底，但是，元时的黄河不是东汉的黄河，当时黄河的水文情况已是十分复杂，其治理也变得更为困难了。

如果说水患是黄河的病态，那么宋元以后的六百年，黄河差不多到了病入膏肓的程度。贾鲁治河，只是延缓了积弊爆发的时间。

修改黄河流向的人

明代前期，黄河的河道非常复杂。大部分时间，黄河由河南多支分流，经颍水、涡水、宋元故河等河道南下，分别注入淮河，合淮入海；少部分时间，黄河由河南东北流到山东寿张（今山东省阳谷、河南省范县一带），穿过大运河向东入海；到了隆庆、万历年间，黄河南流堤防基本完成，经过筑堤束水、以水攻沙，黄河河道才逐渐归于主流，由河南东流至徐州、清河等地，汇淮入海。

与元代一样，明代黄河问题始终与淮河、大运河交织在一起，治河既要保证黄淮入海通畅，又要保证漕运安全。三河事务交织，本就难以料理；然而比起元代，明代河务中又多了一项必须考虑的事情，那就是皇家祖陵的安全。

明祖陵位于洪泽湖西岸淮河入湖处、泗州城北侧，当时属南直隶凤阳府管辖。祖陵中埋着开国皇帝朱元璋的祖父朱初一，还有其曾祖朱四九、高祖朱百六的衣冠。这个位置是黄淮之间地势最低的地方，但凡有洪水，极易被淹。清康熙十九年（1680 年）黄河夺汴入淮，洪水灌注洪泽湖，明祖陵沉埋于洪水带来的泥沙之中。但是在明代，如果让河水淹了这片祖陵，那可是天大的罪过，哪个河官也不敢在这件事情上出岔子。

本就错综复杂的河务更加难以措手。明代近三百年间，尽管治河经验越来越成熟，也出了不少头脑清明、披肝沥胆的治河人物，但黄河依然决溢频繁，洪灾的严重程度比起宋元时代有增无减。

明初黄河主流是贾鲁治河后形成的南流，但北向仍有多股岔流，河道变迁不定。明洪武十七年至三十年（1384—1397 年），黄河连决河南各地达十余次。

明孝宗弘治二年（1489 年）五月，黄河大决于开封及封丘荆隆口。九月，户部侍郎白昂受命修治河道。白昂查勘水势及各处决口，发现黄河南下渠道已分为多支，其中一支经尉氏等县，合颍入淮；一支经通许等县，合涡入淮；还有一支自归德、凤阳至亳县，合涡入淮。北决水流则自原阳、祥符、封丘、兰阳、仪封、考城一路东泛，淤决荆隆口，冲入张秋运河。

白昂治河的思路是南北分治，在南岸疏浚各路水流、分杀河势，北流所经地区则筑起长堤，以卫护张秋运河。经过治理，使黄河南下水路通过汴河、睢水故道入泗水，再合淮入海。这次治河，基本上是顺应河势，小修小补。

显然，这样对付黄河是难以奏效的。

弘治六年（1493 年），黄河又自祥符孙家口、杨家口、车船口和兰阳铜瓦厢决口。随后，专为卫护张秋运河的阳武长堤决口。这一下，黄河直接威胁到了南粮北调，皇都供给有中断之虞。

在众人推荐下，明孝宗升刘大夏为右副都御史，命他前往治河。事情已经迫在眉睫，刘大夏接过了这“烫手的山芋”。

显然，刘大夏领命治河的首要任务，是要解张秋运道危机。因而，他的治河思路与白昂治河的思路基本一致，用的是北堤南分、引水入淮的办法。

张秋附近的黄陵岗，是黄河北岸最易决口的地点，也是当年贾鲁治河堵口的重点。刘大夏到职后，也把注意力放在了黄陵岗。他先从上游入手，疏通了流经黄陵岗以南的旧河，又疏通孙家渡和四府营上游，以分水势；然后一举堵复张秋决口；最后集中人力物力，在黄河北岸修筑了两道长堤。

刘大夏率众修筑的长堤至今仍有遗迹。据《明史》记载，刘大夏“于北岸筑长堤，起胙城，历滑县、长垣、东明、曹、单诸县抵虞城，凡三百六十里，名太行堤”（《明史·卷八十三·志五十九》）。在这道长堤之南，刘大夏还主持修筑了一道短堤，从祥符于家店，经铜瓦厢、陈桥，到仪封东北小宋集，共一百六十里。

从南宋一元故道主要岔流的河道、筑堤目的和长堤堤名判断，长堤起点应当在距离太行山东麓较近的黄河干道最北的岔口以北，今新乡与濮阳之间。这样筑堤，才能彻底切断北流。

经过约束的黄河干流形成了后世所称明清河道——开封以下，经兰阳、考城、归德、徐州、宿迁，借淮入海。漕运险情解除，明孝宗大举嘉奖刘大夏，并将张秋镇改名为“安平镇”。

这次河道整治，把南宋至元末岔河纵横的黄河彻底归拢到了一条相对顺畅的河道里，解决了数百年来黄河频繁决口的问题。因而，刘大夏治河，被视为黄河第五次大改道。此后十几年，黄河没出现大的决溢。这样一个安澜期，在漫长的历史上固然不算什么，但是相对于黄河当时的情况，在积患日甚、决溢不断的河患密集期，十几年的安澜已属十分难得。

由于河南境内北岸堤防的形成，从1506年起，河患频发区域自中原移至下游的山东和江苏，集中在曹县、单县、沛县和徐州等地。此后到清初约一百四十年间，决口年份五十多年，且往往是一年多处决溢。

河患复发，并不是因为刘大夏治河不力，刘大夏却因此备受攻讦。被围攻的原因，细究起来并不在于治河，而在于刘大夏挡了别人的财路。刘大夏为人耿直，一路走来，得罪权贵非止一端：

弘治十年（1497年），刘大夏受命前往塞上处理兵饷问题。当初，塞上兵饷由宦官、武臣操纵，规定必须粟千石、草万束才得收进。这等于明着把政府采购指定给了一小撮人。权势之家借此囤积获取厚利，与宦官、武臣分赃。刘大夏下令，草百束、粟十石以上都准许买卖。不到两个月，府仓储积有余，边人蒙受其利。刘大夏却因此得罪了一批权贵。

刘大夏担任广东右布政使时，发现当地官府钱库中有一种“羡余”钱，从不入账，实际上是布政使个人的小金库。刘大夏上任伊始，便命令管库小吏把这笔钱全数入账，作为正式支销，自己分文不取。这一下，又有一拨人财源受损。

孝宗时期，刘大夏根据自己的职权，要求严格考核勇士，一举切断了权贵们受贿取士的路子。这一次，他惹到了权势熏天的大太监刘瑾。

结果，刘大夏告老还乡之后，又无辜获罪。刘瑾捏造罪名将他逮捕下狱，判其戍边。据说刘瑾及其党羽开始罗织罪名的时候，曾推测刘大夏在任多年，必有贪赃，遂以此为借口，命人查抄刘府。抄家的军士搜遍刘府，仅得银子四十余两。这点银子勉强够养老。其清贫简素，连抄家的人都于心不忍。

刘大夏明知陷害难躲，便坦然受罪，以古稀之年充当军士，到边地服役。两年后，刘瑾谋反事发，风烛残年的刘大夏遂得还乡。

束水攻沙：从万恭到潘季驯

随着黄河不断北徙，徐州、沛县一带时有决溢，严重影响到漕运安全。明朝廷出现了南流北流之争。南流派主张疏通涡河、贾鲁河，使南下入淮的水路不止一道，以减轻徐沛一带水患。北流派则主张导河向北，在阳武、怀（今河南省焦作）、孟（今河南省孟州）之间引黄河水注入卫河，经临清、天津入海。

明嘉靖十三年（1534年），都察院右副都御史刘天和总理河道，对黄河、运河进行了全面治理，疏浚河道三万四千余丈，修筑长堤与水坝一万两千余丈，使河入主槽，运道复通。这位刘天和，不仅懂得治河，还懂得用兵和医道，文才也相当不错。他总结疏浚河道和修筑堤防经验，著成《问水集》，成为后世治河的重要参考。

实际上，每当河患密集的时候，由于当权者的重视和投入，创新性的治河策略便会出现。

嘉靖四十四年（1565年）七月，黄河又一次在沛县决口，导致上下二百里运道全部淤塞。潘季驯由左少卿进右佥都御史，总理河道。

这一年，潘季驯45岁。由此直到古稀之年，潘季驯前后四次受命治河。

第一次治河，潘季驯协助工部尚书朱衡治理运河，首要任务是保证漕运通畅。这次治河工程颇有成效。随后，潘季驯因母亲去世，遂离职守孝。

第二次受命总理河道，时间在隆庆四年（1570年）八月。潘季驯率丁夫五万，前后堵塞十一处决口，修筑缕堤三万余丈。不巧的是，黄河恰在此时又一次决口，洪水灌入运河，漕船覆没近百艘。潘季驯因此被削职。

隆庆六年（1572年），兵部左侍郎兼右佥都御史万恭一度总理河道。这位万恭，是我国治河史上第一个提出“束水攻沙”的人。他创作于万历初年的《治水筌蹄》一书，系统论证了黄河水沙运行的关系，提出了“束水攻沙”的创见。

"束水攻沙"，也就是约束河水，使水流集中到主河道，以加大水势，增强河水的挟沙能力，从而刷深河槽。这一创见，成为潘季驯第三次受命治河时的重要参考。

潘季驯三番治河，面临的形势异常复杂。有了之前的治河经验和教训，潘季驯意识到，历来河患的根本原因在于泥沙淤塞河道。这一次，潘季驯放弃了前代河官们保漕第一的套路，把重点放在了攻克黄河的泥沙上。他命人筑堤束水，加大河流水势，使徐州以下的黄河河床加深，泥沙淤积缓解，大运河漕运也变得通畅。

第三次治河后，潘季驯本来仕途顺畅。但因内阁首辅张居正去世，其新法废止，家属被拘，潘季驯为张居正八旬老母请求特赦，因而被指为张居正私党，再度被削职。

万历十六年（1588 年），潘季驯第四次总理河道，时年 68 岁。他对上至河南武陟、荥泽，下至淮安以东地段的河堤普遍进行了创筑、加高或培修，修筑遥堤、缕堤、格堤、月堤和土坝二十七万多丈。从此，虽然黄河仍不时决溢，但黄河下游经由郑州、开封、商丘、徐州、安东（今江苏省涟水）入海的河道稳定下来，维持了将近三百年。这一次治河功成，潘季驯已是年逾古稀。

潘季驯显然对河流有过长期的专门研究，他的治河思路，在综合吸收前人经验的基础上，至少有两点了不起的创举：

潘季驯注意到了河南在黄河治理中的特殊地位，在实地观察了河南段河道后，实施了"束水攻沙"的治河方略。

在河堤修筑技术上，潘季驯首次提出并实施了缕堤、遥堤、格堤、月堤并举的办法。缕堤为近河大堤；遥堤，就是在与缕堤相距数公里的地方，沿河再修一道大堤，两道大堤之间形成滞洪区，汛期可削减水势；格堤，即遥堤和缕堤之间的纵向短堤，可防止洪水泛流；月堤，则是在河流凹岸内加一道弧形短堤，以减缓水流对凹岸大堤的过度冲击，防止凹岸溃决。

可以说，潘季驯是到晚明为止极少数具有调沙意识的河官之一，也是治河措施极具针对性与预见性的河官。从至今保存在黄河博物馆的潘季驯手绘《河防一览・全河图说》，可见这位河官为了治河所下的细密功夫，以及对河流综合治理的超前观念。

只不过，以当时技术条件的有限，“束水”往往是一桩心有余而力不足的事，而立足下游“攻沙”，也只是治标不治本的努力。明代近三百年间，多少河官殚精竭虑，多少士卒民夫辛苦从事，而黄河依然时隔一阵便旧疾复发。淤积，决口，改道，再淤积，再决口，再改道……一个仿佛无从化解的恶性循环，转了一圈又一圈。

“与众议不合”罪

康熙早年的1662—1677年，黄河在十五年内溃决六十七次。1676年黄淮同时出现洪水，多处漫决。《清圣祖实录・卷一五四》记载，康熙听政以后，“以三藩及河务、漕运为三大事，夙夜廑念，曾书而悬之宫中柱上”。三藩之乱，在康熙二十年（1681年）得以平定；河务和漕运两件大事，却相互纠缠、反反复复，直到康熙终老也未得彻底解决。说到底，漕运的问题迁延不决，主要原因也在于河务。

康熙十六年（1677年）二月，安徽巡抚靳辅受命为河道总督。康熙是一位用人明察、风格务实的皇帝，靳辅则是任事克勤克慎的大臣。以治河为目的，君臣勠力，不可谓不同心。

靳辅到任两个多月，即“遍阅黄淮形势及冲决要害”，对黄淮河患情况做了详细调查。根据调查所得河道实情，靳辅提出了自下而上、首尾统治的治河主张：“治河之道，必当审其全局，将河道运道为一体，彻首尾而合治之。”

靳辅治河，主要做了四件事：

疏浚运河以下至入海口黄河河道，使入海口河道呈川字并行，增强终端泄洪能力；

改变运河的走向，在清口（当时黄淮汇合处，位于今江苏省淮安市淮阳区马头镇）以北开凿新的运河河道，使运河避开黄淮交汇处；

加高加固洪泽湖东岸高家堰大堤，避免洪泽湖水倒灌；

整治运河以上黄河两岸堤防，加固旧堤，新建束水堤，形成从多决口河段直至入海口的连贯堤防。

尽管当时因“军务未竣”，靳辅的治河计划受到局限，但他还是在到任当年，堵塞了十六处决口，修筑束水堤“万八千余丈”（相当于六十公里），在黄河下游清口至云梯关（当时黄淮入海口，位于今江苏省响水县黄圩镇云梯村）沿黄河河道两侧开掘平行引河，使水流畅泻入海。次年，又堵塞两岸几十处决口。第三年，在砀山至淮宁之间修筑了十三座减水坝，增强了黄河下游分洪能力。经靳辅建议，清朝廷设置了“河防营”，增募河兵，专门负责黄河防治。

自康熙初年便连绵不断的河患自此暂得消停。其后数十年，黄河决溢明显减少。

靳辅的治河功绩，与他的幕宾陈潢分不开。

靳辅是在赴安徽就任巡抚途中遇到陈潢的。他路经河北邯郸时，在一处吕祖庵壁上看到四句题诗：“四十年中公与侯，虽然是梦也风流。我今落魄邯郸道，要替先生借枕头。”意思是，都认为南柯一梦不值，我却想向您借个枕头，做一场公侯梦。经询问，诗句为旅居吕祖庵中的陈潢所题。

这位陈潢，一向不喜八股文章，却饱览农田水利书籍，是个屡试不第的奇才。靳辅见了陈潢，从言谈知其别有才学，便请他为幕宾。后来靳辅出任河道总督，精通地理方舆的陈潢便随同前往。

靳辅的治河策略，多是来自陈潢的建议。

陈潢是史载第一位实地系统考察黄河的人，因此深知黄河的河性。他也是最早提出中游减沙入黄的人。在前代“束水攻沙”思路的基础上，陈潢提出“分流”与“合流”结合，把“分流杀势”作为河水暴涨时的应急措施，而以“合流攻沙”作为长远安排。陈潢还发明了测定水流量的方法，“以测土方之法，移而测水”。最重要的是，陈潢打破自古以来就河治河的局限，提出了从上中游入手拦沙、首尾统治的建议。这些建议的大部分，在靳辅主导的治河实践中得到了运用。

康熙二十二年（1683 年），在靳辅主持下，黄河入海口引河工程竣工，新开运河通航，高家堰大堤完工。次年，康熙南巡河工，亲眼看到了靳辅的治河成果和江南百姓的拥戴，遂对靳辅及其幕宾陈潢给予嘉奖，并题诗相赠："防河纡旰食，六御出深宫。缓辔求民隐，临流叹俗穷。何年乐稼穑？此日是疏通。已著勤劳意，安澜早奏功。"

可叹的是，历来艰苦从事以达成功的人，虽然自己未必居功，却容易招来众口一词的诋毁。靳辅也不例外。

黄河下游经过多年治理，涸出了万顷良田。这些河滩地乃黄河泥沉积而成，肥沃易于稼穑，且无税赋，地方豪强势力趁机纷纷抢占。为了解决治河经费困难，靳辅听从陈潢建议，实行屯田的办法，把水退之后涸出的河滩地全部分给流离失所的灾民，以灾民交纳的囤粮抵补治河经费缺口。他们一面向康熙皇帝上疏，一面在安东黄河滩地试行这一办法，既让大批灾民的生活有了着落，又节省了许多治河费用。

这本是利民益国的善举，却触怒了许多垂涎滩地的地方豪强。

康熙二十五年（1686 年），工部弹劾靳辅治河无功。所幸康熙巡视时亲眼看过治河的实绩，所以他批复说，治河甚难，不宜给以处分。

康熙二十七年（1688 年），以监察御史郭琇为主，朝臣刘楷、陆祖修、于成龙、慕天颜、孙在丰等人以屯田等事群起弹劾，靳辅并其幕宾陈潢遭遇围攻。

所谓三人成虎，所谓众口铄金、积毁销骨，说的都是同一个道理。一切指责，都貌似义正词严、言之凿凿。带头弹劾靳辅的郭琇是康熙时代著名的言官，曾以刚直不阿著称，被群僚颂为“骨鲠之臣”。在靳辅之后，这位“骨鲠之臣”又上了两本，先后参倒了康熙倚重的功臣、权势熏天的武英殿大学士明珠，以及康熙招到上书房伴读伴膳的饱学之士、近臣高士奇，因此赚得人人悚惧，被称为“郭三本”。也正是因为初遭攻击时曾得明珠保护，靳辅被视为明珠同党，也成为当时朝廷内斗的牺牲品。

康熙二十七年正月，郭琇上了《参河臣疏》，指责河道总督靳辅治河措施不当，致使江南地区困于水患，百姓怨声载道。此后又连番上疏，弹劾靳辅治河多年，听命陈潢，浪费银钱数百万，没有终止之期；弹劾靳辅违背皇帝旨意，阻挠开浚下河；污称靳辅夺取民田，借口屯垦，取米麦越境贩卖。《参河臣疏》对陈潢的指责尤为激烈，直接骂陈潢为“一介小人，冒滥名器”，提请严厉处分。

郭琇的上疏得到了一拨人的附和。给事中刘楷上疏，弹劾靳辅以朝廷爵位为私恩，用人不当，河工道厅之中杂员过百。御史陆祖修则弹劾靳辅“积恶已盈”，并且在上疏中以舜殛鲧做比喻，暗示应当杀了靳辅。

刀剑逼喉，靳辅只得上疏回应。上疏除了说明自己治河前后的情况，还指出了攻击他的这一拨人的结党勾连——于成龙是郭琇的结拜兄弟，孙在丰与郭琇是庚戌科同年，陆祖修是慕天颜的门生，刘楷、陆祖修则是己未科同年。靳辅的上疏中最后陈述，这些人之所以对他和陈潢百般构陷，原因是他们的田地在下河流域，实施屯田法时“清丈隐占”，剥夺了他们对河滩地的霸占。这些人“仇谤沸腾”，本非出于公心，乃是公报私怨。

靳辅这番话并非狡辩。从《清史稿》等各种历史典籍记载的康熙时期黄河治理情况看，靳辅和陈潢治理后的黄河危害明显减小，有将近五十年没有发生大的危害，这实在是北宋以后直至民国时期绝无仅有的治河功德。

清明如康熙，终也抵不住悠悠众口。扳倒明珠既属势所必然，处分靳辅也就成了不可避免之事。康熙责备靳辅“与众议不合”。这等于说，大家都说你有问题，你自己说你没问题，你跟那么多人说的不一样，那说明你还是有问题。

靳辅被革职为民。陈潢则以“屯田扰民”的罪名遭到拘押，含恨而死。假如还有来生，不知陈潢可还愿意再借一回枕头？

靳辅被弹劾去职后，康熙第二次南巡河工。亲眼所见比听人转述更有说服力，康熙决定恢复靳辅河道总督职务。皇帝说，趁靳辅还不算很老，用他来治河，也能让我多年的忧虑得到纾解。

陈潢已逝，靳辅年届花甲，身心俱疲。对于失而复得的职务，靳辅极力推辞，却没有获准。上任不久，靳辅病发，逝于任所。

靳辅病逝后，康熙又多次巡视河工。他是个明白人，看河工看得也仔细。对于靳辅的治河实绩，想必康熙也能看个一清二楚。

康熙三十五年（1696年），清廷应江南士民请求，在黄河岸边建靳辅祠。

第七章 地球上最厚的黄土

我们这两三代人，大概都熟知愚公移山的传说。

愚公把王屋山的石头搬运到哪里去了呢？渤海。看到这个地点，谁都会觉得这不过是个神话故事。但是据说，愚公实有其人，移山实有其事。王屋山当然没有被搬走。那个倔老头儿，他大概以为自己带领儿孙世代努力，总能掘开一个出口吧。留存至今的许多穿山古道，不就是这种雄心的佐证吗？他把从山上敲下来的石头挑到了“渤海”。“渤海”仿佛是真实性的一个硬伤。但是有人解释：这是很有可能的，因为古海岸线就在王屋山脚下。

也正因为这样，愚公的住地三面环山，东南是一眼望不到边的海洋，要走出去，只能开山。

这个说法显然没有考虑人类的进化史。会使用工具的人出现于距今一百多万年之前，而促使华北地台形成的燕山运动，却早在亿万年前。所以，即使愚公实有其人，他也是不可能看到王屋山脚下的古海岸线的。

不过，古海岸线曾在太行山东麓，却是地质学界的推测之一。早期的亚欧大陆东缘并不在如今的位置，太行山东麓构成了远古时期的海岸线。华北平原则是古黄河挟带的大量泥沙淤积形成的，正如今天在莱州湾不断生成的新陆地一样。

黄河挟带的泥沙，在过去相当长的时期内，平均每年达到十六亿吨，最多的年份曾达到三十五亿吨。十六亿吨是个什么概念呢？有人做了一个粗略计算。如果把十六亿吨泥沙堆成一米见方的墙，这道墙可以绕地球赤道二十多圈，可以在地球和月亮之间走个来回还绰绰有余。巨量泥沙中的一部分粗沙在河槽内沉积，造成了黄河下游高出地面几米到二十米的河床；一部分颗粒细小的泥土在河滩上沉积，造就了黄河下游两岸宽阔的河滩田地；大部分则被带到入海口，每年在渤海莱州湾造陆近三十平方公里，相当于每十年造一个马尔代夫的国土面积。

这些泥沙，全部来自黄河中游流经的黄土高原。

黄土地的诞生

西汉中期以后，先秦时代“清且涟漪”（《诗经·伐檀》）的“河”渐渐变得浑浊，于是便有了“浊河”“黄河”的称呼。

“河”这个字，最初是古人对黄河的特指。在战国以前的地图上，找不到另外一条名称为“河”的河流。彼时，一般的河流称“水”。从汉字词源上看，凡带有“可”字偏旁的字，都含有体量巨大之意。大舟为舸，大陵为阿，大木为柯，大声为诃，大土粒为坷，大流水为河。可以称为“河”的，必是“经天亘地之水”（李贤注《后汉书·五行志》）。

信史时代初期华夏民族主要聚居于今渭河流域及黄河中下游一带，他们所能认识的“经天亘地”之大水，也只有黄河了。

河源区域的黄河清澈澄碧。在河源地，人们把这条河称为“玛曲”，意为“孔雀河”。这股清流一直延续到龙羊峡以下的贵德。俗语有“天下黄河贵德清”的说法。在贵德，深达几十米的河水泛着青天之色，虽水深流急，水底的卵石游鱼仍历历在目。但是到了兰州，黄河便成了土黄色的泥河。

我曾经借助卫星地图，顺着那一段河流细细寻找，想看看这条大河到底是在哪里变黄的。

在贵德与兰州之间，先后有支流银水河、大夏河、洮河、湟水及大通河、庄浪河汇入。

把地图比例尺调整到千分之一，就可以把河流的颜色看得清清楚楚。银水河和大夏河的河道，在黄土高原的西南边缘。两股浑浊的泥水从刘家峡水库库口进入。不过经过了水库的拦截沉淀，黄河出刘家峡的时候仍然算是清澈的。只是，在刘家峡库尾入黄的洮河，以及紧挨着兰州注入干流的庄浪河，带来了更浓稠的泥流。黄河的黄色，是从兰州以上这些入黄的泥河开始的。

其实，原因根本不必寻找。宏观地理已经给出了明确的答案。黄河之所以在这一河段改变了颜色，是因为它进入了世界上最深厚、最广大的黄土区域——黄土高原。

广义的黄土高原，包括西起祁连山、东到太行山、北抵阴山、南到秦岭之间全部的黄河流域。狭义的黄土高原则是地质意义的概念，仅指有黄土深层堆积的地区，不包括如上范围内的鄂尔多斯高原及其西北区域。地质学定义的黄土高原是指乌鞘岭以东、古长城以南、太行山以西、秦岭以北的黄土堆积区。这个范围大致呈三角形——它的三个端点分别在青海西宁、山西大同，以及黄河中下游交界带的郑州西部桃花峪。以晋陕峡谷为南北中轴线，黄土高原中心地区在延安市洛川、延川一带。

黄河从西部流向这片巨大的高原，遇到明显地理升势，只得沿着它的边缘绕行，在共和盆地以东转而向北。这一绕，就绕了两千多公里。在这两千多公里的河道上，黄河在兰州一带和晋陕交界带两度穿过黄土高原腹地，每年把巨量的黄土和泥沙带向下游，造就了广阔肥沃的冲积平原，也使黄河河床不断抬高，成为闻名世界的地上悬河。在英语语系里，黄河最早的翻译不是如今通行的“Yellow River”，而是“Hang River”——悬河。

这条悬在无数人头顶的大河，在千百年的奔流中无数次决溢改道，成为令历代君王不敢轻忽的朝廷要务，更成为令下游两岸居民爱恨交加的“母亲河”与灭顶之河。

只要想象一下这片黄土地的体量，我都难免为黄河捏一把汗。从刘家峡到禹门口，一条河在深厚而松软的黄土地上穿行两千多公里，除了宁夏平原与河套平原相对舒缓的河段外，大部分河段流经空间逼仄的黄土峡谷，可以想象，水流将以怎样的冲击力侵蚀黄土河岸。

我曾亲眼目睹河边的黄土崖壁像小山一样轰然跌入黄河。那坍塌让人比较容易联想到每年十几亿吨的泥沙挟带量。这也是我每看壶口都觉得难以经受的原因。在这处黄河干流上唯一的瀑布旁边，我的直觉是黄土地在坍塌。滚滚泥流因巨大的落差在河床上激起千层浊浪，伴随着让人几乎失聪的轰鸣和地震般的颤动，仿佛一场天塌地陷的灾难，又仿佛是这条负重之河的发怒。

关于黄土高原的成因，一种看法是，欧亚大陆中北部高地岩石风化形成的微粒，被强劲的西北风向东南一带运送，较粗的沙粒在较近的地区落地，成为沙漠与戈壁；细小的黄土颗粒则飘落到较远的地区，在今陕晋豫为中心的地域急速堆积，形成了一望无际的黄土地。风成说的依据，一是自西北而东南的地表沉积分布依次为粗沙带、细沙带、黄土带；一是黄土地下部的岩层矿物质与黄土地本身的矿物质构成不一样，说明两个层次不是形成于同一地理区域，上面的沉积物是从其他区域移动过来的。

我一直对这种解释抱有怀疑。这片黄土地的面积达到六十四万平方公里，比日本列岛和朝鲜半岛加起来面积还要大。它的黄土层厚度，从几十米到几百米，是世界上最大的黄土集中分布区。什么样的风，能搬运这么大体量的黄土呢？

在与朋友们的一次闲聊中，我听到了另一种解释。他们的解释基于一个常识——我们抟土成坯，经过高温，质地不同、经温不同的泥土便分别成为砖瓦，成为陶，成为瓷；而坚硬无比的煤，经过了充分燃烧以后，却成了质地疏松的煤渣。由此可见，细土是岩石经过超高温燃烧形成的。什么样的高温呢？应该是足以让生物灭种、文明断绝的高温。

因为没有经过学科论证，这大约会被称为“不经之谈”。不过，这种解释与“大风吹来的黄土高原”相比，可信度难分伯仲。

还有一种解释，认为黄土高原的黄土堆积时间，始于地球转入第四纪大冰期以后。据地质考证，在晚上新世，受青藏高原剧烈隆升的影响，今黄土高原所在区域发育了一系列断陷盆地，这块低地接纳了周围高地倾泻的流水，渐渐形成巨大的湖泊，在数百万年时间里积淀下厚厚的黄土层。

瑞典探险家斯文·赫定曾经推测，湖水每存续一百五十年左右，就会形成至少一米厚的沉积物。照此推算，黄土高原最厚处的黄土层，也不过需要五万年的湖水沉积。五万年，相对于漫长的第四纪冰川期，不过是弹指之间。但这个解释也有纰漏：湖底的泥土是哪里来的？世界上干涸的古湖湖底不计其数，有的湖底是岩石，有的是沙砾，为什么唯独这里，形成了如此深厚的黄土层？

在黄河真正成为黄色河流的兰州一带，黄土层厚度达到了三百米。

这是地球上黄土层最厚的地方。在地平面上容易被忽略的水平距离，一旦改换为垂直距离，直觉上会造成令人惊怖的效果。而水平距离与垂直距离所造成的物理改变，差异也是几何量级的。据地理测算，从赤道向极地移动一个纬度（相当于约一百一十公里）所造成的温差，垂直向上移动一百米即可做到。三百米厚的黄土层，太不可思议了。

从卫星图上看黄土高原和它西北部的腾格里、乌兰布和、巴丹吉林三处边缘相接的沙漠，我常常被它们在地貌上的某种微妙关联所迷惑。

在黄河的“几”字形臂弯之内，地处鄂尔多斯高原的毛乌素沙地的沙丘堆积纹理，全部是西北—东南方向的直线檩状堆积，与巴丹吉林沙漠东部、腾格里沙漠北部、乌兰布和沙漠西南部的沙丘纹理不仅完全一致，而且走势相接。看着这样的纹理，你简直可以想象西北风劲吹、把黄沙黄土卷向东南的景象。如此的肃杀斩截，的确是大风才能造就的纹理。

也是在同一片区域，腾格里沙漠中南部、乌兰布和沙漠中部及巴丹吉林沙漠大部，沙丘的纹理则完全类似湖水的波纹，局部甚至有蚁穴般孔洞遍布的淤积地貌。显然，这又是水流或水蒸发的杰作。

那么，我想，是不是有这种可能：黄土高原及其周边的地理沉降区域，最早是连缀成片的古湖，后来随着宏观气候环境的变化，这片古湖吸纳的流水抵不过巨量的蒸发，渐渐干涸成为洼地，再成为草原、荒漠化草原，直至成为荒漠。于是风的作用开始了，西北风搬运沙粒和尘土，粗的沙粒留在西北，细的黄土落在了东南。这强劲的西北风，一直吹过这个巨大的臂弯，直到遭遇山西高原和秦岭的阻挡方才消停。

这是否吻合地理与地质学规律，我不确定。但我一直觉得，能量和力的作用总是以单位比例的形式发生的，时间与空间上的以小喻大、以微推巨，很多时候是成立的。时空的巨变与片刻尺幅的造就，尽管有量的差距，但也许并没有演变方向上的不同。

水与风的杰作

黄土高原，也是世界上水土流失最严重的区域。

水利学对水土流失的解释是，土地在外营力作用下的土地表层侵蚀和水土损失。这个外营力，主要是指水力、风力和重力。

在黄土高原，水的作用尤其显著。黄土结构是地表结构类型中最为脆弱的一种。黄土层结构疏松，空隙多，而且多纵向裂隙，土层中蕴含的许多物质易溶于水。因而，只要遇到水，貌似坚实的黄土地立刻会变成半流质的泥。黄土高原所处地带又恰是暴雨集中区，一年之中多数时间干旱少雨，但是到了夏秋之交，雨水会集中在一个多月内降落。汉代以前，黄土高原上人类活动稀少，植被茂密，暴雨冲刷对地表的破坏力尚且有限。随着西汉以后土地垦殖范围的不断扩大，黄土高原的植被破坏殆尽，大片大片的黄土开始裸露于地表。每逢暴雨来临，失去庇护的黄土地会成片成块地崩塌，大量的黄土表层顷刻间化为泥流，顺着千沟万壑滚涌而下，迅速涌向低处的黄河。

六十四万平方公里的广阔高原，在被暴雨洗劫了千万年之后，如今成为了大大小小的黄土塬、长长短短的黄土墚、高高低低的黄土峁、深深浅浅的黄土沟壑。因为体量庞大，更因为在这个星球上独一无二，这样的地貌便成为令人耳目震撼的地质景观。

在词义上，“原”是指宽阔平坦的地方。黄土高原起初的样貌应该是广阔连续的，是“原”的样子。但是如今的黄土高原，“原”被外力冲塌、蚀毁，变得沟壑遍布、支离破碎。这种剧烈的破碎感，站在地面上感受尚不明显。唯有在高空俯瞰，才能感觉到它被切割得多么严重。卫星地图上的黄土高原，任意放大一个区域的比例尺，都会看到无数的沟壑。没错儿，你第一眼看到的准是沟壑。不规则的、枯树枝一样不断分岔的沟壑，像是巨大的灾难现场。在开裂的深谷边缘，有人正在走路，羊群正在吃草。悬崖近在咫尺，仿佛那一绺地面马上就要崩毁。这“危险”，在地面上看不见。羊看不见，人也看不见。

被暴雨和流水切割后存留下来的较为完整的高原面，成为一片一片的高台式存在。这特殊的平地，是黄土高原特有的地貌类型，被称为“塬”。黄土塬是剩余的“原”，是“原”的残留。它的塬面保留着“原”的平坦，周边却往往为沟谷环绕，谷坡陡峭，有的状如绝壁。

黄土塬继续受水蚀作用，塬面渐渐缩小，有些会成为曲折蜿蜒的长条形高地，称为“黄土墚”；有些会成为不规则的圆形土丘，称为“黄土峁”。长长的黄土墚仿佛大自然造就的长城。黄土峁是层叠而上的凸形坡，四周缓坡比较多，便于开垦梯田。在梯田开垦比较充分的地方，黄土峁变得层次分明，加上不同色彩的农作物装点，盘桓层叠，状若图画。无数的黄土墚、黄土峁之间，是无数的沟壑。

水蚀作用的程度不同，黄土墚的宽窄往往也有分别。在陕北西部和陇东、陇中南部的黄土丘陵区，白于山、安塞、延安以及甘肃镇原一带，宽墚居多。而在陇西，特别是在兰州和白银市之间黄土高原西北边缘、祁连山余脉缓坡地带，因为水蚀作用强烈，黄土墚长而窄，墚顶宽度往往只有十几米甚至几米。

因为镜头感强烈而常常被作为风景欣赏的甘肃皋兰黄土地，实质上正是这种非沟即墚的典型沟壑区。“皋兰”是匈奴语音译，意为“水边的高山”。黄河流经皋兰县，接纳了不计其数的山间流水。密集的水蚀作用造成了层层叠叠的黄土墚。在整个皋兰地区，头道墚、二道墚、三道墚枝枝节节、四方勾连，几乎找不到大块的平地。

雨水切割形成的塬一般是小块的平地。但也有面积数百平方公里的大塬。黄土高原上最大的塬——甘肃庆阳的董志塬，面积达到九百多平方公里。在地图上，庆阳就像甘肃甩到陕西和宁夏之间的“尾巴”。董志塬就在这个“尾巴”上，处于泾河上游支流马莲河和蒲河之间。厚达百米的黄土层和数以百计的泾河上游支流，使这里成为陕甘宁交界带最富庶的地区。

古时董志塬曾称“大原”，又因彭祖传说而称“彭原”。诞生《诗经·豳风》的豳地，大致就在董志塬所在的位置。

《豳风》七首，有一首常被引用的《七月》。它也是我最喜爱的四言诗。七月流火，九月授衣。时间如星辰般遐迩明灭。三月二月，八月五月，炎凉轮替，虫惊虫藏，草木五谷次第登场，歌诗里的景象恰如杂花生树，荡气回肠的季节咏叹和赋格曲般的回旋韵律，让人一读难忘。读完《七月》我便记住了豳地。斯螽动股，莎鸡振羽，九月肃霜，十月涤场，岁月就在这样的生生灭灭中度过了。时间到了庚子年春天，古老的豳地再度阡陌泛绿，恍如世外桃源。但这个春天却是记忆里最悲惨的春天。正在全球蔓延的疫情让多少生命骤然陨落。我徂东山，慆慆不归。《豳风》的悲思仿佛逸出《诗经》时代，辗转两千六百年，浸入我的世界。

暴雨作用染黄了一条本来清澈的大河，也在这片黄土地上塑造了千奇百怪的大地景观。暴雨径流强烈侵蚀、切割原始黄土沉积面，松散沉积物渐渐被冲刷、剥离，由铁质、钙质胶结形成的砂砾岩便残留下来，形成几十米高的土墩、土柱，貌似土质的“树林”。在黄土高原，这样的黄土地质景观随处可见，不胜计数。它们都是黄土地与暴雨共同作用的结果，是纯粹的原生景观，有着大体相类的风格——体量巨大，造型原始，又古怪又朴拙。

在广袤的黄土高原上，有三处规模相对较小的平原区——宁夏平原、河套平原和汾渭平原。它们都是黄河干支流造就的冲积平原。黄土高原其余的部分，根据地貌特征，大致分为以关中为主的高塬沟壑区、古长城和晋陕峡谷沿线的丘陵沟壑区、鄂尔多斯高原及其周边的沙地沙漠区。在三种地貌的过渡区域，北洛河支流仙姑河北岸的黑木沟一带，也是黄土高原的中心地带，有一片被称为黄土地地貌样板的地质公园。

受河流溯源侵蚀、重力侵蚀和地下水的共同影响，黑木沟区域黄土崩塌相对常见，沟壑垂直下切往往深达百米。这些黄土层是非常难得的远古地质信息载体。据地质考古学专家介绍，这一带的黄土剖面，是远古时代气候、地理环境信息和重要地质事件的原始记录，是第四纪以来地壳构造运动和地貌形态演变的标本。公园内有一条石子小路通向沟底。从沟底仰观，岌岌可危的黄土悬沟，惟妙惟肖的黄土穹门，高耸的黄土丘柱和黄土崖壁，既别成趣味，又貌似险象环生。

大自然的鬼斧神工，远为人力雕琢所不及；而人类的艺术走到终极，往往在于对自然造化的领会与再现。

在黄土高原的另一角——山西北部的大同盆地边缘，也有一片类似的土林。这片土林位于桑干河畔，南北绵延约三公里，当地称“石板沟”。这里处于山西高原北端向华北平原的过渡带，地势西高东低，地表水流路径短、流速快，地表剥蚀相对轻缓。所以，大同土林虽有少量孤峰挺拔，但是大部分呈连续土墩或方块土崖形状。又因土层中盐碱析出，这些土墩、土崖，大多上部为黄褐色，腰部以下却泛白色，嶙峋多皱，质若枯木。

雨水与盐碱的交互作用，使规模有限的大同土林别具质感。到了晴天，尤其早晨和傍晚时分，土林在金红色阳光下会显出悦目的纹理。土林的形成是地表受到侵蚀剥离的结果，所以，土林顶部才是残留的“地面”。

在侵蚀作用强烈的地方，即如洛川黑木沟，土林所在区域会形成较为开阔的谷地，视觉中的土林便若平地拔起。而大同土林是弱侵蚀造成的，黄土地被蚀空的部分比较少，地平面残留的部分比较多，所以，直观印象便是土林在地面以下。也同样因为规模小、剥蚀不太剧烈，所以，土林顶部的平原仿佛可以凭借想象虚构。神奇的大地雕塑会给人一种逼真的错觉，仿佛在巨大的黄土墩台之上有一张透明的地面，从一处土墩到另一处土墩，踩着空气便可通行。

陇东景泰的“黄河石林”，也是类似的大地杰作。景泰石林一带正处于古黄河形成之前的银川古湖边缘，名为“石林”，是由于它的构成主要是河湖相砂砾岩。这种砂砾岩，其实不是人们寻常印象里的大块岩石，而是岩石经过风化后形成的碎屑和泥土混合凝结形成的，是半土半石的质地。

河湖相砂砾沉积地貌向南断续延伸到黄土高原与青藏高原交会处的坎布拉。坎布拉一带的砂砾岩是红色的，那里的峰林便属于格外为人青睐的丹霞地貌了。巨大的丹霞地貌景观带从坎布拉向东到兰州以南，再到宝鸡陈仓、咸阳旬邑，然后向北，经铜川照金、延安安塞和志丹，断断续续，一直延伸到榆林的靖边、府谷、神木一带，在漫漫黄土地上画出一个东西宽数十公里、南北长上千公里的赭红色“S”图形。纵贯黄土高原的丹霞地貌带构成中，有兰州陡直高耸的天斧沙宫，有延安安塞、志丹一带的赤色山坡，有神木海浪般连绵起伏的红色低丘，有榆林壁立千尺的红石崖，有靖边纹理炫目的“中国波浪谷”，以及由红褐色巨大山体群构成、长达十八公里的天赐大峡谷。

“S”形状，是大自然惯用的造型。河湾，山脉，还有这些体量庞大的大地景观，都是这样一个连续反转的形状。

黄河在兰州以下、中卫以上形成的巨大弯道，也是这样的形状。景泰石林就处于这个连续反转弯道的上半部圆凸位置。黄河在这里有一个局部“U”形弯转，称“老龙湾”。黄河石林沿着老龙湾外侧河岸分布，绵延达数十里，面积上万平方米。

据考古论证，这片石林生成于距今四百万年前第三纪、第四纪之交的地质时代。由燕山运动造成的地壳强烈抬升，使今黄河河谷地带形成深切峡谷，局部轻弱层在水蚀和重力作用下迅速下切，沿沟谷两侧形成丘柱林立的地貌。经受了数百万年雕刻的黄土地，化为石与土的丛林。从高处俯瞰，则参差嵯峨；步入其间，则壁立千尺；从河面仰观，那些土石崖壁侧面直如巨斧砍斫。

在靠近黄河的一侧，有新修公路从“丛林”中盘桓穿过。因为地形特殊，公路在老龙湾一带形成连续二十多个“U”形弯道。

蓝灰色的路面与黄赭色的土石丛林形成的对比是多方面的——冷与暖，横与纵，跃动与静止，时尚与古老，人造与原生，轻盈与沉重，流畅与凝滞——在莽莽苍苍的黄土地上，它们构成了强烈的、撞击式的美感效果，令人耳目惊醒、神气提振。

浩荡的大地景观往往会在直觉上给人以莫名的压迫感。它们不以妩媚秀丽取悦谁，而是以黄土地内蕴的弘力，以远远大于人的威势，让人感到自己的轻渺，让人的傲慢灭尽，在不自意中自我清空。那是一种投降，是心甘情愿的丢盔卸甲，是片刻的虚无。

在地质概念上，土林的形成意味着大地的不断塌陷。随着地表水的持续冲刷，已有的土林会渐渐坍塌或被削平；但只要地壳运动和水土流失不停止，现有地表经过剥蚀分离，会逐渐形成新的土林。时光潜移默化，空间不断演替，大地之上的一切遗弃和留存都遵循着物理世界的力量作用规律，日复一日，年复一年，一个世纪又一个世纪，一个千年又一个千年。

陕北

提起黄土高原，许多人第一时间会想到陕北。全部地块由黄土塬、黄土墚、黄土峁和沟壑组成的陕北，地是黄的，水是黄的，房屋是黄的，连常吃的食物，都是黄澄澄的小米。陕北，是电影里的“黄土地”，是歌曲里的“黄土高坡”，是油画里的“父亲”，是大风经过、信天游嘹亮、腰鼓声震天的地方。它也是著名的红色革命根据地。

陕北风土人情粗犷豪放又极尽委婉，正如那声如裂帛又百转千回的“九腔十八调”。嘹亮悠长的信天游，浓郁酣畅的酒歌，撕心裂肺的横山道情，柔媚浪漫的言情小调，一一听过，才算跟陕北照了面。

陕北人对人对物的浓情蜜意，也体现在风味独具的叠音称呼里。用来称呼人的“毛眼眼”“乖蛋蛋”，用来称呼自然的“圪梁梁”“沙蒿蒿”，用来称呼食物的“黑愣愣”“油馍馍”“洋芋擦擦”……这份儿亲昵和疼惜，别处是寻不到的。

陕西话，准确地说，陕北和关中大部分地区的方言，则是影视剧和各类小品特别喜欢使用的方言。它有着和戏曲歌呼相同的风格，发音既憨厚又婉转。一个特别容易辨认的特点是韵尾和声调的规律变化。只要把普通话里的前鼻音韵尾改成后鼻音——an 改成 ang，in 改成 ing，en 改成 eng，再把普通话声调里的阴、阳、上、去转圈往后错一格——阴平、阳平改成上声，上声改成去声，去声改成阴平，你就差不多会说陕西话了。这么一改，“老乡”就成了“酪响”，“人们”就成了“仍蒙”，“上学”就成了“商雪”。浓重的鼻音和喉音里，是黄土高原小米粥一样敦实温厚的人情。

如今行政区划概念上的“陕北”，包括两个地市——榆林和延安。南北狭长的陕西省，在人文意义上其实分为三个部分，一是北部的榆林和延安，一是秦岭以南的汉中和安康，其余部分，则是被称为“八百里秦川”的关中。陕西作为一个统一行政区划始于元代。当时的陕西在现有板块的基础上还包括今甘肃大部。清时经过拆分，陕西的规模大致如今。但是秦岭以南的汉中和安康，无论从地理特征还是从人文风俗上看，都与蜀地更为同质。而陕北的榆林和延安，虽与关中息息相通，却也在许多方面风味独具。

在二十世纪那场以艰苦卓绝闻名后世的长征开始之前，陕北只是一处不为外人知晓的偏僻地块。西、北两面为鄂尔多斯高原沙漠沙地，东为黄河天堑，加上水侵蚀严重的丘陵沟壑地貌，这里可以说是整个中国中北部最闭塞的地方。但如果说它偏僻，似乎又不恰当。陕北向南面向关中，东北又有古长城与山西高原之间的缺口，南借丘陵间通道，东凭黄河渡口，跨一步即可四通八达。

1935 年 10 月，中国工农红军一方面军经过一年艰苦卓绝的行军到达这片黄土地，在陕北吴起（今属延安市）与刘志丹率领的陕北红军会师。一年以后，红二、红四方面军到达甘肃会宁，红军三大主力军团会师。这支不足二十万人的部队，取道西南横断山系最难通行的地区，走过布满沼泽、纵横三百公里的松潘草地，行程几乎经过整个中国南部和中西部过渡带。这是一条为了避开强敌而刻意选择“不可能”通行地带的长路。天险之外，围追堵截一路跟随。其惨烈悲壮程度，让多少读到这段历史的人都感到不可思议。但这支缺衣少食、装备极其简陋的队伍，却硬是挺过了二万五千里的险途，进入黄土高原腹地，在这片黄土地上扎下根来。

延安，就位于这片黄土地的核心地带——黄河一级支流延河中游右岸。延河发源于靖边县周山，由西北向东南，流经志丹、安塞、延安，于延长县南河沟凉水岸附近汇入黄河，沿途墚顶宽平，墚上排列山峁，是典型的黄土地貌。在红一方面军到达陕北的 1935 年，延安位于陕北革命根据地呈“兀”形地区的中心凹点处，处于根据地与游击区的交界地带。当年红军长征以这里为目的地，一方面是因为当时此地有谢子长、刘志丹建立的红色革命根据地做接应，另一方面则是因为此地三面环山的地形，加上千沟万壑的特殊地貌，十分便于守卫，又便于迂回出击、游击作战。

第一次到陕北是 2005 年初冬。尽管知道陕北日温差很大，但冬夜的寒冷程度仍出乎意料。我因在住处阳台上贪看夜色被冻得感冒，而单位包租的柴油大巴竟然油箱结冰。

戊戌年盛夏，我随同省作协采风团又去了一趟陕北。烈日炎炎，蝉声成阵，延河却仿佛在枯水期，连河底都是干的。延安东北七十公里，是延川县文安驿镇。向导介绍，镇南五公里就是当年北京知青们插队落户的梁家河。村子不大，几乎所有的民居都建在一条河沟的沿岸。村落的隐蔽性极好，放眼四顾，视野之内只有沟壑两岸的高崖。从外面看，即便走到了近处，也看不见高崖里面的屋舍人烟。梁家河的形成据说在北宋末年。当时梁姓家族是为了躲避金人，还是为了躲避黄河的洪水，抑或兼而有之？总之，他们从中原辗转迁徙到这偏僻之地，依河聚居，繁衍生息，逐渐形成村落。

如今黄土高原上的村落陆续有了自来水、照明电、公路和通信网络，梁家河亦然。即便如此，我们从西安来到这里仍需要辗转乘车，花去大半天时间。

 我坐在一户人家小院边的土台上，看着植被疏落的黄土高崖，想象二十世纪六七十年代这里的生活是什么情形——没有公路，没有照明电，吃水靠打井挑水，基本上是与世隔绝的感觉。一帮十几岁的大孩子，从大都市来到这里，在土窑洞里住下来，学着耕种稼穑、打井砌墙，开始了挑水集柴、洗涮缝补、搭伙吃饭的日子。晚上，整个黄土高原都是黑沉沉的，煤油灯的灯光只能照亮眼前的窑洞。白天，黄土高原的千沟万壑，看上去一般无二。沉默的、质朴的黄土地，仿佛能于无声处与人的心性慢慢贯通。那一眼望不到尽头、一成不变的沟沟坎坎，正如无尽的时间本身，也许是最能教人耐心的。

恍惚之河

在陕北盘桓流过的无定河，岸边曾是汉军与匈奴对垒的沙场。它的流向也很独特。黄土高原上的河流，因为比降足够，所以它们流向黄河走的多是直线。唯有无定河，从定边东南的长春墚，到靖边、横山、米脂、绥德，再到清涧县河口，在黄土高原上画了一个向北凸起的半圆。古长城由西南而东北，从横山一带无定河中游斜向穿过，成为陕北与鄂尔多斯高原—内蒙古草原的分界线。

因为流域北部是毛乌素沙地，南部是地貌极为破碎的黄土丘陵沟壑区，无定河也是黄河支流中含沙量最大的一条。在淤地坝大举修筑之前，无定河每年向黄河输送泥沙两亿多吨，占比将近七分之一。

这条边塞之河，古时曾有“朔水”“奢延水”之称，意为“北方的河”。唐末以来，因流域内植被破坏严重，河水涨落不定，清浊无常，故有“恍惚河”“无定河”的别称。由汉至唐，北部匈奴势力对汉地侵扰日甚，无定河边的争战频繁而残酷。一句“可怜无定河边骨，犹是春闺梦里人”（唐代陈陶《陇西行四首·其二》），曾让多少人感慨不尽。这极哀之诗也揪疼过我。因为我所了解的历史，也因为“恍惚”这个名称，无定河在我的印象里是一条阴郁之河，每每想起，便觉寒凉彻骨。

无定河最可看的河段在横山。横山，是榆林市沿长城分布的六个县之一，东北是府谷、神木、榆林，西南是靖边和定边。

简直难以想象，在干旱少雨、周边黄土漫漫的横山，会有一片广阔的原生湿地。姑且称它“恍惚湿地”吧。湿地就在芦河入无定河的河口区，属于长条形的沿河湿地，长达七十多公里。无定河在这里河道宽广，两岸有开阔的滩涂。广布泥炭地的滩涂区有植被类型一百八十多种，其中有一些连片生长，形成了香蒲沼泽、芦苇沼泽和柽柳灌丛。在茂盛的芦苇荡和野生林中，栖息繁衍着一百七十多种动物。

无定河流域处于华夏传统农业文明与北方游牧文明的交错地带。两种气质迥异的文明从相搏相杀到交流融合、相得益彰，经过了一个漫长的历史过程。这个过程留下的最为触目的痕迹，非古长城莫属。

我们所熟悉的万里长城只是秦时的称呼。长城始建于春秋战国时代，秦统一后把各国修筑的长城连接为一体，称“万里长城”。现存长城多是明朝在秦汉长城的基础上修筑的。明长城总长接近九千公里，加上秦汉及早期长城一万多公里，我国北方的古长城总长实际上超过了两万公里。

陕北处于鄂尔多斯高原与吕梁山脉之间天然屏障的“缺口”地带，所以是历代北部边疆防御的重点，也是修筑长城最多的部位。定边至府谷乃至晋陕峡谷左岸偏关一带，有接近两千公里的古长城城垣。这一片广阔的黄土高坡上，凡有“关”“口”“堡”“塞”“城”“台”“营”“屯”“镇”之类名称的地方，几乎都曾是万里长城的烽燧、关楼、堡城或卫城所在地。

在山地运输极为不便的古代，修筑长城所需的巨量物料皆是就地取材——高山峻岭地段，则开采石料垒砌；沙漠戈壁地段，则用沙地植物加沙石混合铺砌；在黄土高原，除了重要地段和关隘之外，长城的城墙则取土夯筑。所以，西北地区的长城不像人们熟知的京津一带的砖石长城，它们多是夯土构筑。从陕西定边到山西大同，穿过黄土高原北部的夯土长城因为抵不过漫长岁月的侵蚀，多颓坠坍塌，变成了一些静卧于荒草丛中的土墩。那情景的苍凉肃杀，直令人触目惊心。

斜穿陕北黄土高原的古长城，如今留存的基本上是明长城的西北段，当时称延绥镇长城，东北起自府谷的墙头乡，经神木、榆林进入无定河一带，穿过横山、靖边、吴起、定边，延伸到宁夏。史料记载，府谷县墙头乡因位于这段长城起首处，所以得名“墙头”。这个“墙”字，原是指长城的城墙。这段长城，也是毛乌素沙地与黄土高原的分界线。

著名的塞上古堡波罗堡，就在无定河与古长城的交叉口。

“波罗”之名源自梵语，意为“渡到彼岸”。北魏时佛教在晋陕北部影响渐甚。据说当时有位僧人路过此地，发现了黄云山石崖上天然生成的巨大佛像，便在此凿洞建寺，潜心修行。信众闻讯纷纷前来修寺，先后建起大小庙宇二十多座。又因地处军事要塞，晋以后历代设营，及至明代，更是建立了城池和凌霄塔，于是此地渐渐繁盛。古堡西门的接引寺为唐代初建。所谓“接引”，正是佛教所讲的“渡”。康熙西征时慕名来此，特为题写了“接引寺”匾额。

波罗堡遗存多为明清时代建筑。整个堡城大致呈方形，依山势而建。城堡墙体构筑坚固，内为黄土夯筑，外以砖石包砌。站在山顶俯瞰，可见各式建筑鳞次栉比，钟楼鼓亭、炮台箭楼、民居店铺无所不有。据说波罗堡兴盛时期，曾有制陶、造纸、印染、银匠、铁匠、皮革、裁缝等各种手工艺作坊沿街布设。每逢节会，便有说书、老腰鼓、道情戏轮番出演。

凌霄塔耸立于古堡东北。登塔远望，在浩浩莽原与沙地之上，无定河曲折蜿蜒，古长城寂然伫立，令人想起唐宋时代的诗人们曾经描述的边塞景象。千百年来，波罗堡经历了无数的战火刀兵。波罗堡之北，有古长城沿线现存最大的要塞之一、榆林红山上的镇北台；东边十里，有响水堡；西去不远，长城之外，无定河左岸，便是匈奴王赫连勃勃营建的统万城。

此时此地，既非塞下秋来，亦无边声连角，而无定河畔的诸般风景似乎未改其异。大雁年年来去，城垣默然伏地，天地之间的大寂静沁心入骨。想起了千变万化的横山道情。其中有《孟姜女哭长城》《雪拥蓝关》的曲目，唱的都是古时边关故事。

铁血柔情拧到了一起，那是怎样的铿锵悲壮，又是怎样的哀戚伤感呢？坐在老城头把那腔调听上一遍，直教人肝肠寸断。

西口·碛口

2005 年，《中国国家地理》杂志经过评选，把晋陕峡谷与雅鲁藏布大峡谷、金沙江虎跳峡、长江三峡、怒江大峡谷、大渡河金口大峡谷列为“中国最美六大峡谷”。

与其他五处峡谷相比，晋陕峡谷的美，恐怕更多地在于它的复杂与丰富。

峡谷北起内蒙古托克托，南至河津禹门口，七百多公里流程内落差达到六百多米，是整个黄河河道中比降最大的一段。也正是因为比降大，河水流速相对迅疾，这个河段河谷深切，河岸高出河面数十米乃至上百米，是不可能发生决口的河段。

黄河之“黄”，是在这里形成的。晋陕峡谷位于黄土丘陵沟壑区，也是集中暴雨区。一方面，降水强度大、面积广、时间集中，每至雨季，日降雨量可达三百毫米；另一方面，黄土丘陵沟壑区地表起伏大，集水时间短。这样，每逢暴雨，便有无数支流泥沙俱下，在黄河干流迅速形成

泥沙含量极高的洪水暴流。

这一段黄河沿岸，河湾多，古渡多，古堡关隘多。由北而南，有黄河入晋第一湾老牛湾，有内蒙古、山西、陕西交界带的河曲，有延川一带的漩涡湾、延水湾、伏寺湾、乾坤湾、清水湾。如果加上峡谷以下河段，晋陕交界带的古渡口有二十多个。而留存至今的古堡和关隘，则有偏头关、府谷古城、神木古城、统万城、镇北台、碛口古城、吴堡古城、文安驿等十几处。除此而外，废弃在黄土荒野之上的古长城残垣和墩台、烽火台不计其数，以“关”“堡”“塞”“口”为名的小镇和村落随处可见。

在这些古渡和关隘中，三个以“口”为名的地方——西口、碛口和壶口，成为晋陕峡谷的地理标志。

在黄河干流由内蒙古入晋处，地处农业种植区和北方游牧地区之间的偏关一带，早在春秋战国时期就是战场。五代时置偏头砦，元代改称偏头关。明时为了抵御北方游牧民族侵扰，除设置偏头关外，还在这一带长城沿线及重要通道上建筑城堡二十多座，泛称“九窑十八洞”。

如今，除了黄河岸边的桦林堡，这些城堡多已成为残垣。在偏关一带漫无目的地行走，会不时遇见筑砌风格类似的残垣断壁。断断续续的残垣之间有或高或低的墩台。它们都是古长城的遗存。在荒凉的黄土高原东北边缘，那些黄土砌筑的城墙和墩台静静伫立，记录着千百年来残酷的冷兵器征战史。

偏关附近的另一处长城关隘——杀虎口，据说就是民歌《走西口》中所指的“西口”。一说西口是指黄河岸边的西口渡。走西口的路线，就是从陕西、山西、内蒙古交界处的河曲等地渡过黄河，从陕北府谷古城进入蒙古草原。事实上，西口并不特指一个具体的地理位置，在历史上，它差不多是一个具有特殊文化含义的概念，泛指从晋、陕内地通向长城以北“口外”的交通要道，包括陕西府谷口、山西杀虎口和河北独石口。

“走西口”的人们来自不同地域。对他们而言，哪里是通往草原牧区的出口，哪里就是“西口”。“走西口”，意味着艰苦的长途奔袭，也意味着前程未卜。前往长城以外的蒙古草原寻找活路，无非是生计所迫。清乾隆时期，全国人口数量突破三亿。相对于人口数量的资源紧缺，是导致大规模移民的根本原因。当时蒙古地区地广人稀，清朝廷出于移民实边的目的，也鼓励内地人外迁蒙地。晋陕北部民众为了求生，便呼朋引伴，相携外出。

“走西口”的习俗一直延续到二十世纪四十年代末，历三百年之久。“哥哥你走西口，小妹妹我苦在心头，这一走要去多少时候，盼你也要白了头。”让人闻之揪心的晋北小调，唱的何止是情意？其中的苦楚和忐忑，实实会让人白了头的。

晋陕峡谷段的黄河有两碛，第一碛在壶口，第二碛在陕西吴堡丁家湾，称“大同碛”。

碛，意为水中有砂石出露。有碛的河段，都是水势极险的河段。“黄河行船，谈碛色变”，除了极有胆识的老艄公，几乎没有人敢在碛中行船。壶口之险，众所周知。号称“黄河第二碛”的大同碛，是一段近五百米长的暗礁。黄河到了这里，因地形关系，河道形成“乙”形弯转，加上湫水河的注入带来大量粗沙，大部分河道泥沙堆积，成了乱石滩，四五百米宽的河道一下子收缩到不足百米，南北落差却达到十几米。

黄河进入大同碛，河水涌向落差显著的倾斜河道，水流湍急，浊浪排空，声震数里。

碛口的繁荣，正是缘于大同碛的危险。因船筏难以通行，从黄河水道顺流而下的货商们只得将满船货物卸在大同碛对岸（称“碛口”），由骡马、骆驼运输到晋中、京津乃至汉口。西北的物产源源不断地由河运而来，鼎盛时期每天来往的船只有一百五十多艘。因为货物转运，碛口的各类服务店铺达到三百多家。明清至民国年间，碛口成为北方内地商贸重镇。

作为晋商发祥地之一，这个貌似不起眼的小镇却有着极为讲究的民居。依山而建的民居采取了黄土高原传统的窑洞风格，却又布局讲究，前面是院落，后面是一字排列的窑洞，窑洞全部是青砖筑砌。从任何一处的民居大院平台远望，都能见山见水。一个村庄之内，往往屋连屋，院连院，房檐连着房檐，店铺挨着店铺，参差错落，疏密相间，特别有画面感。

碛口镇东侧的西湾，西南侧的李家山，民居建筑综合了四合院和窑洞的建筑元素，雕镂门窗，吊角飞檐，更是名闻遐迩。

河面之上，偶有来往于晋陕两岸的摆渡木船，它们依然在延续着数百年来的活计。黄河左岸，被称为“碛口红”的枣树漫山遍野。

小镇如今富裕安详，但小镇人家仍然保留着日出而作、日落而息、一日两餐的生活传统，早上起床后先干活，到了八九点钟吃上顿，下午四点左右吃下顿。整个小镇没有娱乐场所，到了晚上，只有零零星星的灯光从一些人家的窗口透出。因而，古镇的夜晚是暗的，只要是晴天，坐在院子里便可以看见满天星星。

置身其间，恍若隔世。这样的简生活样式，本是旧时留下的传统，在今天，却为越来越多的人奉行。二十世纪以来，人类的突飞猛进是不是已经远远超出了生活必需？竞争经济导致的生产过剩与环境消耗，是否正在把人类推向自毁的旋涡？在资源有限的前提下，过度生产与过度消耗，都是对未来生活的透支，是对后人的恶意赊账，也是对大自然的失礼。

碛口是欣赏黄河流凌的胜地。每逢春来，碛口以北的高纬度地区封冻了一个冬天的黄河冰面开始融解，到碛口，温度还不足以让冰块全部融化，满河的碎冰便漂在水面上，浩浩荡荡顺流而下。开春时节的碛口，黄河两岸崖壁灰暗，白花花的冰凌流荡而去，在河中摩擦挤压，弄出嘁嘁嚓嚓的碎响。站在岸边的高崖上，似乎能感到地面在微微震颤。

或陉道，或津渡

在山西高原的西南角，吕梁山南端的黄河岸边，有一处著名的古渡口，名“风陵渡”。据说“风陵”之名，意为“风神女娲的陵墓”。女娲本是神话传说中的人物，这说法也纯属附会。但是，如果把“风陵”理解成西北风到此消歇，岂不正与地理事迹相合？

因为地形关系，山西高原自古就是一个相对闭塞的地理单元。在现代交通体系建立之前，这个单元内生活的人们通向外界的途径只有两种，一是太行山东麓—南麓的陉道，另一是吕梁山西麓至中条山南麓的黄河古渡口。

太行山绵延千里，峰岭互连，其间有沁河、丹河、漳河、滹沱河、唐河、桑干河等河流切穿山脉，形成了贯通东西的谷地。陉，即指山脉中断的地方。陉道，就是在山脉中断处形成的通道。沿太行山主轴线由北而南，依次有军都陉、飞狐陉、蒲阴陉、井陉、滏口陉、白陉、太行陉、轵关陉，古称“太行八陉”。“八陉”之外，有灵石道、黑山道、虞板道。把它们所在的位置勾连起来，就构成了一条北起雁北隘口、南至三门峡附近的“丿”形连线。

在山西高原另一侧，吕梁山西麓黄河左岸的黄土地台上，则形成了密集的交通渡口。自北而南，有君子渡、老牛湾古渡、西口渡、府谷渡、合河渡、裴家津、罗峪口渡、碛口渡、孟门渡、军渡、辛关老渡、壶口渡、龙门渡（也称大禹渡）、汾阴渡、吴王渡、蒲津渡、风陵渡、茅津渡等。

这一带是黄河流域最长的连贯峡谷区，也是黄河经过的最集中的暴雨区。黄河在疏松的黄土塬上切开了一道九曲回肠的狭窄河面，暴雨则把本来平展的黄土塬击打成千沟万壑、峁墚遍布的样子。无数的沟壑，蓄积了雨水与黄土，把浓稠的泥浆泻入黄河。

从托克托的河口镇到汾渭盆地北侧的禹门口，黄河比降达到万分之八以上，相当于黄河每前行一公里，落差就有八十多厘米。黄河水深流急，泥沙滚滚。沿河分布的古渡口摆渡千年，见证着黄河的给予与掠夺。它们由北而南，与呈“丿”形分布的太行陉道在平陆一带汇合，成为古代山西、陕西、河南交通联络的必经之路。

在相当长的历史时期内，除了这些陉道与渡口，山西高原与外界的交通别无他途。地理上的闭塞使这个区域成为一个相对独立的经济单元，也使山西人文风俗别具一格。

己亥年隆冬，为了寻找风陵古渡口，我沿着晋豫陕交界带黄河“L”形弯转左岸的山丘走了几个来回。

如今黄河上的公路桥、铁路桥各地都有，跨河交通早已不是问题。废弃不用的古渡口如今难觅踪迹。河岸上没有一处明确的标示，连一块标示牌都没有。但这个小城的名字就叫风陵渡，显然古渡口就在这个位置。从卫星地图上看，渡口位置在新修的潼关古城—风陵渡铁路桥西侧。这里有一处小规模的裹头，浩荡的河水中靠岸边系着一只小船。大约这就是古渡口的标记了。

沿河渡口的设置，必是两岸对应的。对面的低山上矗立着今人重建的潼关关楼。那里曾有岳渡，也是黄河第一大支流渭河的入黄口。

这一带黄河左岸的渡口，最靠下游的应该是茅津渡了。茅津渡的对岸是会兴渡，在三门峡市区东北角的会兴镇。两岸之间的河面不是很宽，渡口的泊船隔河可见。

只有站在风陵渡这个位置，你才能体会风陵渡的要紧。向北看是山，向东看是山，向西看是河，向南看还是河。唯有通过渡船，才能到对岸去——到山河围堵的闭塞空间之外去。

经过风陵渡时恰逢大风。西北风真是猛烈啊，我想，这应当是个风口，因为附近的高坡上耸立着一些巨大的风车。风从西西伯利亚吹来，经过巴丹吉林沙漠、腾格里沙漠和乌兰布和沙漠交界带的大风口，掠过千沟万壑的黄土高坡，吹到了这里。

远道而来的大风吹透了我的大衣，让我在回程之后犹感头晕目眩。那时我站在山西高原的西南角。我知道对岸有渭河注入黄河，在那个位置黄河折转向东。那个位置曾为地理要道，是兵家必争之地，有过无数次的征战争夺。但我统统看不见。在空间与时间的双重维度里，我的视力都微不足道。我相信那样的大风的确是能够搬动沙土的，它完全有能量把巨量的黄土从大西北搬运到这片高原。

第八章 城市地图

在相当长一段时间里，郑州的城市历史概述始于二十世纪初，其中有些耳熟能详的词语，诸如“火车拉来的城市”“埠头城市”等等。虽然后来的考古实证显示，郑州是3600年前商代前期都城的所在地，郑州也因此被列为“八大古都”之一，但在许多人印象里，相对于有着长城和故宫的北京、有着兵马俑和完整古城墙的西安，甚至相对于有着龙门石窟和白马寺的洛阳，它仿佛依然是一个历史景深不足的“新兴城市”，是“纸上有说头，地上没看头”的地方。

“地上没看头”，主要是因为郑州的历史文化遗存多集中于华夏文明源头期的黄河沿岸，由于华北平原地理沉降与黄河泥沙淤积的共同作用，远古遗存多在地平面以下，非经考古发掘则不可见。

从文化整理的角度看，华夏文明源头期的郑州遗存大致可以分为两类：一是以荥阳织机洞、嵩山东北麓浅山区遗址群、裴李岗、大河村遗址为代表的古人类起源至新石器时代原始人类聚落；二是以西山、双槐树、古城寨、王城岗、新砦、二里岗、小双桥、郑韩故城、古京城等遗址为代表的前夏时代至夏、商、周时期古城址。

如果做个文化遗存方面的纵向与横向比较，则不难发现，把郑州与其他古代遗存丰富的地区区分开来的，是“城市”；能够在古郑州与现代郑州之间建立起内在联系的，也是“城市”。

走四方

上一个鼠年，也就是戊子年，我曾与文化社科系统的朋友们组起一个“走四方”小组。所谓“四方”，起初只是这座城市的“四方”，是郑州的历史人文遗迹。一起“走四方”的人，自然也经过了专长和兴趣方面的甄别。小组内有文物考古、古籍收藏、中国历史和地理研究方面的专业人士，也有从事纪实写作、影视制作、新闻、出版工作的朋友。彼时我已经来到郑州二十年，与这个城市之间却还是有一些难以名状的隔膜。走了半年之后，这种隔膜感似乎减淡了，仿佛我跟它的“祖上”，进而跟它，建立了某种血缘般的关联。这个城市地下的埋藏，让我开始留意“城市”，留意这座“城”在人类文明早期的模样。

一晃又到了鼠年。从戊子到庚子，一个小轮回过去了。“戊”当盛夏，意为茂盛。“庚”在深秋，意为深藏。天干地支的符号仿佛自有奥义。那个蓬勃张扬的人，如今坐得住了。电脑屏幕恍若一片不断展开的考古现场。我习惯于关上门，关掉一切干扰，只对着它，仔细梳理时间的埋藏。郑州，这座年轻又古老的城市，在经过了漫长的消沉以后，仿佛在我的手指上醒转。

在较大的地理区间上，这座城市位于秦岭东端余脉与华北平原的过渡地带。郑州市中原区秦岭路与华山路之间坡降明显的路段，据说就是我国第二级与第三级地理阶梯的分界线所经地。包括六个县市在内的郑州地形图，阶梯下降的层次感非常明显：

最高处为西部和西南部中低山区。西部的嵩山，构成登封—新密与巩义—荥阳的自然分界。西南部的箕山，构成郑州市西南部边界。

其次为西北、中北部剥蚀丘陵和黄土丘陵，北部西段黄河南岸的条状低丘——邙山，以及以南北条带状分布在低丘之间的倾斜平原。这一带的土质和地貌与黄土高原极其类似，我觉得这里才是黄土高原的东南边缘。

最低处是郑州市区中东部、中牟、新郑东部的黄河冲积平原。

这个区域曾经河湖密布。如今虽然胜景不在，但依然有大小几十条河渠在郑州的山丘平原上流淌。

郑州地区的水系构成，大致有五块：郑州西部巩义，与洛阳盆地构成同一地理单元，有北入黄河的伊洛河水系；郑州西南部登封、新密、新郑，有发源于嵩山南麓、直接南下入淮的颍河及其支流；郑州西部荥阳，有发源于浮戏山区的汜水、索河、须河，包括已经枯竭或接近枯竭的旃然河（即窟河，亦称枯河）等；郑州市区西南部，有发源于嵩山东部余脉的贾鲁河、金水河、熊儿河、七里河、潮河；郑州北部、东部沿黄一带，黄河之外，还有自古以来开挖的运河与引水渠。

这些河流岸边的黄土地台，正是华夏文明最初的滋生地。

古城邑在考古者的锹铲下一座座重现。对于考古而言，重要的也许不在于城邑的单独存在，甚至也不在于它们在空间上从点到片，构成了互为呼应的遗址群落。重要的也许是，它们构成了从远古人类活动到石器时代、从简单聚落到“城”的出现这样一个完整的时间链，使华夏人类史和华夏文明源头期演进线索变得清晰、连贯。

史前城邑与黄帝想象

“城”的出现，与文字、金属的使用一样，被视为人类进入文明时代的显著标志。文明的基础，是人类从采集食物进步到了能够生产食物——会栽培植物。只有当栽培开始以后，人类定居才成为必需，才会有聚落、村落，进而，随着人口的规模化增加和互通有无，才会有“城市”。因而，最早的人类文明大多诞生于有河流滋润的农耕区。

“城”的出现，是新石器时代中晚期的事。

这一时期，是一个相对的地理温暖期。合适的气温，丰富的降水，使萌芽状态的人类文明获得滋养，进而蓬勃上升。从社会条件看，新石器时代人类的体质特征已经进化到了某种程度，具备了局部改造自然的能力。这个时期，也是人类古文明发源地“城”的初创期。

依照中国考古界的解释，中国史前聚落达到“城”的标准有四：其一，具备城垣、壕沟或其他防御设施；其二，有宫殿或其他大型建筑；其三，有大型祭祀场所；其四，有相当规模且相对集中的人口。

这个阶段的“城”是在防御目的基础上发展成的大型聚落。基于农耕文明固有的生产生活方式，华夏文明的起源和国家的诞生，更多与军事、政治的因素相联系，具有商业意义的城市出现比较晚。但是，华夏文明起源时期的“城”，却是后来“城市”的物质前身，是人际贸易出现以前的城市雏形。

迄今所知中国史前城址最早出现在距今6500年左右，蓬勃发展时期在距今4800年到4300年间。目前我国考古发现的史前城址总计六十余座，集中分布于黄河、长江流域新石器文化最早发生和最为发达的地区。这些城址，均位于大河流域中心地带，地理条件比较优越，有高耸的城垣做标志，有统一的规划设计；绝大多数是单独的城，面积一般为十万到二十万平方米，也有两城并立或三城鼎立的大型古城，其中最大的良渚古城面积达到二百九十多万平方米。初创时期的“城”常常仿效原始圆形房屋和环壕居住格式，因而多为圆形。龙山时代以后，受方块田地规划影响，“城”的格局才渐渐演变成方形。

与人类早期文明的其他形迹一样，世界上最早的史前城址，也大多分布在北纬温带到亚热带的大河流域——两河流域的美索不达米亚平原，埃及尼罗河流域，印度河流域，黄河流域。

迄今为止发现的我国最早史前城址——湖南常德的城头山城址，始建年代距今约6500年，仅晚于美索不达米亚平原“强大的方”——苏美尔古城埃利都（距今约7400年），是目前考古发现年代最早的世界第二座远古城址。年代排名其后的便是河南郑州的西山城址和双槐树城址。从这两座城址出现的仰韶文化中后期到秦汉时代，郑州地区出现的古城址不仅数量众多，而且在年代和格局等方面表现出连贯的传承线，完整演绎了华夏文明源头期“城邑”发育发展、直到相对成熟的“城市”出现的过程。

郑州古城址的分布，相对集中的区域有两处，一处是嵩山东南麓古溱洧河流域，一处是巩义河洛汇流区以东至郑州市区东北郊上百公里的黄河右岸。

始建年代距今5300年的西山古城和双槐树遗址，年代均处于仰韶时代中晚期，在“城”的选址和构筑上有明显的共同特征：

它们的城址轮廓，都是不规则圆形。这是仰韶文化早中期环壕聚落到龙山时代方形城制的过渡形态。仰韶文化时期的环壕聚落平面大都略呈圆形，这种形式在建筑考古学上被称为“周边集团”布局，性质仍属于“村落”，尚不具备“城”的形制。西山古城由外城壕、内城壕和城墙组成，面积在十万平方米以上，整体圆形布局承袭了“周边集团”的聚落布局形式，又在规模和构筑内容上具备了“城”的要素。在存留至今的两处城门位置，还有类似后世影壁墙一样的建筑。据考古推测，这是为了御敌而精心设计的藏兵处所，是“瓮城”的早期样式。

它们的位置，都在河流交汇区的黄土高台上。西山遗址的位置在郑州市北郊邙山头东南麓黄土地台上，北距黄河不到四公里。古旃然河自西南方向而来，经此地向东北注入黄河。黄河右岸从这个位置以上均有低山抵挡，以下则是地势较低的广袤平原，所以黄河从古至今在这里没有大的位移。关于“西山”之名，《汉书·沟洫志》有“禹之行河水，本随西山下东北去”的记录。这里的“西山”，可能是指古黄河西边的太行山，也可能是指禹贡河时期黄河从郑州以北折转向东北的位置。如果是后者，则“西山”之名自古就有，“西山古城”之称更是名副其实了。双槐树遗址则位于伊洛河入黄口东南方向的二级地台上，距黄河也是三四公里的距离。站到考古工地临时堆砌的高台上，向北能看到黄河的河岸线。视野平阔而尽得山川之利，不得不说，这实在是一处经过精心选择的城址。这一带，正是传说中“河出图，洛出书”的地方，我曾走过许多遍。

不同的是，两处城址的规制不一样。

西山古城遗存面积达到十七万平方米。1993 年到 1996 年，国家文物局在郑州北郊举办了三期考古领队培训班，并对西山遗址进行了连续四年的大规模发掘。以陶器为主的丰富遗存，表明西山城址的始建年代在距今 5300 年，与尼罗河流域美尼斯王朝首都孟菲斯大致属于同一时期。这个位置距离黄河太近，年代又在传说中的尧舜禹大洪水时期之前，极有可能在大洪水时期遭到了毁灭性的破坏。岁月更迭，世事巨变，古城遗迹只剩下了部分北城墙、西城墙和北部城壕。

双槐树遗址已知残存面积达到了一百一十七万平方米，几乎相当于西山古城的七倍。目前公布的遗存目录，每一行都含有令人震撼的信息量：

仰韶文化中晚阶段三重大型环壕；

具有最早瓮城结构的围墙；

封闭式排状布局的大型中心居址；

经过严格规划的大型公共墓地，有墓葬一千七百余座；

三处夯土祭祀台遗迹，及畜祭、人祭遗迹；

陶罐模拟的北斗九星天文遗迹；

与丝绸起源有重要关联的家蚕牙雕……

城址的规模和布局，城内建筑的礼仪性质，防御性瓮城的城门设计，已经初步具备了文明社会早期大型宫室建筑的特征，对于研究华夏早期城市发展史无疑具有重大价值；骨质蚕雕，与周边青台、汪沟村等同时期遗址出土的丝绸相互呼应，是传说中的黄帝时代黄河中下游先民们从事养蚕缫丝的实证。

两处遗址所在年代正是传说中的三皇五帝时期。根据城址显示的规格，有学者推测，双槐树城址有可能是黄帝时代的都城。

从黄帝到大禹，可以说是一个前信史时代或后传说时代。虽尚未发现同代文字记录，但根据考古实证以及先秦至秦汉时代历史记录，这一时期大致有世系可考。据《史记·五帝本纪》记载，从黄帝到尧，直系血缘传承有五代，尧是黄帝的直系玄孙。由尧到启，非血缘和血缘传承共有四代。如果从中华文明探源工程公布的夏代起点（距今约4100年）上溯，则黄帝时代最早在距今4300年，比两处城址考古实测始建年代晚一千年。《史记》又有对大禹世系的记载："禹之父曰鲧，鲧之父曰帝颛顼，颛顼之父曰昌意，昌意之父曰黄帝。"也就是说，禹也是黄帝的玄孙，其直系祖先是黄帝次子昌意。照此说来，则黄帝所处的时代距离夏起点更近。在大的时间参照系里，从黄帝到大禹，可以说均处于前夏时代。

"黄帝都城"一说，目前还没有令人信服的证据。毕竟，黄帝究竟处于什么时代，当时人类文明有没有形成如此高度的集权，都还是未知数。

距今4300年前后，今新密、新郑交界带的古城寨，出现了中国最早的四方形城邑。

十二年前，我与“走四方”小组的朋友曾去新密市曲梁乡寻找溱水和洧水的交叉口，随后沿洧水逆流而上，徒步走到它的发源地——登封王城岗。彼时我对郑州周边的古城遗址分布情况一无所知，那一趟遇到古城寨是意外收获。古城寨的南城墙依然是高耸的，看上去足有二十米，却只剩下了一小段，上面草木蓊郁。从南墙到北墙，目测有四五百米的距离。古城除了西城墙被流经此地的洧水冲毁之外，其他三面城墙依然保留着比较完整的轮廓。据了解，古城寨是历年发现的史前时期城址中文化层最丰富的一处。

在双槐树遗址发现之前，早有专家根据古城寨的地望、年代和性质做出推测，古城寨有可能是传说中的“祝融之墟”。《史记·楚世家》有关于祝融世系的线索：“高阳生称，称生卷章，卷章生重黎。”黄帝之孙颛顼号高阳氏，重黎是祝融的本名，祝融是黄帝次子一脉的第五代孙，是尧的族侄。帝喾高辛氏时，祝融在“有熊氏之墟”担任“火正”官，因为“火正”的官职世代袭传，久而久之，“祝融”便由特指而成为火神的泛指。当时，祝融已经成为称雄一方的部落首领，被帝喾封在黄帝故里轩辕丘附近。西周时，祝融后代中名郐人者，被封于祝融旧都，建郐国。所以，古城寨也是郐国的都城。

我推测，我们所见到的高耸城墙，应该是周时郐国所建。不过这城墙的基址，却可能是郐国先祖祝融留下的。

西周末年，郑桓公借护周东迁的机会灭郐，占了郐国故地。《水经》称此地为“郑父之丘”，又引《帝王世纪》说，此地乃是“有熊氏之墟，黄帝之所都也。郑氏徙居之，故曰新郑矣”。也就是说，所谓有熊氏之墟、轩辕丘、祝融之墟、郐国国都、郑父之丘，还有最早的“新郑”，都是指这个地方。

新郑与新密交界带向西直到登封，正是嵩山及其东端余脉云蒙山与箕山—具茨山之间的富水地台。从目前发掘的古城遗址分布情况可见，在黄帝至春秋战国时代，这里正处于华夏政权的势力核心区。

庚子年立夏，我趁短假得空，用一天时间看了郑州西北区的五处古城址——西山、荥阳故城、大师姑、小双桥、东赵。荥阳故城属于秦汉时期遗留，保存尚好；东赵、小双桥看起来遗存丰富，目前还在继续发掘；大师姑目前只有区位标示，看不到多少实质性的内容；时代最早的西山古城更是荡然无存。

十分巧合的是，就在我看过西山古城三天之后，2020年5月7日，“河南郑州巩义双槐树古国时代都邑遗址考古重大发现新闻发布会”召开，双槐树遗址前期考古结果正式公布。这个消息让我因西山之行而有些失望的心情瞬间转晴。时入盛夏，我经文物部门特许，在烈日炎炎下进入双槐树遗址考古工地。已是雨季，野外格外闷热。工地上，雇来帮助铲土的双槐树村村民正在干活。看他们轻手轻脚用平头锨铲起一层层薄土的样子，应该是经过了专门培训。已经开挖的只是遗址核心居住区。工地负责人问明来意，带我看了保存在工地临时展馆内的陶器。比较珍贵的遗存想必已经另加保护，存在工地展馆内的大部分是灰陶，除了少量器型完整，多是石膏补足复原的陶片。还有不少彩陶片，分门别类放在荆条筐内，等待归置。

这个时期的古城在郑州存量并不多，但它们遥相呼应，大致构成了一个仰韶文化时期的城邑圈。在这个城邑圈中，双槐树遗址的发现也许殊为难得。郑州地区在中华文明起源期的重要性和影响力，随着遗址的后续开掘和全面论证，或将获得更扎实的论据。

夏都的另一种可能

2019 年 10 月，洛阳偃师二里头夏遗址以“夏都”之名正式开放，称为夏启之后的国君太康、仲康时期的都城。

在禹和启时代，夏的活动中心在嵩山和具茨山一带。位于嵩山南麓颍河与五渡河交汇区地台上的登封王城岗城址，初期发掘先是发现了两座小型城址。当时虽有发掘者提出这可能是文献所记载的“禹都阳城”，但由于城址面积过小，学术结论认为“禹都”一说很难成立。中华文明探源工程项目启动以后，课题组在原来发现的小城城址以西，又发现了带有护城壕的龙山文化晚期大型城址，使用年代晚于小城。鉴于历史上鲧、禹、启的传说多集中在这一带，且遗址附近曾出土战国时期带有“阳城”戳记的陶器，考古界认为，王城岗城址可能与“禹都阳城”有关。

王城岗城址是不是禹都阳城，还有待考古论证。但毋庸置疑的是，在文明源起时代，城的出现往往不是孤立的，而是以原始聚落群的存在为基础。嵩山北麓和东南麓以其丰富的生活资源和安全的地理位置，在相当长的一个历史时期，一直是古人类乐于选择的聚居地。

二十世纪后半期，尤其是夏商周断代工程和中华文明探源工程先后启动以来，嵩山东北麓余脉至嵩山东南麓低丘平原区，从荥阳到郑州市城区中西部及北郊临河带，再到新郑、新密、登封，在这片横卧的问号形临河地台上，王城岗之外，已发现前夏到商代的大量古城址，包括古城寨、新砦、望京楼、西山、大师姑、东赵、小双桥、二里岗等，可谓成线成片。也是在同样一个地区，前夏时代所承继的原始人类聚落遗址，有织机洞、青台、秦王寨、大河村、老奶奶庙、赵庄、皇帝口、裴李岗等，也相当集中。

这些古遗迹或许可视为某种提示——夏文化是从王城岗一带发端，沿着嵩山、云蒙山、具茨山、伏牛山之间的天然地理通道，向西发散到今巩义和洛阳盆地，向东北发散到今新密、新郑、荥阳和郑州市城区一带，向东南发散到今平顶山市西部。

按照如前所述的文化辐射方向，位于郑州市西南方向新密市刘寨镇的新砦遗址，在内容上与“禹都阳城”构成了符合逻辑的前后呼应。新砦遗址位于具茨山东北麓的古洧水北岸，考古测定时代为公元前2050年到公元前1750年。按照夏商周断代工程公布的夏年表，新砦遗址存续的年代与夏代基本重叠。其中具有三重城壕的复杂构筑，显示了夏王朝建立之初周边区域的紧张形势。因位置完全符合《水经注》所记“夏启之居”的地望，探源工程预研究项目组认为，这里有可能是夏启时代的都城。

偃师二里头文化遗址发掘命名后，新砦遗址被称为“二里头文化新砦期”。这一命名，固然明确了新砦遗址与二里头文化的传承关系，但新砦遗址在夏文化中的特殊地位，似乎也在某种程度上被遮蔽了。

让我颇为惊喜的是，夏文化城址更重要的考古发现，已在今郑州市城区西部的东赵揭晓。古城址位于嵩山余脉檀山东北的倾斜平原带、索河与须水交汇口东南方向。已发现大小套叠的三座城址中，最内的“小城”是嵩山以北区域发现的新砦期最早城址；位置和面积都居中的“中城”，为目前所发现面积最大、遗存最丰富的二里头文化早期城址；外围“回”字形夯土建筑基址，是目前所见最大且最完整的商代早期宫殿建筑基址。

东赵遗址的气象让我眼前一亮。遗址尚未完全揭露。仅凭看到的部分，已经让人暗暗吃惊。遗址仍在继续勘查，成片的探方四周堆积起高高的土墙。这个位置处于黄河南岸。地面沉降与黄河泥沙沉积在数千年的岁月里此消彼长，必然早已把五千多年前矗立在地面上的一切埋到了地下。不向地平面以下开挖，看不到夏代及以前的城墙。

时间的伟力有时候让人感到气馁。这个遍地古城的现代化都市，要把华夏文明源头期已埋在地下的城址弄出点“看头”，的确是很困难的事。

一个十分重要的考古认定是，东赵遗址的“小城”，乃“后羿代夏”时期的王都。这个认定或许意味着，夏启之后“夏都”的迁移路线，存在与二里头阐释不同的另一种可能。

“后羿代夏”，其实是个不太妥当的说法。东夷部落的主干也是东羌人的后裔，与黄帝一脉本属同族。东夷部族首领后羿的前任伯益，本来是大禹选定的继承人。按照禅让惯例，大禹去世后，伯益要“还位”于禹子启，启再谦让，伯益方能继续在位。但是启改变了规矩。他不仅接受了首领之位，还依靠武力把伯益赶回了东夷的领地。

到了启子太康继位的时候，东夷有穷氏部落出现了一位强势首领，这就是在华夏远古神话中十分著名的后羿。

部族时代，部族首长称“后”，部族联合大首长称“元后”；到了都市国家时代，国家首长称“侯”（后），有力者称“伯”，都市国家联合体首长则称“王”。“后羿”之“后”，应该是后世对东夷部族首长的尊称，正如称尧、舜、禹分别为“帝尧”“帝舜”“大禹”一样。

太康时代，后羿已经带领东夷部落完成了对周围十几个小部落的吞并，势力范围渐渐辐射到中原。后羿击败太康之后，并没有改换国号，而只是作为新的继承人，夺取了夏后之位。从性质上说，这是夏政权内部部落势力之间的权位争夺，而非异族入侵。几十年后，少康从后羿手中夺回夏后之位，在后羿所建王城之外又建了一个更大的王城，这就是东赵遗址发现的“中城”。

东赵考古所印证的“后羿代夏”故事，也许对东赵与二里头两处“夏都”的关系提供了更为合理的解释。如果登封的“禹都阳城”、新砦的“夏启之居”成立，那么，作为启的后任，太康为什么要越过险峻的嵩山，跑到远在洛阳盆地北部的二里头去立都呢？更大的可能是，二里头“夏都”只是太康被后羿夺位之后，被迫西迁为自己另建的新城。若如此，那么二里头时期，后羿在东赵建立的城址才是真正的“夏都”，而太康在二里头建立的城邑，乃是废君的“偏安”之地。

这么一来，夏早期王都的迁移方向可以推测为：从禹都阳城到启都新砦，再到后羿都城东赵“小城”和二里头太康偏都并存，然后到少康新都东赵“中城”。也就是说，夏早期政权核心势力的位移方向，基本上是沿着嵩山南麓、东南麓、东北麓这个水土资源丰盛的倾斜平原带行进的。

当然，这只是一个外行的推测。

最早的城市

“夏”与“商”的概念，最早都是表示氏族领地或原居地，氏族扩大为部族时便代表部族，成立国家时再代表国家。“商”，原指今商丘一带。传说商始祖契是帝喾的儿子，最早被封于商。商中期以前，王都的地点是不固定的，每个王都可能离开前任的王都，而选择新址另建自己的都城。大致在郑州二里岗时期，“国”与“城”仍是一体，到商汤以后第十九代王盘庚后期，王都固定下来，国家也才渐渐有了领土概念。

商与夏并不是严格的前后承继关系，它们最初是同时存在的两个氏族。商与夏本属同源，但它们的世系从帝喾以下就分岔了。

史前部族首领的权位传递并不全是直系传递。黄帝传位于长子玄嚣，玄嚣传位于侄子颛顼（即黄帝次子昌意之子），颛顼传位于堂侄帝喾（玄嚣之孙），帝喾先是传位于长子挚，挚在位九年无功，让位于其弟放勋（帝喾次子尧），尧行禅让，传位于舜，舜传位于禹。契因为协助大禹治水有功，被舜封于商。从此，商部族作为黄帝后裔的一支，渐渐壮大。

到了契的六世孙王亥时，商地已经出现了物物交换。这也是华夏文明史上最早的物品交易，故后世把物品交易行为称为“商”。商代的开国之君成汤，是王亥的八世孙，也即甲骨文所称的“大乙”。经过了八代人的文明传递，物物交易延续了一百多年，到了成汤时代，商品交易已经成为了相对成熟的经济形式。有了商品交易，“城”才含有了“市”的内容。至此，华夏文明演进道路上才算有了“城市”。

所以，被确认为商代前十代君主亳都的郑州二里岗商城遗址，在华夏城市发展史上，可以说既是代表作，又是里程碑。

对这座城址的考古发掘已经断断续续进行了半个多世纪。因为处于城市中心区，主动发掘十分困难。所以，这也是一座为考古界十分重视却难以迅速展开发掘的古城。

尽管如此，郑州商城遗址的发掘成果依然令人震惊。遗址前后发现三重城垣，占地超过二十五平方公里，是当时世界上出现的最大城市。经考古甄别，三重城垣分别是宫城、内城和外城。位于内城东北部的宫城区，仍遗留着一处完整的古代宫殿基址。内城类似后来的皇城，为贵族居住区及官衙所在。内外城之间是平民居住区。外城则大略相当于后世的都城了。商城遗存的大量手工业作坊和精美陶器，说明当时城内已经存在成规模的商品交易。这标志着华夏文明城建史由单纯政治及军事化的、防御性的“城”时代，发展到了有基本经济内容的“城市”时代。而水井、蓄水池、陶水管、石砌输水管道和排水管道遗存，说明郑州商城已经具备相对成熟的给排水和排污系统。这是确切的城市生活印迹，也是城市文明发展到相当成熟阶段的标志。

在殷墟出土的甲骨文中，商部族对周边其他部族的称谓多是以“方”指称“国”，诸如“土方”“羌方”“周方”，即分别指土国、羌国、周国。这个“方”，就是“城”的形状。方国，其实质为“城国”的联合，是介于“城国”和领土国家之间的过渡形式。历史学研究认为，成汤时代的商部族较周边部族势力更为强大，政治、经济、文化更为先进，商应该已经是某种“方国联盟”，商的首领被封为“商侯”。夏朝中期，商侯王亥通过商业贸易，使商的势力逐步强盛起来。商汤时代，商的势力逐步由东而西，渗透到夏的统治核心区域。商汤把国都由商丘西迁至亳（今郑州市中心位置），显然是为了在地理上更靠近夏的统治核心地区，为灭夏做准备。成汤灭夏以后建立起来的商国，已经是雏形期的领土国家了。到了商纣王时代，商朝疆域已经包括了北到辽宁、南到川湘、西到陕甘、东到海滨的广大区域。虽然商王朝势力范围比夏朝扩大了许多，但王朝直接控制的区域，主要是今河南省中部和北部，即今郑州和安阳两处商都所在地；商文化的主要遗存，也主要分布在这两个地区。

与更早的城址相比，商代城市发生了空前变化。二里岗商城的城建面积二十五平方公里，在早商时期堪称无与伦比。其傍水而建的生态理念、规范的城区布局和宫殿规制、坚固且严密的城防体系、先进的生活设施等，成为后世王都建设的圭臬。

在这座繁华的王都周边，目前已探知当时的商代城址除了二里岗，还有位于今新郑的望京楼，位于今郑州城区西北部的东赵、小双桥等。其中望京楼商城与时间上早于它的夏代城池相套，成为夏商城址承袭发展的重要标本。小双桥商城则是商王朝中期时代城址的主要代表，据考证，为介于二里岗商城与安阳殷墟之间的商王仲丁的“隞都”。

小双桥遗址的重要发掘收获之一，就是书写于陶器表面的“朱书陶文”。陶文只有八个字，分别是“二”“三”“帚”“匕”“旬”“天”“东”“父（或‘尹’）”。这些文字不仅在构造上与殷墟出土的甲骨文一脉相承，而且有别于甲骨文的刻画成字，它们是以原始的毛笔书写到陶器表面的。根据《说文解字》的说法，仓颉造字时最初并不是刻字，而是“书契”，即用原始的毛笔涂写到木头上。《易·系辞下》曾有“上古结绳而治，后世圣人易之以书契”的记录，可谓这一说法的印证。此前，在山西陶寺龙山文化遗址的陶器上，虽然也见到了类似的红色符号，但因其数量极少且无前后印证，很难说那是符号还是文字。小双桥遗址的朱书陶文，是当前发现的我国最早的书写文字，在汉文字发展史上有着重要意义。

正在发掘保护中的东赵遗址，在龙山文化到两周时期的文化延续中，也同样有商早期的城市遗存。其三套城外围的大型“回”字形二里岗期夯土建筑基址，面积超过三千平方米，是目前发现规模较大的早商时期城址，也是郑州地区发现的最大、最完整的商代早期宫殿建筑基址。四处城址互为呼应，显示了郑州地区在早商时期的特殊重要地位。

值得特别注意的是，郑州二里岗商城是殷墟出土的甲骨文记载中时间最早的城市。正是因为“亳都”出现在殷墟甲骨文中，又因先秦文献有盘庚迁都的记载，所以，一般认为，亳作为商都的时代在殷之前，是盘庚把王都从今郑州迁到了安阳。但《史记·殷本纪》的记载却与此相反：“帝盘庚之时，殷已都河北，盘庚渡河南，复居成汤之故居。乃五迁，无定处。殷民咨胥皆怨，不欲徙。盘庚乃告谕诸侯大臣曰：‘昔高后成汤与尔之先祖俱定天下，法则可修。舍而弗勉，何以成德！’乃遂涉河南，治亳，行汤之政，然后百姓由宁，殷道复兴。”意思是，盘庚继位时，商王朝已经迁都河北，盘庚却又渡过黄河，回到位于河南的成汤故居（指亳都）。这已经是第五次迁都，老百姓怨声载道，不愿意再迁。盘庚对大家说，把都城迁到成汤故居亳，是为了继承发扬第一代商王成汤的美德。

也就是说，盘庚不是把商都从亳迁到了殷，而是把前代迁到殷的商都又迁回了亳。则郑州今存的商都，不仅是商初期的都城，也是盘庚迁回以后的商都。这一点，郑州商都考古因客观条件局限，尚未得到实证。但《史记》对信史时代事迹的记述，应该是比较可靠的。

韩维周

如今，“商都”已经成为郑州的别称。对于郑州商城的发现，有一个人功不可没。这个人，就是已经去世六十年的韩维周。

韩维周是河南巩县（今郑州巩义市）人，二十世纪二十年代初就读于开封河南国学专修馆，毕业后被河南古迹研究会录用，从事考古工作。1938 年侵华日军攻陷开封，古迹研究会解散，韩维周回到巩县老家任小学教员。新中国成立初期，韩维周调到郑州市南学街小学任教。但是，这个考古专业出身的人，心心念念仍然是考古。他经常到郑州城外施工现场踏勘调查。

1950 年秋天，韩维周在郑州城南二里岗一带发现了一些绳纹陶片和磨光石器。正是这些不起眼的陶片和石器，使后来名闻遐迩的郑州商都遗址第一次进入考古学界视野。1951 年春天，中科院考古所河南调查发掘团对发现陶片和石器的区域调查采样，推断这里为重要的商代遗址，比安阳殷墟年代更早。韩维周被调到河南省文物工作队。1952 年夏天，文化部社会文化事业管理局、中国科学院考古研究所和北京大学联合举办了全国第一届考古人员训练班。训练班结业后，学员分批到郑州、洛阳两地实习。郑州实习分队以二里岗遗址为重点进行了试探性发掘。

郑州商代遗址考古发掘从此拉开序幕。

1954 年春，郑州市城市基本建设工程全面开展，郑州市文管会在二里岗一带开展了大规模的考古发掘，发现商代墓葬上百座。1955 年秋，市政部门在商代遗址东北部挖掘壕沟准备铺设地下污水管道，再次发现古代遗存。考古部门介入后，发现一座规模巨大的长方形城垣，初步判断为距今 3000 多年的商代城垣。在当时，一切求新是主流风尚，考古大约是不受重视的。直到 1973 年考古工作勉强能够进行的时候，考古队才得以对这座遗址开展全面钻探与试掘，相继发现宫殿基址二十多处。1986年6月，郑州市拟建设一座大型商场，按照惯例，建设前先由文物考古部门进行文物勘探。这一次，又发现了一段南北走向的夯土城墙。这消息立刻引起郑州商城工作站的重视，随即组织人力对夯土墙进行了解剖性发掘，并验证了外城墙的存在。在商城外围，考古队发现了多处商代青铜冶炼、骨器制作、陶器制作的作坊遗址，并有大量的墓葬区；城池内外，还发现了青铜窖藏和祭祀场地。遗址出土的文物数以万计，其中有很多稀世珍宝。

就在商城考古初见成效的时候，1957年，韩维周却被诬蔑为“冒牌考古学家”，划为右派，遣返回乡劳动改造。回乡之后，韩维周生活窘迫，竟至饿病交加，不过四年，郁郁而终。二十世纪八十年代初，被戴上各种罪名的人先后获得“平反昭雪”，去世已二十年的韩维周也是其中的一个。然而时至今日，就连许多熟人也只知韩维周的小学教师身份，不知他原是科班出身的考古专家，更不知他就是发现郑州商城的第一人。

商代的繁荣，是物品交易开始后带来的经济集约造成的。而先商的发展兴盛史，也与这一经济形态息息相关。从此，中国文字里出现了一系列以“商”字的词源意义为基础的词——“商量”“商榷”“商讨”“商定”等等，它们的涵义，都是合约的、能够讨论的、妥协的、求同存异的。人与人之间的凝聚，也总是从协商来的。只是，在二十世纪五六十年代之交，这位发现了商代重要城址的考古人，却死于武断与强加，死于“没商量”。最后的四年韩维周是怎样度过的，不忍想见。一位兢兢业业的考古学家，在五十多岁的年纪，在羞辱、饥饿与疾病中离开人世。往事历历，令人扼腕。

如今的郑州商城遗址公园内，韩维周的铜质塑像静静矗立在黄土高台之上。这尊塑像，出自雕塑家魏小杰。这是一尊理解准确、有叙事力的雕像——身着老式中山装、穿着圆口布鞋的韩维周坐在土坎上，手持陶片，若有所思，又仿佛有些走神。

那枚被注视的陶片，有如一个祸福俱在的引信。从二里岗的荒野中捡起那枚陶片的时刻，这个人也会有独属于考古人的那种惊喜。他不会预料到，自己会因此获罪，成为那个年代无数受难的知识人中的一个。他可能也不曾预见，若干年后，一桩改写华夏文明史卷的考古行动即将由此展开；一座三千六百年前的都城，即将从他手指间这枚小小的陶片开始，渐渐抖落尘埃，呈现于世人面前，并为这座城市赋予“商都”的别名。

我在塑像前驻足良久。至少，还有文物界的同行们没有忘记他。不遗忘，也许是最有价值的纪念。虽然后人的纪念并不能补偿前人的遗憾，但记忆总会以不可磨灭的方式，使历史与历史中的人，留下印迹。

演变中的城区

三十年前，我大学毕业，从上海来到这个城市。在上海待了四年，见过了城市的盛大与繁华，再看郑州，就觉得像个小县城。我至今记得郑州火车站广场上露天候车的人们排起的长队，以及公交车在陇海路上驰过卷起的尘土。

我在一所高校落脚，学校的新家属院就在淮河路北侧。彼时，那个位置是郑州的南边缘，家属院门口就是大片的麦田。我常常沿着麦田旁边的小路往南走。觉得住在城市的边缘真好，冬天有麦田看，春天有油菜花，夏天再往南跑，有樱桃林和葡萄园。有一年冬天大雪，我们从桃源路上的照相馆借了相机，到金水河边去拍照。金水河里水不多，水流贴底结了一层白花花的冰茬。河岸上小树林里的积雪没过了脚踝。穿过兴华北街的金水河上，架着一道窄窄的石板桥。站在桥上拍照的人二十多岁，瘦小，无知，快乐。她当然不会预见，那条路几年后便会拓宽，小石板桥也会被宽阔的路桥代替，而在纸上写到这座桥和这个踏雪的上午，已是三十年之后的事情。

一同回到郑州的同学里面，有的在东风路一所高校落脚。每到礼拜天，那边同学请我们过去喝酒，我们便蹬着自行车从南郊跑到北郊去。那可真是不折不扣的北郊。农业路以北也是大片的麦田。至于东风路，差不多就是乡村了。他们的校园在野地里显得孤零零的。为了招待我们，他们会提前"进城"一趟，买些筋头巴脑的"硬菜"；而素菜，就在学校旁边的菜地里现凑。那里不通天然气，他们平时就用煤炉子做饭。为了省事，我们的聚会一般是吃饺子。他们准备面和馅，大家动手一起包。这样，煤炉子上放一口大锅就可以了。

当时我家里还有三个正在上学的弟弟妹妹。为了多挣点钱帮着家里供养，我曾经在暑假跑到农业路一家培训机构去代课。一个下午挣十六块钱。每天冒着三十七八度的高温，蹬着自行车中午跑过去晚上跑回来。因为年轻，也不觉得苦。不过在印象里，就觉得这个农业路好远啊，从我的住处出发，要经过兑周路、陇海路、大学路、大石桥、沙口路、南阳路，南北向穿过整个郑州市。

但郑州很快就变了样。

变化其实就是在我来到郑州不久后开始的，只是我不敏感。年轻时候心性混沌，又或者并不在意什么改变，所以，在印象里，仿佛是一个长觉醒来，郑州就变了。

后来我离开高校调到了市直机关。那是 1996 年，机关南北院之间还有一块菜地。被我注意到的变化是从那块菜地开始的。我到机关工作的第二年，菜地被征用了。那地块很快竖起了一座办公大楼。随后几年，遍及全城的拆墙透绿与河道整治，让郑州市容整个变了样。郑州城区西北部的高新开发区、东南部的经济技术开发区，起初几乎是两片空城，不知什么时候忽然有了许多住户。家属院前面的淮河路、金水河经过的兴华北街，先后变成了柏油大路。送孩子上学常常经过的工人路打通了。市政府所在的中原区，新添了许多以山河命名的新路段。东区开始大规模征地。城市路面上开始出现越来越多的小轿车。城市的南边缘延伸到航海路，再延伸到南三环。西边缘伸到了西三环以外。北边缘越过北三环，渐渐蔓延到黄河边。郑东新区建成了。城市东部郊县中牟慢慢与郑州城区连成一片。郑开大道开通，郑州和开封的距离仿佛瞬间拉近。刘江跨河大桥开通。城市四面不断有新的高速公路投入使用。新建道路犹如引线，把这个城市拉开了、伸展了。

我的家先搬到金水河畔，再搬到西流湖岸边。城市的高楼越建越多，道路越来越宽。穿过市区的快速路和外环道不断建成通车。东区向东扩展到了京港澳高速旁侧的龙子湖，北部新建城区北龙湖迅速成为城市房价最高的区域。而东部中牟上的绿博园、象湖、雁鸣湖等地块也纷纷成为人们购买新居的热门选择。随着首个国家级航空港经济综合实验区——郑州航空港区的成立，多年来一直不见动静的郑州东南部，一片新兴城区与郑州新郑国际机场连为一体，成为郑州市东南部继二十世纪九十年代以后又一次大规模的城区扩展。

我最关心的还是我一直居住的郑州西部。我喜欢郑州西部的开阔与较高的地势，也喜欢郑州西部的自然河流与连片的低山，尤其喜欢郑州西部四处分布的古城遗址和那些小小的展馆。随着“四个中心”——奥体中心、文博艺术中心、市民活动中心、现代传媒中心在西部三环和四环之间的兴建，人们对郑州西城区的称呼，正由俗称的“西郊”变成“郑西新区”。事实上，为众人瞩目的“四个中心”只是“郑西新区”建设的一部分。目前，郑州西城区貌似波澜不惊的建筑工地围挡里面，包括市民公共服务区和九州坊的北核心区、包括“四个中心”和文化产业园区的南核心区正在同步建设。几年之后，郑州西部郑上路和陇海路之间约有二十三平方公里的郊野将变成郑州市中央文化区（简称CCD）。八年前提出的“一心两翼”之西翼，将与郑州东翼遥相呼应，成为承载城市公共文化发展、强化城市历史文明传承的核心区。

在郑州近年的规划里，不同城区的发展趋向表述为

“东强、西美、南动、北静、中优、外联”。西美，太好了。也唯有郑州的西部，可以按照“美”的构思来规划。这么多的山，这么多的河流，这么多的古城址，这么多的故事，不美简直不合逻辑。

我在贴满墙壁的地图中，加入了郑州城区最新版的示意图。与我初来乍到时相比，郑州的城区已经扩大了多少倍？三倍，还是四倍？没有计算过。可以确定的是，三十年前从上海回来时所感到的那种局促、土气，早已为繁华与时尚所取代。在人们印象里，所谓环保、美景，似乎都是乡村的，荒野的，而城市似乎意味着耗费、污染、拥挤。然而，没有多少人不喜欢在城市里生活。城市以它的规模和人流，带来了集约、高效的生活和多维的人际交流。这些，正是我们盼望的。富于活力的、充实的生活，正如一条流动的大河，必须有足够的体量和动力，它才能一路奔腾，完成属于它的水循环，它的生命轮回。

第九章　清明上河图

曾经有人提问，如果有机会变成古代人，让你挑选一个朝代，你最想生活在哪朝哪代？年轻的时候，我像许多人一样喜欢盛唐，李白在世的时代。“五花马，千金裘，呼儿将出换美酒”，那是个意气风发的时代。“云想衣裳花想容”，那也是崇尚丰硕之美的时代。当然，我也向往诸子百家的时代，那些人乘着马车，在不同的国家之间游来荡去，跟旗鼓相当之人品度时势，纵横捭阖，当真是活得昂首阔步。

现在，我的想法变了。我哪里也不想去。我需要手机、电脑、网络、汽车，更需要自来水、电灯、天然气、洗衣机，我需要巨大的中空玻璃窗户，尤其是，我需要一双不缠裹的脚，好在大地上走来走去。这些，是已经化入骨血的生活，更是以发达的工业制造和信息的即时传递为前提的自由。换个时代生活吗？不。

但如果假设一段时间旅行，那么现在，我更想去一趟南迁之前的大宋。它在我印象里是平静的、日常的，从容而丰富，有着细密柔软的趣味和仿佛不会终结的太平时日——尽管太平在彼时只是一种假象。

汴梁的纪实与虚构

开封在北宋到底怎么称呼？叫开封、东京、汴梁还是汴京？从孟元老《东京梦华录》可知，“东京”肯定是当时的称呼。据我国古时地理命名习惯，既有“东京”，则必有“西京”。而北宋不仅有东京西京，还有南京北京。北宋行政区划实行府（州）县两级制。东西南北四京，分别指当时开封府、河南府、应天府、大名府的治所汴梁、洛阳、商丘、大名。四京之中，东京为都城，其余三京为陪都。东京是唐之汴州、古时梁地，故称“汴梁”——这是民间的约定俗成，是个非官方的称呼。“汴京”之称，显然也是汴梁为国都以后的民间俗称。

那时的汴梁，是《清明上河图》上描画的样子，也是《东京梦华录》中叙写的样子。在纸上寻梦故都的孟元老自号“幽兰居士”。他在自序中说：“古人有梦游华胥之国，其乐无涯者，仆今追念，回首怅然，岂非华胥之梦觉哉！”“华胥国”典出《列子》，记述黄帝昼寝梦见华胥国故事，貌似逼真，实则为神话。那个自然而然、无嗜欲、无利害爱憎，甚至无生死之虑的理想国，与幽兰居士回望中曾经“节物风流，人情和美”的汴梁，大约颇有相类吧。琳琅满目的铺陈中，多多少少含有某种悲悼的意味。或许，这也是《清明上河图》与《东京梦华录》容易让人黯然神伤的原因？故国之思，对旧时光的暗想，或对静好岁月的盼望，总是人同此心、心同此理。

如果要为宋时的汴梁画一幅地图，那么，依据《清明上河图》是远远不够的。《清明上河图》写实，但写实的绘画，仅能表现有限的区域。更堪依据的是文字，具有无限张力的文字。人们也许会从多个角度想起署名“孟元老”的那部奇书。名为“梦华”，但这部书既不是想象也不是虚构，而是不折不扣的写实。这一场“华胥之梦”，反而如界画一般，是十分认真的记录。对汴梁的空间布局，河道桥梁，街巷店铺，时令节会，民俗俚语，饮食起居，皇帝行迹种种，作者无不如数家珍，老实交代。

我找出一张厚实的白纸，依照孟元老的记述，把汴梁的布局画了下来。这不难做到，因为孟元老的文章写得简朴明白。在我看来，这实在是最好的说明文教本了。就这样，《东京梦华录》在我手下变成一张巨大的平面图。

北宋时候的汴梁城布局如果简化为几条线，那么，它就是由四条方形轮廓线、四条“井”字交叉的直线、四条大致呈东西方向的曲线构成的。从这些直线、曲线的分布密度可以判断，汴梁城当时的闹市区在南半城。

四条方形轮廓线，分别代表了汴梁的宫城城墙、内城墙、外城墙和护城河。由内而外，第一条线以内是北宋的皇宫，东西南北各开一门，分别是东华门、西华门、宣德门、拱宸门，宫城西北部是大内林苑池浦；第一条线与第二条线之间是汴梁的“里城”，保留着唐时州府汴州故城的轮廓，所以当时也叫“旧京城”；第二条线和第三条线之间的区域是“外城”，是宋王朝在汴梁立都后扩展的城区；第四条线是城壕，也就是护城河，是中国古城的标配。北宋都城外面的这条环形城壕，当时称“护龙河”，宽十余丈，河两岸遍植杨柳，还修筑了隔墙，防护森严，闲人莫入。

汴梁的里城也有护城河。里城的北城墙因为紧靠宫城后花园，所以防护格外要紧，城墙外有专门开挖的护城河，名景龙江。宋徽宗即位前的府邸就在景龙江北岸——或许这正是“景龙”两字的由来。这条景龙江，在后来关于“艮岳”的描述中频频出现。

四条“井”字交叉的直线，是汴梁城内的交通干道。靠北的东西干道就在宫城南面，大致是汴梁城的中轴线，分别穿过内城的曹门、梁门和外城的新曹门、万胜门；靠南的东西干道由东大街和西大街组成，分别穿过宋门、新宋门和郑门、新郑门。两条南北干道则全部在外城。在这个“井”字形之间，有三条南北方向的大道，其中两条并列，一条沿宫城东城墙向北，经过景龙门、新酸枣门直通外城；另一条从东大街向北，经封丘门、新封丘门出外城。第三条则是特殊的南北向大道——御街，从宫城南门（也是正门）宣德门向南，通向内城朱雀门、外城南薰门。为了保证城防，外城墙上的十二道门大多是三层瓮城，开门曲里拐弯；但是为了留御路，保证皇帝的车辇可以直出直进，四面城墙的正门——南薰门、新郑门、新宋门和新封丘门，设的都是两层直门。

四条东西方向的曲线，是贯穿汴梁城区的四条河流，由北而南，依次是五丈河（官称广济河）、金水河、汴河、蔡河——这便是当时汴梁的“漕运四河”。《宋史·河渠志》记载，“有惠民、金水、五丈、汴水等四渠，派引脉分，咸会天邑，舳舻相接，赡给公私，所以无匮乏”。所以这四条河，主要不是为了造风景，而是为了运输粮食百货。

汴河由西而东横贯汴梁，是唯一贯穿内城的河流，也是汴梁的漕运主河。

北宋初年，汴、蔡两河由江淮地区运往都城汴梁的漕米每年不过数十万石。到了景德四年（1007年），朝廷定额汴河每年上供的漕米达到六百万石，广济河六十二万石，惠民河六十万石。广济河与惠民河所运，部分为用作军粮、马料的杂粮，只有汴河漕运全部是粳米、小麦，是太仓储粮的主要来源。北宋皇室及都城内外数十万驻军、上百万居民，其日常供给也主要依赖汴河漕运。实际上汴河漕运每年都要承担超出定额的漕运责任，年运粮量最高时曾达到七百万石。当时最富庶的东南六路的稻米百货，全部由汴渠运往汴梁，所谓"漕引江、湖，利尽南海，半天下之财赋，并山泽之百货，悉由此路而进"（《宋史·河渠志》）。可见当时的汴河，不仅仅是水利意义上的河流，还是关系到王朝安稳的经济命脉。

宋初，蔡河在汴梁城西南的部分称"闵河"，后改称"惠民河"；东南部分才叫蔡河。而汴梁城里的老百姓为了便于分辨，则俗称御街以西的蔡河为"西河"，御街以东的蔡河为"东河"。蔡河在汴梁南半城画了一个倒扣的"U"形。其北部东西流向的河段恰好与内城南城墙平行贴近，中段与御街交叉，犹如专门布置的景观河。这也是经过了汴梁外城区几乎全部街道和市民区的河流，河上有大小拱平共十一座桥，其中龙津桥正对"内前"。蔡河出城数十里汇入汴河，算是汴河的支流。

一说"漕运四河"不包括金水河。金水河主要作用是供给五丈河的水源，兼及运输京西木材入都城，并无正式漕运功能。其他三条河连同漕运陕西诸州物资的黄河，合称"漕运四河"。

金水河自宋乾德三年（965年）被引入皇城，先是作为宫廷后苑池沼水源，后又引入内城，供官寺民居汲用。据《东京梦华录》描述，“分京、索河水筑堤”运水到汴梁城的金水河，在汴梁城西与汴河交叉，为了保证定向输水，金水河水“从汴河上用木槽架过，从西北水门入京城，夹墙遮拥，入大内”。这段描述只说了一半话。其实，金水河入汴梁之前已经在城西分出一道岔河，这道岔河直接通向汴梁城西门外的金明池；主干从城西北部入城后又岔开两道，一道直接向东南进入宫城，为皇家池浦充水；另一道岔向五丈河，为五丈河补给水源，以便利漕运。

《东京梦华录》所记汴河上的桥梁有十三座。其中提到虹桥的位置，在“东水门外七里”。也就是说，虹桥是汴河流出汴梁以后，在东水门下游的一座桥。以此推测，则《清明上河图》中出现的城门，当是东水门，位于汴梁外城东城墙靠南部位。图中所画，其实大部分是“城外”，并不是汴梁城内的景象。在东水门内，汴河与蔡河大致平行。在两河之间及汴河两岸，分布着富国仓、永丰仓等大量麦仓。在虹桥和东水门之间，还有一座桥，因旁边河岸上便是皇家粮仓顺成仓，这座桥便称“顺成仓桥”。

汴梁城内外，有记录的跨河桥梁共有三十五座。我尽量准确地标注它们的位置。三十五座桥的标注，把图上的汴梁填得满满当当，也让纸张显得局促起来。如果把孟元老提到的地点一一标记，恐怕需要一面墙，眼前的这张纸盛放不下。更何况，这些河流在汴梁城内并不都是一条线到底。横贯汴梁的汴河，在汴梁外城西分为两股，由宣泽、利泽两水门入城后汇合，流经汴梁里城御街州桥，在相国寺东南又分为两股，由通津、上善两水门出外城，再合为一股，向东南陈留（今河南省尉氏）、雍丘（今河南省杞县）流去。这些水汊，在关于汴梁的任何地图上均无显示。但细看《清明上河图》，汴河在外城东的河汊隐约可见。在图上，虹桥以西，汴河主河向北弯转；再向西隔了一道街，却出现了连续两座小桥，且第二座小桥以西，水面骤然扩大，水岸护栏竖立，有闲人三三两两凭栏看水；城内则有水路与这道岔河首尾相接。

我停下笔，看自己手绘的历史地图——这张“汴梁梗概”。农耕经济时代的城市，没有污染，没有高分贝的噪声，没有高楼，没有水泥和柏油，城里的房屋是覆瓦屋顶，一处一处的院落半被树荫遮掩，街道是压实的土路或者石板路，沿街店铺之外还有货郎游走小巷。这样一座都市，如果再有河流，有四条穿城而过的河流，有各式各样三十五座桥，那一定是赏心悦目、逍遥惬意的所在。想象里的大宋，过滤了一切求生的艰难与时势的险恶，慢吞吞懒洋洋的，从容祥和，活色生香。这样的生动与懒散，在《清明上河图》诸般人物情态里最是易见。

一种流行的说法是，《清明上河图》中伏笔勾画了“盛世危象”，并举出惊马、懒卒、商铺侵街之类来佐证。这些说法乍听各有道理，但似乎也有过度阐释的嫌疑。

《东京梦华录》托梦而写实，《清明上河图》则于写实中蕴含了虚构与想象。这幅画，是艺术作品而非工匠记录。没有意外与旁逸斜出，何以描摹市井百态的生动？没有琳琅满目、参差错落，何以呈现京都的丰富与热闹？艺术不是对秩序与规整的描述，艺术表现的焦点，往往是“意外”与“溢出”。也正是有这些“意外”与“溢出”，所以，这幅本属于世俗之流的界画，才画得充满了戏剧性和故事感，令多少书画鉴赏者叹为观止，令古今收藏者趋之若鹜。

唯图中出现以大幅书法为苫布的手推车，似有讽谏之意。这个貌似微不足道的细节，却与北宋王朝一桩影响巨大的政治事件有关。这一事件，便是由王安石变法引起的元丰党人与元祐党人的“党争”。党争是许多王朝都难以避免的现象。但像北宋这样涉及四代君王、跨越半个多世纪、党派势力遍及各路官吏的酷烈党争，堪称史无另例。宋徽宗亲政伊始，曾试图调和党争，让守旧派的元祐党与维护新法的元丰党同时效力，为此特意改元为“建中靖国”。只可惜已占上风的守旧派不依不饶，对新党穷追猛打，完全是一副赶尽杀绝的架势。意在推行新政的宋徽宗大约深感失望，于是决定重新起用以蔡京为首的新党。蔡京等人此前也被害得很惨，一旦大权在握，便建议徽宗列单刻碑，把元祐党人完全排挤出了朝廷和京师重地的权力范围。

《清明上河图》中出现的以书法为苫布的手推车，被视为对当时元祐党人被罢黜、书画遭到禁绝的描述。这幅被随意蒙在手推车上的书法，竟也模拟草书风格，曲折构造，一丝不苟，直逼黄庭坚《诸上座帖》的气象。这一图景，视为讽喻固无不可，但也完全可以理解为对当时党争的含蓄记录。

一条神秘的河流

从汴梁城区北部穿过的五丈河，当时专门负责运输京东路一带的杂粮和其他物资，这些杂粮主要是用作皇家军马的饲料。河流东段南岸，也就是汴梁外城的东北部，是囤积这些杂粮的夷门山五丈河仓。孟元老记述其“来自济郓”，也就是说，五丈河是从山东丘陵一带的济南、郓城方向流过来的。这个记录当是误解。五丈河里的船只虽然是从山东方向过来的，河水的流向却是自西而东的。

五代后周显德年间，周世宗疏通南济水故道，自开封城西分汴水向东北，至济州合蔡镇（今山东省郓城西南）入巨野泽，下接大清河（济水下游故道），以通齐鲁漕运。因为河床被拓宽到五丈，民间俗称“五丈河”。宋太祖建隆二年（961 年），因五丈河以汴河为源，泥沙淤积壅塞河道，以致行舟困难，于是自荥阳县境内开凿河渠，名金水河，引京水、索水东流百余里至汴梁，汇入五丈河以增水量。开宝六年（973 年），五丈河被官方更名为“广济河”。广济，大约是取意“拓宽了的济水”。

与五丈河、汴河关系密切的济水，是一条颇具神秘意味的河流。它与黄河、淮河、长江一起被古人称为“四渎”，却不像其他三条河流一样痕迹明确。它仿佛消失了，却又似乎无处不在。中原一带的河流多少都跟它有点关系。黄河、大运河、汴渠、鸿沟、大汶河、大清河……只要查阅其中一条河渠的渊源，都会遇到“济水”或“济水故道”。

曾有一段时间，这个“济水”让我头脑昏乱：怎么到处都是“济水”？它到底是怎么个流法？为什么会跟这么多河流交叉或重叠？

济水发源于王屋山，两岸满布华夏先民的生活聚落，仰韶、大汶口、龙山等文化遗址比比皆是。仿佛应和着华夏文明的兴衰，济水在大唐末年断流。

在《尚书·禹贡》里，济水的来龙去脉如是：“导沇水，东流为济，入于河，溢为荥，东出于陶丘北，又东至于菏。又东北，会于汶；又北东入于海。”就是说，济水的上源为沇水，从黄河左岸入河以后，又在黄河右岸今荥阳南部溢出，形成荥泽，然后潜行地下，到陶丘（今山东省定陶）复出地面，经菏泽，汇合汶水，东北入海。

一种说法是，济水从发源地到入海口，一路上三潜三出：

第一次潜流在发源地。济水出王屋山以后，以地下河形式向东潜流七十余里，到今济源以西涌出地面，形成珠、龙两条溪流（即济渎与龙潭）向东，在今济源市境汇合，名沇水，到温县西北始名济水。

第二次潜流是潜行入黄。济水在今武陟一带潜行向南，穿黄河而不浑，在黄河右岸的荥阳溢出地面，即所谓“入于河，溢为荥”。

第三次潜流在豫鲁交界带。济水出荥泽向东，流经原阳时又一次潜行地下，到山东定陶北汇入巨野泽，出巨野泽后接纳汶水，东北入渤海。

“三潜三出”的说法当是穿凿附会。尤其所谓第二次潜流，从水流物理学的角度看，是不可能的。我曾经推想，黄河左右岸的济水，应该是被误认为同一条河的两条河，左岸的济水是黄河支流之一，右岸济水的源头实为荥泽，因为黄河右岸荥泽以下出现的河流与左岸济水入黄口隔河相对，古人便把它当作济水的下游。

一次朋友聚会，我聊到济水，在座的水利专家岳德军举杯相碰。他说，他关注这个问题有些年头了。传说中的“济水渡黄河”很难令人信服，但是，他觉得古人的说法不会是凭空捏造，想必是有原因的。他花了不少时间去找这个“原因”。后来，他看到河南省社科院一位老师的研究结论：在大禹治水以前，黄河下游的流向是向南的。

这么说来，从王屋山流向东南的济水，就是一条在黄河左岸独流入海的大水道了。

我想象着那幅河流图。黄河西来，济水自北，两条大河在今郑州西部荥阳至焦作武陟一带擦肩而过，然后，济水东去，黄河南下，各不相扰。一团乱麻登时条理分明。是啊，这条被古人称为四渎之一的大河，不可能是断断续续、七零八落的样子。它流经黄河左岸，转折向东以后分为南北两路。北路经今原阳、延津、长垣、东明入巨野泽，称北济（即沮水）；南路经今开封、商丘转折向北，过济宁（意为济水到此便平顺了），入巨野泽，称南济。两路济水在巨野泽汇流而出，过济南（意为济水之南）向东，取道今之大清河，入渤海。

我满杯，一饮而尽。素不经酒的岳德军也干了杯。他告诉我们，他专门写过济水与黄河的源流关系，但是济水的问题还没有写尽，他准备再写写济水的去向。我于是请教。岳德军笑了，几句话说不清楚，回头文章成了，发给你看看吧。

济水去哪儿了？我觉得，它可能是被黄河和运河吃掉了。大禹治水以后，黄河改为北流，则济水显然被截断了。黄河左岸，济水成为支流；黄河右岸，济水接引荥泽而出，成为后人开凿运河频频借用的水道。而后世黄河多次改道，尤其是几番南下，济水早被改道的黄河分割得断断续续了。

隋代通济渠郑州段，即疏通济水而成的运河。通济渠开通之后，黄河右岸济水自板渚（今郑州北郊古荥镇附近）被引导向今开封方向东流然后南下，济水故道自板渚以下至巨野泽河段因水源流失渐渐枯竭。而巨野泽以下河段因有源头活水，仍沿济水故道汇流入海，又因巨野泽巨大的沉沙作用而水色清澈，唐人称之为清河（后称大清河）。

作为汴梁"漕运四河"之一的五丈河，在河南境内用的就是拓宽后的北济水故道，故称广济河。北宋中期以后，因黄河多次向东南泛滥，广济河水道被泥沙淤塞，运力大减。到了金人入主中原、宋室南迁时期，广济河便彻底堙废。

"上河"考

"清明上河图"究竟是什么意思，曾引起许多争议。

比较一致的看法是，"清明"二字标示的是画中时节，也是对政治清明的隐喻。"上河"呢？这两个字若作动宾词组解释，大约是指到汴河去。从画中行人赶路的方向看，右侧郊外，左侧城里，人们从不同的方向都在往处在画卷中心位置的汴河边赶。把"上河"理解为"去河边"，似乎

通顺。毕竟，图画的着力点在于市井风俗，在于人和人的活动，而不在于河景。但以文言语法习惯，恐怕没这么组词的。“上河”，显然当作名词解，指称当时横贯汴梁的漕运主干——汴河。

问题又来了。为什么称汴河为“上河”？

有解释说，“上河”意思就是“御河”。汴梁有“御街”，当然也会有“御河”。这一说法似乎颇为合理。但事实也许不是这样的。当时的北宋宫廷画院，是热爱书画的宋徽宗赵佶亲自创建的，后称“宣和画院”。赵佶不仅创建画院，自己也动手画，而且技法独创，开工笔花鸟之先河。作为书画专家的赵佶经常给画师们出题，诸如“深山藏古寺”“踏花归来马蹄香”之类。“清明上河图”五字，本是作为皇帝的赵佶本人命名并且题写的。“上”用以指人，是古代官员在文书中对当朝皇帝的避讳性尊称，正如“陛下”之类。但“陛下”多是当面尊称，相当于第二人称；“上”则多是向他人提及，相当于第三人称。皇帝可把自己的书画称为“御制”，却不会自称“上”，更不会称一条河为“上河”。所以，“上河”的意思不太可能是“御河”。

那么有没有可能，这幅图画描绘的仅仅是汴河上游的情形，而“上河”只是当时人们对汴河上游的俗称？汴河自西京洛口（今伊洛河入黄处）分水入京城，东去泗州入淮，由西北向东南是下水，反之是上水。因此有人认为，“上河”只是居住在汴梁的人们根据蔡河与汴河的相对方位，对处在北部的汴河的俗称。地理方位自古以北为上。这么称呼，与当时汴梁城里的百姓称呼蔡河为“东河”“西河”一样，不过是为了更清楚地指称河流所在的方位，于日常生活无疑是便利的。我觉得，这一解释算是合情合理。

张择端应命画“上河”，除了“上河”水势浩荡、漕船人物众多因而比较入画以外，恐怕也与这条河在漕运中的特殊地位有关。可以说，在当时，汴河就是整个汴梁城的物资供给命脉。

从古至今，郑州、开封一带有过许多小型河流，这些河流在不同的时代会有位置和方向的局部变化，它们或发生，或湮灭，或分流，或汇合，在黄淮之间的平原低地上画出了蛛网般的源流痕迹。它们的名称更是变化多端。因而，它们在我的印象里始终是“一片”，而不是“一条条”；始终是“大约如此”，而不是清晰确凿。试图概述它们有点困难。因为你不得不频繁说明，一条河流什么时候出现了，什么时候消失了，什么时候与别的河流合并了，什么时候又分岔为二、分岔为三，它们的名称原来是什么，后来又改成了什么。在逐一厘清的过程中，虽然它们在我印象里慢慢变成了“网”，有了相对清晰的脉络，但是整体印象，依然是纠缠不清的“一片”。这一片河流也格外具有历史感——不单指这些河流沿岸存在许多人类文明古迹，而且指河流本身充满了沧桑变幻的意味。

黄河出峡谷以后，失去约束的河水因为水势减弱、泥沙淤积、河槽壅塞，便一直在中原至渤海—黄海西岸的广袤平原上四处泛滥。受黄河决溢、改道的影响，“漕运四河”乃至郑汴一带的所有河流，无一不是水量不定、河道多变的状态。历来试图利用这些河流的王朝，只能调集大量人力物力反复疏浚整治。而一旦出现王朝纷争，疏于治理的河流便会因为河道壅塞而堙废。漕运始兴以后，历代王朝对于黄河的整治，重点都放在了右岸。原因很简单。黄河左岸决溢，基本上是一条河的问题，因地势关系，影响范围也比较小；而黄河右岸的决溢，却不仅仅是一条河的问题，处置不好，便会殃及漕运。如果河患严重，河水随着地势一泻千里，还会引发众多河流改道，直接牵连淮河。

在黄河与淮河之间，自古有许多天然水道相连。北宋以后，随着黄河泛滥、改道的加剧，黄河河水曾通过枝枝蔓蔓的新水道大规模南下，进入淮河水系。另有发源于嵩山东北麓低山丘陵区的河流，一些就近入黄，更多则宛转南下，归入淮河。推究在黄淮之间出现过和仍然存在的河流，会被一长串的河流名字弄得眼花缭乱：鸿沟，蒗荡渠，浚仪渠，丹水，睢水，贾鲁河，溱水，洧水，双洎河，颍水，涡水，泗水……当然，还有作为北宋汴梁漕运主力的汴河与蔡河。顺着每一条河流的名字，都能扯出一连串相关的河流名称与改道故事。

在这些处于黄淮之间、名称和河道不断变化的河流里，汴渠无疑是影响最为深远、关联最为广泛的一条。汴渠的源流变化，在这一带的河流中也是最为典型的。

与济水的情况类似，汴渠是一条仿佛踪迹遍地的运河。在郑州至开封之间，几乎所有的河流都跟它有过关联。比济水更让人头晕的是，因为是人工河渠，它的名称和河道一直在变化。济水的“乱”，是因为黄河的侵扰；汴渠的“乱”，则是因为历代赋予它的河道和名称不一样。

战国之初，作为分晋三家之一的魏国，都城最初在安邑（今山西省夏县）。后因觊觎中原沃土，魏惠王把国都迁到了大梁，所以魏惠王又称梁惠成王。梁惠成王两次兴工开渠。公元前360年，在今荥阳以北沿济水故道开凿沟渠，引黄河水入圃田（今河南省中牟西）；公元前339年，又在国都大梁城北开凿沟渠，引圃田水入大梁。两条引水渠相接，就是最早的“鸿沟”。

鸿沟主流出大梁城后，先后分出三道岔河，开封附近分出的两道岔河，左路称丹水，向东经今河南兰考、安徽砀山和萧县到江苏徐州，汇入泗水；右路向东南流经今河南商丘，又分出岔河。商丘以下岔河，一路经今河南夏邑、江苏睢宁注入泗水，称“睢水”；一路向东南流经今河南永城及安徽宿州、灵璧和江苏泗洪，汇入淮河，称“濊（音huò）水”。

西汉以后，“鸿沟”之名被“汴渠”替代，亦称“狼汤渠”（“狼汤”意为浑浊。又作“蒗荡渠”）；因流经浚仪（今河南省开封，西汉设浚仪县），又称“浚仪渠”。魏晋南北朝时期，汴渠曾被局部修整，主流名称也随之变化，开封以上河段称“汴水”，开封以下河段称“蔡水”。隋炀帝大业元年（605年），先从洛阳西苑引谷水（今与涧河合一）、洛水到黄河，再从板渚引黄河水入汴水，然后从大梁以东引汴水经丹水故道入淮，称“通济渠”。大运河联通使用以后，由于主流下游改走新道，原蔡河河道渐渐堙废。唐以后，通济渠亦称“汴河”。五代后周时期曾对开封以下废弃的蔡河故道重加疏浚，使上游汴河与下游蔡河贯通连接。

宋太祖建隆二年（961年），在蔡河上游开凿新渠，从今河南新郑与新密交界带引洧水向东北入汴梁，在汴梁外城东南入蔡河（即汴河下游）。这段引水渠称闵河，也叫惠民河。惠民河开通后汴河水量依然不足。于是宋太宗淳化二年（991 年），又在今河南长葛开凿第二条引水渠，把洧水南面的潩水也接引到惠民河。由此，蔡河水量渐渐增大，以至“舟楫相继”。

北宋初年，黄河在度过了长久的安澜期之后又开始泛滥决溢。汴河因为渠首连接黄河，泥沙淤积严重，需要经常疏浚、整修才能持续使用；又因黄河主槽摆动不定，分黄引水的汴口必须经常更换地点以迎水势。为保持汴河畅通，北宋每年都要投入大量人力物力疏浚整治汴河。为彻底解决汴河淤塞之患，宋神宗元丰三年（1080 年），在广武山北麓黄河滩地上，从巩县沙谷口至河阴县汴口开渠二十五公里，引伊洛河水入汴渠，堵塞旧汴口，避开黄河浊流，史称“引洛清汴”。可惜清汴十年，水源便严重不足，只得又恢复引黄为源，汴河便也淤塞依旧。宋王室南迁以后，汴河全线堙废，灵璧以上渐成陆道。

清代水利典籍《行水金鉴·黄河》，对当时汴河引水口一带相关的河流地名有详细记述：“汴水从广武涧中东南流……西南有淆然河（即古时旃然河），源出漫泉，一名窟河（窟，即泉水。今称枯河，可能是同声字讹用，也可能因其水枯），至荥泽县，达於河（黄河）；南有索河，自荥阳流入，与京水合，又东入荥泽县界；西有石门渠，荥渎受河之处，即禹贡导荥水之道，亦曰荥口……东北有清水，即济水旧流也，今堙；东有河阴旧城，荥泽县，在郑州北少西四十里，西北有敖山，殷仲丁自亳徙嚣，即此。”

也就是说，古时汴水在今枯河东北、索河以北、河阴旧城以西。文中所说“敖山”，即今荥阳以北广武山，又称三皇山、邙山；所说商代仲丁的都城“嚣”，就是目前正在开挖的东赵遗址外城。而所谓“石门渠”“荥渎受河之处”“禹贡导荥水之道”，就是传说中济水穿黄以后在黄河右岸出现的地方。

如果从北宋向前倒推，则北宋的汴河，是沿用了唐代对大运河通济渠段的称呼。隋代的通济渠，利用的是东汉王景治河时疏通的汴渠故道，最早开通的渠段分两段：一段自当时洛阳县西隋宫殿“西苑”开始，循着东汉时期所开的阳渠故道，引谷、洛二水，由巩县洛口入黄河；另一段自板渚引黄河水东到开封，再折向东南，经今商丘、永城、宿州、灵璧、泗洪，在盱眙之北注入淮河。东汉时的汴渠在徐州以下汇合泗水，然后入淮河。由于泗水河道弯曲，又有徐州洪水之险，所以隋代通济渠改行新道，先在今开封以下撇开蔡河故道和右路岔河，又在今商丘以下趋向东南，撇开泗水直接入淮。再往前追溯，东汉王景疏通的浚仪渠，就是西汉时期所称“汴渠”“狼汤渠”。而“汴渠”“狼汤渠”的前身，即是战国时期魏惠王开凿的“鸿沟”。

简而言之，汴河使用的河道最早为黄河南岸荥泽以下的古济水，战国时开凿为鸿沟；西汉时称狼汤渠，东汉称浚仪渠并加以疏浚治理；魏晋南北朝时期以开封为界，上下游分称汴水、蔡水；隋代成为通济渠渠道，通济渠下游另走新道，蔡水废弃；唐时通济渠称汴河；五代后周时疏浚蔡水，接引上游汴水入蔡水；北宋时在开封以上新开引水渠入蔡，称闵河，亦称惠民河；南宋时废弃。如此而已。至此，繁复如一团乱麻的汴河水系方变得较为清晰。

金水

北宋东京的“金水”与今天流经郑州市区的金水河，虽然并不是一回事，但在郑汴水系中两者却也颇有关联。今郑州市区金水河先入东风渠，再入贾鲁河；而北宋初年汴梁金水河引用的京水与索水，在清初到乾隆年间，正是今之贾鲁河的上源。

北宋时从“京西”（郑州方向）向汴梁输水的有两条河：一条从当时河阴汴口引黄河水，沿通济故道入汴梁，是为汴渠；另一条在汴渠之南，通过修筑堤坝，把本来汇入黄河的京水、索水拦截，沿汴渠南部水道引向汴梁，是为“金水”。以汴梁为立足点，河水所来的方向为西方，五行中西为金，所以新疏浚的输水河名为“金水”。“金水”是否利用了旧河道，利用了哪条河道？或者因郑州以东地势低平，如《东京梦华录》记载，这条水流完全是“筑堤”拦起的地上渠？南宋以后，随着荥阳以下黄河河槽不断南侵，汴渠位置已被黄河河槽覆盖；而当时被称为“金水”的引水渠，也与黄河几乎切边而过——其临近黄河的河段，大致与今贾鲁河的河道重叠。

三十年前我刚刚来到郑州的时候，在这个城市经过的第一座桥，就是金水河上的一座石板小桥。因为金水河太过规整的河岸，以及从来不见流水的状态，我一直以为金水河是一条人工河。因为不在意，竟也从未查证。直到前些年开始踏访本地的河流，我才知道，金水河不仅是一条自然河流，而且是一条相当古老的自然河流。它的源头就在郑州市西南郊的梅山北麓。这条河的名字大约也是源起于方位了。

金水河如今的河道极短，自西南向东北斜穿郑州城区，在城市东北部汇入东风渠。印象中的金水河水量一直有限。目前，金水河基本上靠五龙口污水处理厂的生态水接济。古时的“金水”，可不是这个可怜巴巴的样子。西周初年，“金水”因途经周的封国管国都城（今郑州市管城区），因此官称为“管水”。一说“金水河”之名得自北宋初年分京、索河水东输的时候。这大约是把郑州金水河与北宋“金水”混为一谈了。

与五丈河一样，北宋“金水”也是随着北宋覆灭、漕运行业没落而渐渐废弃的。郑州的金水河却一直没有断流。直到二十世纪七十年代，郑州郊县新密发现了煤矿，煤炭开采挖断了地下水源，金水河于是枯竭。这种状态延续到二十世纪末。当时，美化市容成了一种遍及许多城市的风尚。郑州市也对金水河进行了比较彻底的疏浚整理，沿河堤建起了十几公里的滨河绿化带。那似乎是个格外干旱的年代。金水河底清淤以后，水量却难以为继，常常看见浅水贴着河底。二十一世纪初，郑州西南郊陆续建成了十三万多亩水源涵养林。彼时我正好搬到金水河边居住，下楼到河边散步，发现金水河里竟有了充沛的常流水。

庚子年初夏，我与几位朋友到樱桃沟去寻找一处旧石器时代遗址，却意外遇见了金水河河源。竖在路边的牌子让我惊讶。几乎每年初夏都会来几回樱桃沟，只知道这是个野外休闲去处，后来又知道旧石器时代的老奶奶庙遗址即在此间，不料这里还藏着金水河的河源。

这一带低山区，在较大的地理单元上属于嵩山东北麓的浮戏山区。浮戏山从郑州西部巩义、上街交界到郑州西南荥阳、新密交界，因形态如龙，又为绿色植被覆盖，故称“青龙”。这也是传说中的嫘祖故里“西岭”地区。樱桃沟一带位于“青龙”尾部，在小的地理单元上属于小陉山低浅丘陵区。

我们沿着沟谷一侧的小路，逆流走向林木深处。沟谷中是茂盛的原生植被，杂树野草中间开着些不知名的浅色花朵。雨季还没有来，谷底被蓊郁的草木遮蔽，看不见水流。两岸黄土崖高耸，有取土迹象。这一片风景区正在圈围作业，似乎有大动作。

那天晚上，就在金水河上游的河边选了个地方吃苦菜。我认识这条河流居然用了三十年。三十年，它依然如故，我却老了。

家山回首三千里

清明上河，听上去气象太平。但是仔细看《清明上河图》，却能看出诸般不妥。有心人从画中总结了十余处“危象”，诸如“惊马”“懒卒”“商铺侵街”“城门无防”等等，认为这是一幅带有忧患意识的“盛世危图”。这些说法虽不免牵强，但作为对北宋末年京都街巷的写实，《清明上河图》触及“盛世”样貌之下的危象却也难免。

宋徽宗赵佶大约也能看出这一点。《清明上河图》被赐给了当时的显族向氏。有人以此为证，推测赵佶瞧不上这幅画。这也只是想当然罢了。于书画，赵佶是个专家。

当时还有一幅更长的长卷——王希孟的《千里江山图》，被赵佶赐予宠臣蔡京。王希孟当年十八岁，是赵佶亲自教导的学生。图成之后，赵佶虽然“嘉之”，却既无题签，也未命名，更无钤印，顺手便给了蔡京。直到清初梁清标入藏后，才有了“千里江山图”的命名。如此看来，赵佶为《清明上河图》御笔题签并加盖双龙小印，说明他对这幅画的画功还是颇为欣赏的。

不过，赵佶不喜欢“危象”，倒是真的。梦想着千秋万代的皇帝，有几个不迷信自己治下的太平盛世呢？

赵佶在位期间先后用了六个年号。历代帝王以年号纪元，都会避免字面上的重复。但是赵佶使用的六个年号中，有三个——政和、重和、宣和——出现了重复用字。他多么喜欢一团和气啊。

这不惮重复的“和”，与当时发生的所谓特大祥瑞——“黄河清”有关。“黄河清”历来被视为政治清明的象征。黄河自西汉时变成黄色以后，仅在气候与地理条件凑巧的情况下偶尔变得清澈。赵佶在位期间，从大观元年到大观三年（1107—1109 年），竟然年年遇到“黄河清”。大观元年乾宁军报了“黄河清”的消息后，赵佶立刻下了诏书，把乾宁军升格为“清州”。更让他大喜过望的是，这样的“祥瑞”竟在第二年、第三年连番出现。赵佶于是对自己的太平盛世深信不疑。他认为自己活脱脱就是个“圣人”。在他的书画落款处，他给自己新造了一个专用落款字。那个字只有寥寥三笔，两横，下面一横穿过一个“∧”形，貌似“天”，又不是“天”。赵佶自己解释，这意思是“天下一人”。

赵佶笃信谶纬之学。即位之初，赵佶尚无子嗣，便有道士进言："京城东北隅，地协堪舆，倘形势加以少高，当有多男之祥。"赵佶信了，亲政当年便派人采集太湖石，次年又专设苏杭造作局，负责在江南搜集奇珍异宝，以便在后园子里造山。由此直到亡国被掳，赵佶所做的最大一件事，便是在自己的皇宫后院造了一座仿版的凤凰山。

这一处规模巨大、极尽富丽的园林，初名"万岁山"，后又根据八卦方位更名"艮岳"。艮岳的建造从政和七年兴工到宣和四年竣工，用时五年。整个艮岳以南北两山为主体，两山东西伸展，折而相向环拱，构成众山环列、中间平芜的形势。北山名"万岁山"，周长五公里多，最高峰达九十步。峰巅立介亭，以分东西两岭。东为梅岭，圆浑如长鲸，腰径百尺，高峰峙立，岭下栽梅万株。绵延的山冈上，有遍植银杏的杏帕，满种黄杨的黄杨巘，丁香成片的丁嶂，杂栽椒兰的椒崖，柏树万数的龙柏坡。西为万松岭，绵延数公里。南山名"寿山"，峰峦丛起，千叠万复。艮岳大门名华阳门，园径两侧有奇石林立，体量如小山，数以百计。

这哪里是拉石头造园林，这是把一座山整个从江南搬到了开封。为了建造艮岳，赵佶连年大兴"花石纲"，自南方民间运输花石到汴梁。据《汴京遗迹志》记录，宣和五年从太湖取用的巨石"高广数丈，载以大舟，挽以千夫，凿城断桥，毁堰拆闸，数月乃至"。一座艮岳，直耗得国困民穷、人仰马翻。

艮岳造好了。貌似应了道士的预言，赵佶真的有了"多男之祥"。靖康之变前，他已经生了三十二个儿子。

女儿更多，三十四个。只可惜江山崩毁，儿女也跟他一并成了阶下囚，几十个女儿（时称帝姬）沦为金人的女奴，半数以上被折磨致死。

上有行，下必效之。靖康元年八月，就在金兵分两路挺进汴京的时候，位至兵部尚书的孙傅不去排兵布将，而是妄想着用法术破敌。他把希望放在了一个普通士兵郭京的身上。因为郭京妄称“身怀法术”，可以“六甲法”和“毗沙门天王法”破敌。强敌面前，法术自然只是个笑话。金兵攻入京都，如入无人之境。

赵佶是贪生的，更是自私的。金兵来了，他的办法是逃跑。被众人阻止后又假装得病，在兵临城下之际，传位给儿子赵桓。被掳往北地之后，赵佶最惦记的依然是自己。这位前皇帝安排旧臣曹勋潜逃，向偏安杭州的宋高宗赵构求救。他交给曹勋两样东西，一样是自己穿过的坎肩，上面写着一句话，叮嘱赵构快来援救父母；另一样是白纱手帕，上面有他的眼泪，以便让赵构知道他思念故国而哀痛泪下的情景。

这贪生的人格外喜欢太平，也格外喜欢在画卷里看到太平。在他的宫廷画院，闲雅、平静的“宣和体”被奉为时尚。这样的图画，有浩浩十多米的《千里江山图》，更有落款为“天下一人”的御制《瑞鹤图》《溪山秋色图》《听琴图》……这位沉溺于书画茗玩的皇帝，对已经逼近的危险完全看不见。看看下面这张年谱，对比一下后来灭北宋的金国在干什么，宋徽宗赵佶又在干什么，就知道这位皇帝对他脚下的“千里江山”，实在还没有对画中的“千里江山”更上心：

政和五年（1115 年），赵佶在位第十五年，封道士王仔昔为冲隐处士。北部女真族首领完颜阿骨打完成女真诸部统一，在上京会宁府（今哈尔滨阿城）立国，国号金。

政和六年（1116 年），赵佶下令立道学、修《道史》，赐道士林灵素为“通真达灵先生”。金军破辽阳，尽取辽东郡县。

政和七年（1117 年），赵佶自称“神霄帝君”下凡，接受道录院“教主道君皇帝”的册封，集天神、教主、人君于一体，允林灵素开坛讲道经。金大败辽，收降显乾等八州。

重和元年（1118 年），赵佶颁布《御注道德经》。金遣使与辽议和，求博学雄才之士。

宣和元年（1119 年），宋江起义。京师大水。林灵素登城作法。宋军在统万城大败于西夏。完颜阿骨打仿汉文楷书制女真字。

宣和二年（1120 年），赵佶《宣和画谱》编成。宋朝廷由宦官梁师成专权。方腊起义。金攻克辽上京。

宣和四年（1122 年），赵佶决定仿杭州凤凰山在宫内修筑艮岳，不惜物力人力长途运输江南花石。金军攻克辽中京、西京、燕京，辽国五京全部为金攻占。

宣和六年（1124 年），赵佶下诏禁毁苏黄之文，蔡京复任宰相。西夏向金称藩。

宣和七年（1125 年），金灭辽，兵分两路大举侵宋。赵佶下罪己诏，罢免花石纲，罢除大晟府、行幸局、教坊、艮岳宫官吏，号召官兵和百姓勤王。随后假装生病，传位赵桓。

不喜欢危象，危象却不会自动解除。1127 年，北宋王朝灰飞烟灭。赵佶与“临危受命”的赵桓一起被掳往金国，被囚禁在酷寒北地整整八年。南宋自顾不暇，当然不可能去营救。赵佶死后，赵构为他上庙号“徽宗”。这个“徽”字，在历代帝王庙号中独一无二。“徽”的本义，一指琴弦，一指束缚。作为天赋异禀的书画大家，也作为束手被掳的帝王，赵佶当此庙号，可谓恰如其分。

题与跋

《清明上河图》流出北宋皇宫二十六年后，金人兵临皇都，皇帝被掳，这幅画也像落难贵胄一样，在宫廷与民间辗转流落千年。

如今珍藏于北京故宫博物院的《清明上河图》，跋文所占的尾纸相当于三倍原图的尺幅。由右及左，题跋者先后有张著、张公药、郦权、王磵、张世积、杨准、刘汉、李祁、吴宽、李东阳、陆完、冯保、鹭津如寿等十三家。

宋徽宗题签之后第一段跋文，出现在 1186 年。彼时，北宋灭亡已满一个甲子，中原俱在金人治下。《清明上河图》的藏主大约也已经南逃了吧，这幅图卷便流落金地。在金国皇家书画馆任职的张著，在朋友家里看到了这幅画。张著本是汉人，是鉴定书画的行家，北宋灭亡后在金章宗朝廷任职，“监御府书画”。看着画卷在几案上徐徐展开，张著惊住了。这竟是曾被宋皇室画院尊为“神品”的《清明上河图》。故国已灭，徒留旧卷。张著感慨为之题跋：“翰林张择端，字正道，东武人也。幼读书，游学于京师，后习绘事。本工其界画，尤嗜于舟车、市桥郭径，别成家数也。按《向氏评论图画记》云：‘《西湖争标图》《清明上河图》选入神品。’藏者宜宝之。”这个“向氏”与赵佶赐之《清明上河图》的向氏是否为同一家？乱世流离中，《清明上河图》历经磨损与装裱，赵佶题签与双龙小印是在哪一次装裱中被裁掉的？已无可考证。张著跋文成为目前可见《清明上河图》最早的跋，也成为对张择端生平唯一的记载。北京故宫博物院正是通过这段跋，鉴定院藏《清明上河图》为张择端原作真迹。

张著题跋后，他的朋友张公药、郦权、王磵、张世积四人也相继题诗其后。这五个人都是汉族人，按其年纪，北宋灭亡时还在幼年，甚至还没有出生，但因族属关系，却都自认为大宋遗老，虽在金国朝廷做事谋生，而今见了画中的旧京都，自然免不了发一番家国今昔之慨，所谓“极目如今尽禾黍，却开图本看风烟”（王磵题诗）。从张世积题诗中“画桥虹卧浚仪渠”句，可推知图中拱桥确为汴河上的虹桥。而郦权题诗则写到“二十通门”，为什么二十通城门唯有这里最热闹呢？因为东南方向是江淮，运输财物的大船都是从那个方向来的。由此看来，《清明上河图》选择了汴梁城的这一角来描摹当时汴梁的繁华热闹情状，并非任意为之，而是有所依据。

元灭金之后，《清明上河图》被收入皇宫重新装裱。那位宫廷装裱匠一见此画，竟演了一出狸猫换太子，以赝本把原图替换出宫，转手卖给了“贵官某氏”。这个赝本，成为《清明上河图》后世记录在案的诸多摹本中的第一幅。

而“贵官某氏”府中的保管见了这幅画，也忍不住下了手。他把这幅真迹偷偷卖给了杭州人陈彦谦。陈彦谦深知干系重大，生怕主人发现后追究，于是迅速转卖给杨准。这位杨准，文章高古，以访求古今名笔为乐，见了这幅稀世珍品，于是倾囊收买。次年，携图回到故乡的杨准写下七百余字跋文，记录了《清明上河图》辗转流落的状况并题跋轶事。杨准跋文中提到“卷前有徽庙标题”，可见当时图卷上赵佶的题签还在。杨准跋文后面是刘汉的跋文。刘汉从事丹青四十年，专于画艺鉴赏，眼界颇高。杨准特意出示自己的珍藏。刘汉自称“熟视再四”，方知“宇宙间精艺绝伦有如此者”。

元灭后，《清明上河图》先被明朝首辅李贤收藏，然后历经李祁、吴宽、徐溥、李东阳、陆完、顾鼎臣等人，后被严嵩父子强行索占。严嵩后被抄家，《清明上河图》再次进入皇宫，藏于明内府，落入大太监冯保之手。四年后冯保亦被抄家。此后直到乾隆年间，《清明上河图》行踪成谜。

李祁是湖南茶陵人，曾出仕元朝，元灭后不再为官，专务书画。有意思的是，李祁不仅看到了《清明上河图》中的盛世繁华，更看出了图中的“忧勤惕厉之意”。他认为图中表现的诸般情景里，有老百姓的辛苦和官府的暴虐，而这些正是作者隐藏的忧患和警惕。也是从这段跋文开始，对《清明上河图》的赏鉴中有了“盛世危象”之说。

最耐人寻味的，是李东阳的两番题跋。这位李东阳，正是李祁族中后人。李东阳诗书韬略兼修，是当时茶陵诗派的核心人物，历任弘治朝礼部尚书兼文渊阁大学士。他与《清明上河图》三番相遇的缘分，堪称字画收藏界的传奇。李东阳第二次遇见《清明上河图》，是在大理卿朱文征家。李东阳记述，他看见图上有族祖李祁的跋文，而且自己“三十年前”曾经遇见过这幅图。再见《清明上河图》，李东阳“展玩数日，为之叹惋不能已”，于是以三十行排律为跋。其中有“清明上河俗所尚”句，意为清明时节“上河”是一种风俗，成为“清明上河”题解之一。这次题跋的日期，为“弘治辛亥九月”，即 1491 年，刘大夏受命治河之前两年。若干年后，《清明上河图》为徐文靖所藏。徐文靖恰好是李东阳少年时的老师，见上面有李东阳的题诗，于是托孙子把这幅画送给了李东阳。此时已是明正德乙亥年三月，距第二次遇见《清明上河图》，时间又过去了二十四年。三次相遇，前后相隔半个多世纪，其中因缘际会，李东阳自是感慨万端。于是，他又一次提笔，写下浩浩千字跋文，把这幅画的来龙去脉，画中诸人诸物，林林总总，概述一遍。

接下来题跋的陆完，是明成化二十三年的进士，官至吏部尚书，同样富藏书画。陆完的跋文，主要解释了为什么张择端此画不入《宣和画谱》。他认为，宣和书画谱当时专断于蔡京，连苏轼、黄庭坚这样的大家都未能列入书谱，张择端想必不阿附蔡京之流，所以“画谱之不载择端，犹书谱之不载苏黄也”，都只因“小人之忌嫉人，无所不至”。太监冯保于明万历六年（1578 年）题跋之后，《清明上河图》去向成谜。其后鹭津如寿题跋，年代不详。

清以后，《清明上河图》先后为陆费墀、毕沅等人收藏。陆费墀曾为“四库全书”负责人，后被革职，郁郁而亡。《清明上河图》被其后人卖给太子少保毕沅。毕沅去世两年后家产被抄，《清明上河图》再入皇宫，被编入清朝内务府《石渠宝笈》。清王朝倾覆之后，《清明上河图》被转带出宫，先存天津租界，再转长春伪满皇宫。1945 年伪满皇宫失火，《清明上河图》流散出宫，后被截获，辗转调入北京故宫博物院。

一幅图画流传千年，有幸得见真迹者又有几人？元代以降，《清明上河图》摹本无数。大多数摹本只能按照复制本甚至是再复制品描绘，乃是不折不扣的“影子的影子”。因而许多摹本在风格和内容上与原作相去甚远。因为保存不易，北京故宫博物院珍藏的原作也极少全本展出。2015 年 9 月，在多少人翘首以盼中，《清明上河图》首次全卷铺开陈列。慕名前往的参观者需要排队六七个小时才能进入。那也是《清明上河图》原作存入故宫七十年来唯一的一场全本展览。

我是通过故宫博物院上传的视频观看展出的。布于 012 展区的《清明上河图》全卷占满了整个陈列柜。尽管只是观看视频，那幅在屏幕上缓缓呈现的书画还是有一种奇异的震慑力，让人不由得凝神屏气。许多细节原来竟是视而不见。在城门左侧第一家店铺里，伏案记账的人背后有一幅草书悬挂在壁。放大了看，那幅在画中作为背景、在长卷里丝毫不会引起注意的草书，竟是笔画讲究、承转合度，章法布局毫不含糊。所谓“诚实无欺”，岂止限于买卖？内有抒发、外有应和的艺术创作，其实更加需要竭诚以待，正所谓“修辞立其诚”。对自己诚实，自然不会伪装涂饰、拿腔捏调；对他人诚实，则必然不屑于小巧敷衍、哗众取宠。

已亥年盛夏，故宫博物院和凤凰卫视联合主办了一场

"清明上河图 3.0"数码艺术香港展。这一次，在香港亚洲国际博览馆铺开的《清明上河图》全图，是一幅高近五米、长达三十多米的巨幅动态高清投影。整幅《清明上河图》以五万多幅画面合成。这一幅活动的长卷，由二十位动画师画了四百多天。展览方还制作了球幕电影，把《清明上河图》原作画面还原成视觉上可以移动的立体空间，使观赏者恍若置身于汴河之上。这也是一次极尽用心的制作。动态模拟的汴河及河岸上的大宋风物，一舟一桥，一港一湾，一桨一缆，无不形神毕肖。对于似乎无从着手的文物古迹观览，这无疑是一次别开生面的提示。

第十章 河滩

我一直以为我是喜欢冒险的。旺盛的精力与旺盛的好奇，支持我走了许多偏僻地方。或远或近，或步行或开车，多是独自一人。这些地方几乎包含了黄河的每个段落。此时，当心性里的嚣张浮尘一般渐渐落下，我意识到，对独处的喜爱也许早就化为了习惯——独处不知何时已经成为必需，尽管这不被大多数人理解。

到黄河大堤上去，便如餐后的一支烟，成为不可免除的事。

驱车黄河大堤

郑州的沿黄道路西端在巩义河洛汇流处附近。从南河渡跨河大桥西侧起，直到郑州江山路，这一段沿河公路称沿黄快速通道。快速通道的建设是省级公路标准，双向两车道，不宽阔，却也平展易行。通道东端沿江山路北折数十米，另有向东的沿河公路，称黄河大堤堤顶公路。

堤顶公路向东穿过黄河公路大桥，直达花园口纪念广场。广场正中有一座书刻“1938 年扒口处”字样的黑色纪念碑，碑座是关于那场灾难的情景浮雕。东行千余米，在黄河大堤路与黄古线岔口，河岸上立着一尊特殊的花岗岩界碑。这是 1938 年花园口掘堤决口的口门东界。被洪水刷到一千四百六十米宽的决口，存续了八年零九个月。眼前的决口纪念地已经建起了标准化堤防，背河堤上是五百米宽的防护林带。从江山路到花园口，再到刘江以东的马渡，大堤南岸的防护林带不断变换着树种——杨树，柳树，大叶女贞，小叶女贞，石楠，玉兰，箭杆杨……时而各自成林，时而错杂生长。

从这里到兰考东坝头的临黄大堤，始筑于明弘治至清康熙年间。在1855年铜瓦厢大改道之前，黄河河道自兰考以东向南折转。如今，在安徽东北部和江苏北部，明清时期的大堤至今多有残留。兰考以上大堤因仍然临河，后来经过了多次修筑。二十世纪五十年代以来，经过不断改造、加高、加固，临河大堤高度达到七至十米，堤顶宽度达到十米左右。临黄堤外，两岸还新修、加固了南北全堤和展宽区围堤。

郑州段的堤顶公路到花园口纪念地东端为止。再向东，公路向市内弯转。原以为临河大堤可以沿河全线通行，看来并不是这样。最近浏览本地的城市规划，看到沿黄快速路即将全线延伸并与城市环道联通的消息。对于我这种爱往河边跑的人而言，这算是一种特殊的福利。

向东南弯转的公路称黄古线。这条路到郑新黄河大桥和刘江黄河大桥之间河湾位置折转向南。沿黄河向东另有010乡道接续。乡道呈大钝角弧形蜿蜒向前，左侧依次是薰衣草庄园、富景生态园之类。郑州黄河段从上街的孤柏渡直到中牟的万滩一带，多是划片开发的旅游区和特色游园。

010乡道通到花园口浮桥为止。回到黄古线然后折转，另有堤顶道路通向中牟。

背河堤上的防护林带建成于二十一世纪初。临河堤成排的导河坝之间，是用于防浪固堤的柳林。经过郑新黄河大桥和刘江黄河大桥向东，在黄昏中依稀看到一块大石碑上写着“马渡下延”四个字。下游的黄河是长着脚的，它会挪动。每年的黄河河岸线都不完全一样。因为西北高东南低，这一段的黄河总是往南吃。马渡古渡口大约早已被黄河吃掉，已经不见踪迹。这里正在修建一座新的跨河大桥——郑济高铁黄河桥。在夜色里，向远处延伸的桥墩在水面上发出银白色光亮。

黄河“没底”。要在深达数丈的淤泥里找到岩石扎下桥基，在没有大型机械和精密测量仪器的时代，是不可能的事。数千年来，黄河两岸的交通一直靠浮桥和摆渡。最早的浮桥，建于周襄王二十七年（公元前 625 年）。当时秦国举兵伐晋，为了快速渡过黄河，秦将孟明视命人在蒲州附近以船相连为桥，取名孟明桥，后称蒲津桥。关于浮桥，另有西晋泰始十年（274 年）杜预“立河桥于富平津”（《晋书·武帝纪》）的记录。富平津指今孟津一带。据记载，当时立这座河桥，是因为孟津常有被黄河洪水覆没之患。那么，这座桥应该也是能够水涨船高、以免覆没的浮桥。今郑州一带的浮桥还有三座，一座在荥阳飞龙顶正北，另两座是郑州以北的武惠浮桥和近年已拆除的花园口浮桥。

直到 1905 年，黄河上才有了第一座跨河大桥——平汉铁路郑州黄河大桥。其后，济南、兰州黄河铁路桥陆续建成。据不完全统计，现在黄河上的跨河大桥已有二十多座。单是郑州一带，从巩义河洛汇流区到中牟官渡，除了已经退役的郑州黄河铁路大桥（包括老一号桥、新一号桥），近年来陆续建成使用和在建的跨河公路、铁路大桥就有十来座之多。这一带曾有过许多古渡口——南河渡，玉门渡，孤柏渡，石门渡，孙家渡，官渡……随着跨河大桥的增加，这些渡口渐渐废弃。

河滩上原有河上人家。从南裹头到花园口，他们的船就泊在岸边，一家人吃住都在船上。这一带不是打鱼的理想地带，靠打鱼为生往往入不敷出。船上人家为了贴补生活，大多开设着河上餐馆。

我曾经多次趁了周末去看黄河，顺便给一户船上人家的小孩带点文具和儿童读物去。去了，就坐下来聊聊，买他们一顿酒饭。一条烤鱼，一份野葱炒蛋卷饼，半碗烧酒，一碗面汤，各有各的滋味。对着河面喝几口，满河里的水都会跟人致意。傍晚的黄河在夕阳下发出橙红色的反光，这片河滩恍若暮色包围中的孤地。我坐在船头，跟船主家里的女人扯些针头线脑的闲话。那一家有三个孩子，大的在附近村子小学借读，天天骑着一辆老式横梁自行车上下学。我常常看见那孩子把右腿从横梁底下伸过去，半圈半圈地蹬着脚踏回来。他们会等到船主打鱼收网回来才开饭。远远地听到机动船的嗡嗡声，大人孩子就急吼吼摆上了碗筷。

现在这些地方都空了。他们去了哪里，什么时候离开的，那个半圈半圈地蹬着脚踏车上学的孩子，他后来怎样了，都不知道。

花园口浮桥已经拆断，南岸桥头有人看守。那人盘问再三，才答应让我上桥看看。这座浮桥修建于二十世纪五十年代，是黄河下游最早的浮桥。后来新桥一座座建起，浮桥便交给了私营企业主承包。

前两年，为保证黄河行洪无碍，主管部门要求限期拆除这座浮桥。承包人正在桥头，看上去有点沮丧。我理解他的难处，毕竟他们做这点营生，也是签过合同的。只是，浮桥迟早是要拆的。对岸的滩地已经吃到了河心，站在断桥上能看见滩地上的柳树和庄稼。如果这些滩地和浮桥继续存在，一旦遇到大洪水，后果不堪设想。

郑州以下、濮阳以上的游荡性河段，对当地居民而言是双刃剑。如果发生洪水，游荡性河段的任何一处都可能出现险情；但在平时，宽阔的老河滩上泥土肥沃，十分利于种植。黄河从中游带下来大量的泥沙，颗粒较粗的沙在地势低的主河槽逐渐沉积，颗粒细小的泥土则淤积在地势较高的河滩上。这些河泥中含有大量的腐殖质，加上富含水分且透气性好，特别适合农作物生长。在依赖土地为生的农民眼里，黄河河滩向来是低投入而富收获的宝地。

河滩土地的开垦利用，从西汉就开始了。贾让“治河三策”中曾提到过下游河滩田地侵占河道的情形：“填淤肥美，民耕田之。或久无害，稍筑室宅，遂成聚落。大水时至漂没，则更起堤防以自救，稍去其城郭，排水泽而居之……”西汉以后，随着人口的大量增长，但凡黄河相对稳定、决口较少的时期，沿河居民就会利用这些河滩地种植庄稼，增加收获。为了种田方便，原来居住地距河滩较远的居民开始向河滩移居。时有两岸居民为争种河滩地而起纠纷的情况。

始自西汉的“地吃河”至今尤甚。据不完全统计，目前近三百公里游荡性河段，大堤以内河滩居民达到一百九十万人，约有一千三百多个村落。事实上，这个数字恐怕是保守了一些。并不是所有河段的大堤之内都有宽阔的河滩。在郑州以下，由于河水滚动，左右岸原来作为“遥堤”的黄河大堤，在一些河段实际上已经成了临河堤。在这些河段，大堤外的村庄面临的情形实际上与“河滩村落”相似。

因为1958年的大洪水，1959年，黄河防汛指挥部针对豫鲁两省滩区的生产堤和引水渠堤，就曾提出过处置原则，基本上是要求地方兼顾“防汛安全”和“滩区农业生产”。

但是“兼顾”谈何容易。为了兼顾，有关方面和沿黄省区可谓想尽了办法。1973年10月，黄委会颁发方案，要求豫鲁两省黄河滩区村庄修建避水台，以保障滩区群众生命安全。一个冬天时间，滩区修建避水台人均面积达到三平方米，避水台高程超过1958年大洪水2—2.5米。在河南濮阳范县、台前一带沿河滩区，许多村落之间的避水台彼此相接，形成大片的“避水连台”。

然而，滩区农业生产的另一面，是大量滩区构筑物的存在。经过了二十世纪七八十年代几场洪水，黄河滩区生产堤等构筑物影响行洪的问题日益突出。1987年和1992年，按照国家防总规划，豫鲁沿黄滩区两次集中破除生产堤二百五十八公里。经过1996年滩区洪灾之后，山东省开始实施滩区搬迁计划。到二十世纪末，外迁村庄三百多个，移民近十七万人；留居滩区的近三十四万人所在五百多个村庄，全部修筑了整体村台。河南黄河右岸从中牟狼城岗到开封兰考，滩区村庄搬迁也在陆续实施。2003年蔡集滩区洪灾后，兰考沿河滩区及同时受灾的山东东明滩区村庄全部迁到大堤以外。

水太极与“宇宙魔方”

在郑州和洛阳之间，有一处地理形势堪称完美的地块。从大局来看，此地处于洛阳盆地东北角河岸地台，北临黄河，西依邙岭，东靠嵩山余脉，东西两面的山脉在南部相对围合，中部微缺，有洛河（支流伊河注入后的河段亦称伊洛河）自西南来，贯穿全境，向东北奔流入黄。可以说，这是一个相对独立却不闭塞的小型地理单元。依山傍水，生活资源丰富；山川围合而不乏外出通道。这个地块，就是郑州的巩义——地理上的河洛汇流处，历史上的河洛文化胜地。

巩义城区东北的河洛汇流处，我去过多次。多是为了陪同外地慕名而来的同行。许多人来到这个地方，是为了感受河洛交汇的胜景。黄河水浑，洛河水清，两道河水一清一浊，形成了色差分明的涡漩。这便是著名的“水太极”。但这个水太极，需要站在高处俯瞰才能看到。附近观察水太极的高地，据说非伏羲台莫属。

第一次去河洛汇流区，我是从郑州过荥阳，沿着黄河岸边的土路去的。这条路现在已是沿黄快速通道，路况比之前好了太多。当时，为了寻找伏羲台，我和两个朋友在洛口村附近的土路上绕了三圈。洛口村位于巩义与荥阳之间黄河“乙”字形水湾的下湾处，古时当是洛河入黄的河口，后来随着黄河泥沙淤积，入河口步步后退，直到现在的南河渡位置。

从沿黄道路洛口村岔道左拐，沿盘山道上行，山顶就是伏羲台。这一段的黄河处于敖山北麓，与敖山之间没有过渡性缓坡。

与其他河边地台一样，伏羲台低矮，呈黄土质地，坡顶是开阔的自然平台。这样的地形一般是黄土塬经雨水冲刷塌陷造成的。所以，称之为黄土塬更为准确——从地理位置和地质角度看，黄土高原在东南方向的余脉一直延伸到荥阳西部的孤柏渡一带。这一带的“塬”比较破碎，一般称作“台”或者“顶”；小块的“塬”之间，也有许多带有“沟”或“涧”的地名。

当时，我凭着推测，和朋友们爬上一处黄土高台。山顶平台俱是田地，并无任何可以确证这就是所谓伏羲台的标记。我便向路过的老乡请教。听了我的疑问，老乡指着临近黄河的一处地台说：“在那儿，西北角那一块很平的平地，那就是伏羲台，过去那一块有座伏羲庙，还有个河洛书院，后来打仗，都打没了。”据他介绍，这两处建筑是二十世纪三四十年代战争时期毁掉的，大炮一轰，房倒屋塌，就剩下这些砖头瓦片。这种毁坏经常遇到——某处古迹，因为气候变化，因为战争，甚至因为开路，轻易就毁掉了。

我们按照老乡的指点走上伏羲台。也许是立足点不够高的缘故，传说可以远眺的河洛汇流景象——那个水太极，根本见不到踪影。看不见也罢。太极图只是人对山水造型的模拟。一切抽象的符号，都是从具象的实物来的。

依照太极形状去找实地上的印证，乃是舍本逐末。

河洛汇流处水面宽阔。枯水期的黄河与洛河水面低下去，交汇处露出了零零星星的汀渚。

干旱是普遍的，而且似乎越来越严重。那些至今犹存的宽阔的河床，河床上或水微如溪、或枯竭见底的景象，犹如大自然留给我们的嘲讽。假如只是人力所致，生态修复虽然困难，还是有可能做到的。但是也许，持续的洪涝或干旱本是大自然的规律性循环。在这个庞大的循环里，人力能够有多少余地来中和极端气候的影响，实在很难断定。

传说中神奇的“河图洛书”就出现在这里。它们是由貌似围棋棋子的黑白两色圆点构成的几何图案。白点为单数，表示阳；黑点为双数，表示阴。“河图”的点数有十组，呈方形布局，由内而外有四个层次，中心点数是 5，布局如梅花；第二层点数是 10，上下分列；第三层是 5 以下的点数，分四面排列；第四层是 5 和 10 之间的点数，分四面排列。“洛书”则近于圆形，内外只有两个层次，内如“河图”，为 5 个梅花状分布的白点；外则阴阳间错，呈四面八方摆布。

这两幅神秘的图案，被今人称为“宇宙魔方”。

河图洛书的传说不唯在典籍里俯拾皆是，在民间也为人们耳熟能详。最经典的传说是，上古时黄河浮出龙马，背负河图献给伏羲，伏羲依此演成八卦；洛河浮出神龟，背驮洛书献给大禹，大禹依此划定九州。此即所谓“河出图，洛出书，圣人则之”（《易・系辞上》）。

关于这两幅数字图案的涵义，后世的附会不胜枚举。河图洛书究竟源出何处，那些神秘的圆点到底是代表星象，还是一种数理游戏，至今没有确凿的论据可以推导出某种定论。但是作为数字，这样的摆布却迷倒了太多好奇的人。琢磨它的布局，琢磨它的阴阳，琢磨它的动与静，琢磨它与天地数理、璇玑八卦的联系……由古至今，人们从这些精心摆布的数字里，琢磨出了太多的寓意。

它们也让我这个迷恋数学的人格外好奇。“洛书”的数字摆布似乎规律明显。在图上画个描红本般的带框“米”字格，那么，每一条线连缀的三组点数相加都是15。那么“河图”呢？它的外层何以这样摆布，为什么一面是1、6，一面是2、7，一面是3、8，一面是4、9？

在纸上把这些圆点变为一个个数字时，我陡然发现，这简直就是现代算术普遍使用的算式。

“洛书”玩的是加法，“河图”玩的则是减法——每一面外两层的点数相减都是5。最外层是被减数，其里是减数，位于内层的五个圆点是得数——简直是标准的算式。

在这两幅貌似神秘的数字图案里，5是一个受到特别重视的数。

人类文明演进中出现的诸般道理，无不是从自然物态最简单明了的特征而来。5，是人类一只手的手指数、一只脚的脚趾数。在没有任何计数工具的原始时代，这是人类最常遇见也最容易识别和记忆的数。而奇偶阴阳之分，难道不是由于人类注意到了身体上的双眼、双耳、双手、双脚，以及族群中人的男和女，动植物的雄与雌，不断轮回的昼与夜，随时会出现的光和影、晴和阴？所谓“宇宙魔方”，不正是人自身与所在自然环境的投影？

最早的中国

看看郑州、洛阳一带的地形图便会发现，处于洛阳盆地东北角的巩义，其四围几乎全是山地与平原过渡带性质的临河地台。在这个地理区域滋生最早的人类聚落与人类文明，自然不足为奇。

据西周何尊铭文，黄河中下游交界带包括伊洛河下游及嵩山地区在内的河洛文化圈，正是远古之所谓“中国”。而何尊铭文所称的“中国”，最初也是一个地理概念。周武王姬发灭商之后，便回到关中，把王都选在了镐京（今陕西省西安附近）。随后，他把自己的“天下”分成了数百个“国”。周王室的姬姓同族，大多封在当时最理想的地块——今黄河中下游交界带的临河平原地块。这一带的郑国、管国、卫国、许国、曹国、宋国、陈国、蔡国等，因为处在所有封国的中部，故被称为“中国”，意为位于中部的那些封国。

巩义地处河洛汇流区、邙山与嵩山山系会合带、先秦时期郑国西部、周王室直辖的区域之东，正在“中国”之中。根据迄今为止的考古发现，巩义地界的文化遗存几乎涉及华夏文明史的各个阶段。

在河洛汇流处以南约三公里的河洛镇寺湾村，有一处遗存丰富的石窟造像群遗址，名石窟寺。石窟寺始建于北魏熙平二年（517年），原名希玄寺，传说为唐玄奘落发出家之地。寺内现存洞窟五个，摩崖石刻大佛三尊，大小佛龛三百多个，共存佛像七千多尊，碑刻题记一百余则。其中第一窟《帝后礼佛图》，雕刻北魏孝文帝和文昭皇后礼佛情形，被视为佛教石刻艺术珍品。因洛阳龙门石窟《帝后礼佛图》被盗往国外，石窟寺《帝后礼佛图》成为国内保存完整的孤品。石窟寺第一窟“维摩文殊对坐说法”图刻，呈现了高超的“维摩变”处理艺术。

再向南，有清末民初地方民居“康百万庄园”。庄园的豪奢也许会让第一次见到它的人惊讶。明初由山西迁居巩义的康家，曾经地跨三省，船行六河，极富四百余年。他们以二百四十多亩土地，成就了这个依山面水、居高临下、回环往复、深若迷宫的庞大庄园。其寨上住宅区分南北两院。主人居住的北大院又含五处二进四合院，其中位于西北的院落芝兰茂，是沿山崖开凿的青石窑洞。窑洞又分数窟，其第五窟俗称石屏窑，窑壁镶嵌书碑十六块，高及两米，书体各异，俱为当时名流执笔，是罕见的书法和碑刻珍品。围绕寨上住宅区，康家在方圆几公里内，依山开窑，临街建楼，沿河设渡，据险筑寨，形成书院、祠堂、作坊、栈房等十九处建筑群。论近现代民居遗存，这一处庄园堪称经典。

名闻遐迩的唐三彩多出自洛阳，但其“挂蓝”极品却出自巩义。在巩义北山口镇白治河两岸的水地河、白河、铁匠炉、汪寨、大小黄冶等自然村附近，分布着几十处古时烧造白瓷和三彩陶器的民间窑场。这些窑口统称巩义窑。巩义窑最早始于汉，发展于北魏，成熟于隋，在盛唐时期达到巅峰。盛唐时的白瓷、绞胎、颜色釉瓷烧制技艺，特别是三彩、青花的烧制，更是以高超的工艺水平和深厚的文化内涵而声名远扬。据记载，盛唐开元年间，巩义窑曾是河南府贡白瓷的专产窑口。相对于洛阳唐三彩，巩义窑发现的唐三彩陶片釉色更加明艳，其流釉造成的特殊质感，使陶器恍若雨过水淋，美至炫目。

1998 年，唐恭陵出土了一件十分罕见的蓝釉双耳壶。双耳壶器型不足为奇，奇的是它的釉色。这件双耳壶通体施蓝釉，釉色深浅不匀，底部有露胎。这些特征都显示，它很可能出自唐代最初的柴窑。这是已出土唐三彩陶器中十分罕见的蓝釉陶。由于釉料配比和烧制技术的限制，唐三彩一般呈黄、绿、白三色，也有间杂黑、红、褐色的，烧出蓝彩是唐三彩技艺达到巅峰的标志。所以在唐三彩陶器中，偶有“挂蓝”的陶器便属珍品，所谓“三彩挂蓝，价值万贯”。这种“挂蓝”陶器，在洛阳唐三彩窑址中似未发现；而巩义窑出土的唐三彩标本中，蓝釉比例有不断增大的趋势——这说明巩义窑已具备蓝彩烧造技术。据学界考证，这件在当时只有皇室才能享用的全蓝陶器，正是巩义窑贡献的杰作。

这些还只是中古至近代的遗留。更值得注意的是河洛汇流区一带背山面河地台上的史前人类遗迹。2020 年 5 月，一项新的考古成果宣布。地处河洛汇流处东南角的双槐树村，也就是伏羲台与南河渡之间的河岸地台上，发现了一处蕴藏丰富的仰韶文化中晚期古城遗址。这是郑州地区迄今为止发现的始建年代最早的古城，经考证，也是黄河流域仰韶文化中晚期规模最大的核心聚落群和唯一大型城址群。因为遗址地处河洛文化中心区，延续使用时间则在古国时代，考古界建议把这处遗址命名为“河洛古国”。“河洛古国”还在发掘保护中。以我观看巩义的印象，这很有可能只是巩义众多史前遗址中的一处。这一带是华夏先祖最初“下山”聚居、开枝散叶的地带，古人类的聚落遗留有可能是漫山遍野的状态。

从万滩到狼城岗

黄河大堤在中牟河段全长三十公里以上。在郑州市区东部，黄河自马渡、杨桥入中牟万滩，经三刘寨村北入雁鸣湖镇辛寨，再经孙拔庄北马蹄湾入狼城岗镇南仁村北，经狼城岗镇北部河湾入开封市水稻乡。

这一带的沿河村落有三十多个，其中大部分在黄河大堤以外，大堤以北河滩村庄包括雁鸣湖镇的孙拔庄和狼城岗镇的南仁、辛庄、南北韦滩、东西狼城岗等，共有三万三千多人。其中比较大的三个村庄——孙拔庄和东西狼城岗，已经陆续搬迁到大堤以外，迁出居民近万人。其他的村庄搬迁，据了解也在规划中，只是搬迁到哪里，搬迁以后两万多人的就业和生活怎么安排，都不是能轻易解决的问题。

这些生活在黄河岸边的人，有些是二十世纪迁移过来的，还有一些，祖祖辈辈就在这里生活。千百年来，尽管黄河泛滥决堤曾经造成过无数次生命与财产的大灾难，但这是他们赖以生存的立足地，要搬迁，真如生离死别一般难受。无数次洪水突然袭来，无数次逃难、远行，但是最后，总有人留下，总有人不断返回，在原地建起房屋，恢复耕作。河岸上的村落就像扎了根的树，洪水一过，树根上就会冒出新芽。二十世纪五十年代以来，因黄河堤防逐渐稳固，更多的人在黄河滩区扎下根来。

在刚刚通车的官渡大桥南端，有个不足千人的小村子——九堡。在当地方言里，这村子被称为“九 ber”。清朝中期，有王姓人家逃荒到此，便在河滩上安家。后有许姓、梁姓人家陆续在此落户聚居，渐渐形成村落，并成为当地黄河南北岸交通的渡口。九堡对岸是新乡原阳的温堤、孙堤。黄河上常有两岸船只往来摆渡。古渡口直到二十世纪九十年代还在使用。清道光二十三年（1843 年）黄河下游的大洪水，在这里冲决了大堤，河水滚滚南下，一夜之间淹没十几个州县。洪水所经之处，沙深数尺乃至盈丈，几十万亩良田尽成沙碱荒滩。

为了改良黄河大堤以外的土地，从二十世纪六十年代起，水利部门在黄河大堤中牟段兴建了三刘寨、杨桥、赵口三处引黄涵闸。建于 1965 年的三刘寨引黄闸就在九堡附近。1966 年至 1975 年，又先后开挖丁村支渠、东干渠、赵口总干渠，疏通了运粮河、丁村沟等排灌河道。二十世纪六十年代末，这里开始引黄种稻试验。到 1980 年，黄河大堤以南的五万多亩盐碱卤地，全部淤灌成了稻麦两熟的胶泥沃土。

带我们看河滩的田建杰和周进英都是本地人。田建杰是雁鸣湖镇文化站站长，周进英娘家在辛寨，嫁到九堡以后，当了村里的文化管理员。我们一边走，一边聊着九堡的黄河往事。

在一家院子前面，遇到一位梳着及地长辫的老人。她说，自己的长辫子从小就养起来了，一辈子没剪过。聊到高兴处，她从屋里找出一张年轻时的照片。那是她和新婚丈夫的合影，丈夫穿着军装，她呢，那时就有一条长长的辫子了。我给她拍了一张手拿旧照片的全身照。时光永在飞逝。在黄河岸边的这个小村庄，黑白照片上的花样少妇已经成为彩色照片上的白发老人。发辫的上段已经颜色如雪，下段却还残留着大半个世纪以前的余泽。

周进英领我们看了娘家辛寨的河神庙。庙里还留着两通清代石碑，碑上刻着河神庙修建的前因后果，以及捐建河神庙的村民名单。道光二十三年黄河决口时，为了堵口，从河南各地调集了数万民工。决口合龙后，留下部分民工继续加固新堤坝。这些民工看到新坝与临河堤之间的荒地无人耕种，就在新坝脚下落户开荒，渐渐聚成村落。村子位于当时的中河厅辖区，因名中河砦，后改称辛寨。辛寨距三刘寨引黄闸最近，所以是全镇引黄淤灌受益最早的村，也是靠引黄淤灌最早脱贫的村庄。

九堡和辛寨，都在黄河大堤之外，理论上不属于河滩村庄，所以没有迁建。但是，与许多凹岸位置的情况一样，这里的黄河大堤其实就是临黄堤，大堤之外的这些村庄就在黄河边上。

我问过黄河水利部门的专家，像九堡、辛寨这种情况，有没有迁建的必要？黄河如果涨水，这里有没有危险？那位老师回答说，黄河大堤的坚固程度你可能不了解，目前这点流量毫无问题。另外，他说，汛期黄河大堤上全程全天候巡堤，发现险情会及时处置。

我想，不迁建，可能还有他没有说出的原因。黄河两岸的土地是难得的生活资源，这些村落的形成最初正是由于这些无主土地的招引。多少万人的生存所系，说声走，不是那么容易的。

下游狼城岗的情况则完全不同。

“狼城岗”的名字源自北宋亡国之时。当时率军围困宋都汴京的金朝太子完颜宗望在此屯兵筑城。因金军统帅俗称“狼主”，所筑军屯便称“狼城”。又因当时地势较高，故称“狼城岗”。

狼城岗河滩村庄已经有几个迁到了新区——东西狼城岗社区。我去韦滩凹岸看河势的时候，遇到了狼城岗韦滩迁建新村一位老人。他叫张轩，是花园口事件之后从黄河北岸过来的。我问，听您这名字，家里该是书香门第？他说不是，家里长辈不识字，他的名字是来到河南以后，这边的老师给起的。我问，您老祖上不是河南人？他说，老家是黄河北的。他记得那是1942年，他只有六岁，是跟着大人“踩着黄河河底”走过来的。我想了想，是的，那时距花园口扒口已经四年，黄河从花园口—赵口向南部低地一路泛滥，东边的河道连年不再行水，便干涸成陆。我问，你们村里本地人多吗？老人说，都是过去从外面逃荒来的，看这儿有地种，就来这儿扎根了。

现在迁是迁出来了，但是没了土地，他们以后怎么办呢？在狼城岗，在韦滩，迁出来的村民变成了城镇社区居民，能得到一些生活补助。但坐等补助肯定不是长久之计。他们告诉我，大家正在“想办法”。

从万滩到狼城岗一带，是黄河河面最宽阔的河段之一。沿着官渡黄河大桥南岸的大堤西行，可以看见大片的新河滩正在形成。当地人根据河滩地的成色，把河滩地分为“泥地”“沙地”“二合地”（即有土有沙的地）；根据河滩形成的时间和坚实程度，把黄河滩分为嫩滩、二滩、老滩。嫩滩为新淤滩地，脆弱难以载重，且因临河，随时有塌滩风险，是不能随便涉足的。二滩已经比较坚实，行走没有问题，但是耕种条件还不十分成熟。老滩就是相当理想的可耕地了。

田建杰发现近水嫩滩上有几个孩子。他紧张起来，立刻停车冲出去，对着河滩上的孩子大声吆喝："嗨！那几个小孩，都给我回来！听见没有，快点儿！"小孩大约也知道这河滩是不许来的，立刻转身跑上了大堤。田建杰拦住几个孩子，逐一盘问了名字、哪个村、哪个学校、哪个年级，又教训了几句，问："记住没有，上河滩玩有啥危险？"小孩回答："会掉进河里。"又问："往后还敢不敢来了？"小孩回答："不敢了。"田建杰说："那中，走吧，这回就不跟老师说了，再上河滩，非说给老师不可。"几个小孩得了特赦似的赶紧走了。

田建杰不放心，一直看着他们走回了村子，才回头告诉我们，这个地方的河滩，说声塌，一眨眼工夫就塌一片，因为这淹死过人，大多是小孩，也有大人带着小孩一块塌到河里淹死的。孩子不知道这滩地的危险，尽管有隔离栏，有警示牌，还有巡河人来回看着，小淘气包们还是能想办法溜进去。田建杰看上去脾气温和，这番绷起脸来发威，必是为了让几个孩子长长记性，以免再来冒险。貌似不近人情，却是苦口婆心。

那天阳光很足。临河堤上的杨树林明亮灿烂。我认得那些杨树——毛白杨，沙兰杨，大关杨，小叶杨，箭杆杨……它们一律直刷刷向上，叶子在风中哗哗摇响。

东坝头

兰考东坝头，就在1855年黄河大改道的决口点位置——铜瓦厢。这是万里黄河的最后一道大弯转。黄河自潼关以下滔滔东流，到这里转折向东北。东坝头就在这个大弯转的黄河右岸，也就是弧湾的凹岸上。

时值旱季，在郑州一带几乎干涸见底的黄河，在这里却是水势浩荡。黄河水面宽阔，看上去犹如无边无际的黄色海洋。

数百里东流的水势直对东坝头，而下游的地势与此地几乎没有落差。不唯没有落差，而且河道越向下游越窄，成了倒喇叭形状。河水到此壅积，极易决口。

黄河南宋以降的决溢史，大部分是在这个地块上写下的。兰考境内几乎全是黄河故道。今兰考县城的主干道黄河路，就是明清黄河故道的主河槽；焦裕禄纪念园一带，则是过去的黄河大堤位置。明代以来有历史记载的决口中，东坝头位置就有一百多次。如今黄河决口风险最大的地方，我认为也在东坝头。

"东坝头"地名的来源，本与筑坝拦水有关。清咸丰五年铜瓦厢决口改道前，东坝头位置在黄河左岸，这里有一道修筑于雍正三年至乾隆九年（1725—1744年）的临黄大堤。黄河在铜瓦厢决口改道后，东坝头位置由左岸变为右岸，这段大堤也被冲毁，仅在新河右岸（即今黄河东坝头河湾东岸）留下一段堤头。1924年，利用这一段残留的断堤头建起堤坝，称为"东坝头"。

黄河的最后一道大弯转，准确地说，在兰考三义寨乡夹河滩村到东坝头之间。黄河在这里由西东流向改为南北流向，形成一段半圆形凹岸；东坝头以下到蔡集以上，为凸岸；蔡集到大留寺对岸，是一段比较长的凹岸；再向下到老君堂，又有一组连续的凹岸和凸岸。简而言之，从夹河滩到老君堂的黄河河道，是由三个凹岸和三个凸岸组成的连续“S”形。

东坝头上下连续“S”形弯转河段，都被划为险工段。除了两岸黄河大堤一再加强之外，两岸每一处凹岸都有调节水流方向的控导工程，右岸有东坝头上游的夹河滩护滩工程、东坝头控导工程，下游的蔡集控导工程；左岸则有封丘县观台控导工程、禅房控导工程和长垣大留寺控导工程。一些形势严峻河段还有防止河水冲击临黄堤的护滩、裹头工程。这些系统、坚固且连续的防御工程，其中的很多基础工程是在二十世纪后半期陆续修建起来的。二十世纪九十年代至今，针对黄河水势变化，这个大河湾两岸相继完成了堤坝加固、延长及一系列的护滩、控导工程，逐渐形成现在的防御规模。

幼时读书读到焦裕禄故事，只知道兰考这个地方有风沙有盐碱；后来有了点地理常识，偶尔想起这个地方，会纳闷儿为什么这大好的平原上会有风沙和盐碱。直到注意到黄河的河道变化。原来这风沙盐碱，都是黄河改道造成的。又或者说，原来几乎兰考全境，都曾是黄河泛滥的故道。因为地势低洼，每有大雨必有连片积水；因为地势低洼，黄河只要遇到洪水，这里必然泛滥决溢；同样因为地势低洼，洪水过后，涝水难退，于是盐碱沉淀；黄河改道，故道中泥沙仍在，于是处处沙丘。洪涝、盐碱、风沙，曾是兰考的“三害”。

1962年冬天焦裕禄来到兰考的时候，这地方就是一个被黄河折腾得晴雨不宜、一穷二白的样子。“三害”说起来简单，要治理，着实没那么容易。但焦裕禄在兰考不到两年，居然把“三害”给治了。

在我看来，焦裕禄更像个学者。这个人做事尊重事实与逻辑。他喜欢开动双脚四处查看。他带着他的“三害”调查队，寒暑不论，风雨无阻，找风口，探水路，一年步行五千里，不唯把“三害”的来龙去脉查了个一清二楚，还从老百姓上坟的细节里想到了“贴膏药”“扎针”的治沙办法。所谓“知己知彼，百战不殆”，用到这里也是合适的。四面八方都看过了，枝枝蔓蔓都弄清了，诸事成竹在胸，所以，他的办法管用，一动手就能掐到要害，事事做得彻底。老百姓是最讲实惠的，真对他们好的人，做事靠谱的人，他们会铁了心地跟随。在那个穷得叮当响的年代，兰考人硬是跟着焦裕禄，把连片的沙丘变成了泡桐林和刺槐林，把二十多万亩盐碱地变成了良田。

在兰考，泡桐被称为“焦桐”。兰考的田野和街市绿莹莹的，很难想象当年那种黄沙漫天、盐卤遍野的景象了。大片大片的刺槐林与焦桐林，犹如无字的纪念碑。

大河湾一带的河岸防护，可谓环环相扣、壁垒森严。即便如此，也还是难以杜绝险情。黄河的复杂、凶险程度，相信经历过2003年蔡集抢险的人都会铭心刻骨。

蔡集控导工程位于兰考谷营乡姚寨村西，和山东东明县王夹堤控导工程连为一体，上承对岸封丘禅房控导工程来溜，下送溜至长垣县大留寺控导工程。

蔡集控导工程于1979年12月开始施工。随着河势不断上提，工程也连续上延。截至2003年汛前，共修建丁坝三十五道，连坝三千五百米。遗憾的是，控导工程的上首没有完全包裹凹岸，而是在凹岸与上游凸岸之间的弯转处留了一段貌似无关紧要的空当。

按照正常估测，主槽水势冲击的要害部位的确不在这个位置。历来容易决口的凹岸弧线也不到这个位置。

但是，黄河水情没有这么单纯。

黄河下游主河槽两侧有广阔的滩地，滩区被左右摆动的河槽和生产堤所分割，形成了上百个宽窄不等的自然滩。滩地上有大量的串沟、洼地、生产堤，有严重阻水的片林、村庄、避水连台。

在兰考大河湾以下东坝头至陶城铺河段，因为地势关系，河流的纵比降平均在0.17‰左右，河水流速极慢，大量泥沙在主河槽沉积，不仅导致了河槽高于河滩、河滩高于堤外的二级悬河形势，而且造成了0.55‰的滩面横比降。水的方向永远指向低地。横比降相当于纵比降的三倍还多，意味着水到此处必然横流。这样的河势，一旦遭遇大洪水，便有滚河夺流、顺堤行洪的危险。

2003年秋，兰考、东明一带连降暴雨。汹涌的洪水偏离黄河主槽，准确地找到了兰考蔡集凹岸上首的空当。

9月18日凌晨，蔡集凹岸上首生产堤在与蔡集控导工程28坝上跨角相连处决口。水流从蔡集控导工程35坝上首漫过，涌入兰考北滩。21日，闫滩闸渠南滩地大面积漫滩。随着决口口门不断塌垮增宽，洪水涌入兰考和东明黄河大堤以内的辽阔滩区。30日，通往滩区的道路俱被冲断，兰考北滩和东明滩区全部被淹。滩区内一百五十多个村落共十一万多人被困，洪水深三到五米。

黄河水患历来难治，黄河决口更是难堵。由于深达数米的河底淤泥，大堤一旦决口，不到水势减缓则堵口无从下手。在水势正猛的时候堵口，若从口门中间堵，口门会迅速向两端扩展；若从口门两端堵，往往是上面堵了下面漏，稀松的河底会出现无数管涌。正因为如此，历史上每次黄河决口，堵口都是大费周章。

2003 年秋的蔡集堵口动用了驻军、武警、公安干警、河务、防汛和地方多方力量，从 9 月下旬到 10 月底日夜连续，抢险一个多月。在抢险堵口极度困难的情况下，10 月 26 日，小浪底水库控制下泄流量，随后联动四库（即小浪底、三门峡、陆浑、故县四水库）均参与流量控制。10 月底，在来水大幅度减弱的条件下，蔡集堵口终于合龙。

按照小浪底设计防洪流量标准，四库联动理论上能防御千年一遇的特大洪水。蔡集生产堤决溢发生时，花园口监测径流量只有每秒三千多立方米，几乎不能算是洪水。固若金汤的黄河堤防，竟在一处生产堤上被洪水撕开了缺口。

所幸黄河大堤安然无恙。被洪水围困的十一万多人，都是平时生活在黄河大堤以内的滩区居民。这或是黄河给人的警示？滩区是属于黄河的，纵有利益，也不能占用，因为没有人付得起那个代价。洪水过后，移民迁建用了三四个月，滩区村落全部迁出。

蔡集控导工程 35 坝上首，当年堵口时打下的竖桩还在。那是一排盆口粗的钢管。它们深深扎在土层下，裸露的头部已经生锈。我站在那个巨大的盆沿状生产堤上，想象当时挑灯夜战、艰苦堵口的情形，不由得倒抽一口凉气。这还是在拥有现代化设施、设备和工具的今天，还只是一处生产堤决溢。可以想见160多年前铜瓦厢大决口时，这里会是怎样的境况。

古人赞颂大禹治水的功德："微禹，吾其鱼乎！"不是大禹，我们都成了水中的鱼虾了。这样的赞颂，应该献给华夏历史上每一位治水人——成功的和失败的；也应该献给集中了数千年治河智慧和无数人辛劳的黄河堤防，给每一道临黄堤、遥堤、丁坝、裹头，古时的和今天的。

第十一章　母亲的南河

如今的黄河似乎已经与豫北不相干了。只是我每次打开卫星地图看黄河，右手如被差使，总会把光标移向豫北，在淇河、卫河、大伾山、汤河、金堤河之间徘徊。在新乡与安阳之间，是河南省最小的地级市鹤壁。隶属于鹤壁的县只有两个——浚县和淇县，它们的名字都与河流有关。在古时，它们曾分别有过“黎阳”“朝歌”的名字。

幼时经过的道路、村庄、城镇，曾在其中摸鱼抓虾的小河，尽管已是面目全非，但位置并未挪移。它们还在那里，都在那里。

早已干涸的河流在大地上依稀可辨。视点高度保持在三千米高空，能看见淇河和卫河。幼时记忆中的小河，则要降到百米以内才能看见。它已经干涸多年了。在卫星地图上，却还能看见它的痕迹。后来百般查证我才知道，那条小河叫翟泉，它的上源在浚县境内中部的高地——白寺坡，当地俗称“岗上”，也叫“火龙岗”。自南向北穿过村庄的翟泉河，在鹤壁与汤阴之间注入汤河上游支流永通河，汤河则在内黄以西注入卫河。伴我长大的这条小河，原是卫河的三级支流。

我转动鼠标的滚轮。从一万米高空遥望，生长于斯的村庄就是一个小米粒般的点。高度拨到五万米，鹤壁市区也成为那样一个不起眼的小点。而黄河的轮廓依然清晰如也。近处所见的无限弯曲的黄河，从高空俯瞰，东坝头河湾到入海口之间的河道居然这么直，像是用直尺比着裁出来的。

黄河入海的道路是它自己选的。这条路线多么节约啊。

鼠标滚轮转来转去，大地忽近忽远。

就这样，我看见了黄河故道。黄河故道隐约可辨——原来它古时向北的河道，是从荥阳三皇山以西的河道折角处开始的。故道的痕迹竟也是直的——从这个河道折角处向东北，过新乡卫辉，直指浚县。从位置判断，这依稀可辨的旧河道，正是史书记载里的禹贡河故道。它在浚县的河道，经过那座名闻遐迩的大伾山。

两处大伾山

2008年才知道，荥阳也有个大伾山。

告诉我这个讯息的是荥阳的陈玮先生，一位熟知郑州上下五千年掌故的历史文化专家。当时他已经七十岁了，但每次我和“走四方”小组的朋友们到荥阳看山看水，看各种犄角旮旯的古迹，他总是愉快地担当向导。他告诉我，荥阳的大伾山与浚县的大伾山本是一座山，后来黄河向东南侵蚀，土质的大伾山就被冲断了。我虽对这个说法抱有怀疑，但也不得不承认，数千年来，在中原千变万化的地理格局中，的确有一些如今看来似乎可疑的说法，一旦追本溯源，便会发现其中自有道理。

浚县大伾山海拔只有一百多米，然而平地突起，孤峰独秀，在一马平川的豫北，它便是不折不扣的“山”了。与荥阳大伾山默默无闻的情况不同，浚县大伾山因有国宝级文物北魏时期石刻圆雕大石佛及四百余处历代摩崖题刻，而成为方圆数百里尽人皆知的名山。这尊大石佛高达八丈，是北方所见最早最大的石佛。

在浚县民间，大佛被称为“镇河将军”。所镇之河，自然是河患深重的黄河了。但大石佛在大伾山东崖，若果然是“镇河”，则黄河故道应该在大伾山之东。但当地又有普遍的看法，认为黄河故道在大伾山以西，即今天浚县县城所在位置。

根据《尚书·禹贡》的记载，春秋以前黄河由今巩义与荥阳之间北折，从太行山与当时还连贯的大伾山中间经过，经濮阳、山东境入海。太行山为石山，大伾山为土山，加上河流水势正冲大伾山方向，所以，黄河不断向右岸侵蚀、直到把大伾山拦腰截断的说法，的确是有根据的。

本以为荥阳大伾山像这一带许多遗迹一样只剩下一个概念，能看到大致轮廓就算很好。去了才发现，大伾山不仅仍有莽莽苍苍的一片，而且山势还在。它就在汜水入黄口西侧虎牢关西北的黄河南岸。登上山头，但见山顶平展如砥，虽有荒草荆棘密布，仍可明显看到黄土塬的地貌风格。举目西北，黄河河面辽阔，水势浩浩。

这一片被水流冲刷得断断续续的山系，西起巩义市洛河口，东至荥阳汜水河口，其实属于嵩山支脉，由于山体为次生黄土堆积，经过长期水流冲刷，沟谷纵横，又名九曲山。汜水入黄口向东到汉霸二王城所在的广武山，再到郑州市区西北的邙山头，均属敖山。

山脚下的虎牢关别称峭关。在古时，这里是重要的东西地理通道。凡是这样的地方，官方均会设“关”把守。由于战争频发，峭关关楼上的击柝声，总是从夜色初降直响到五更之后。这个习惯沿袭下来，那彻夜不息的击柝声，就渐渐成为审美意象。

明万历年间任汜水知县的杜汝亮，曾有七律《峭关夜柝》："峭关旧是虎牢城，西接山河百二名。满地蓬蒿秦世垒，拂堤杨柳汉家营。耕农尽息当年战，铃铎犹传静夜声。村市月明无犬吠，关门不闭久清平。"曾任黄州知府的汜水县人禹殿鳌，有同题诗曰："秦时边垒汉时营，烽燧成尘暮色平。未可泥丸封地险，遥传柝响彻天明。"柝，是古时巡夜打更用的梆子。关隘鸣柝，是报更，也是报平安。"泥丸"，就是指这座低矮的大伾山了。

在大伾山下，黄河岸边，当此冷月寒霜、静夜鸣柝，那种一言难尽的羁旅心绪，比《枫桥夜泊》之情境，又平添了北国特有的苍凉。

黄河在这里顺时针微微弯转，形成了开阔的河面和优美的水钝角。山脚下，是玉门古渡所在地，曾有铿锵的玉门号子响彻河滩。古渡口虽已不在，当年纤夫们吼唱的玉门号子却被当地人传承至今。

这个地方，李商隐来过。当时，这里还矗立着一座专供观赏夕阳的阁楼。那是唐文宗太和七年（833 年）的秋天，山苍茫，河苍茫，李商隐独自登临，写下七绝《夕阳楼》："花明柳暗绕天愁，上尽重城更上楼。欲问孤鸿向何处？不知身世自悠悠。""重城"，就是指层层叠叠的大伾山旁的荥阳城。对于夕阳楼，李商隐自注："在荥阳，是所知今遂宁萧侍郎牧荥阳日作矣。"就是说，这是他的知交萧浣任郑州刺史管理荥阳时建造的。

由这里南望，是一片片被沟壑分隔的黄土塬、黄土峁。一般认为大伾山止于此地，但也有人认为，西南方向与此相接的阜山，与大伾山实为同山异名。“阜”与“伾”，一指阶梯，一指土山，引申皆有“层叠山丘”之意。依照这个说法，则大伾山由豫北的浚县，一直延伸到登封的阜山，绵延二百多公里。

眼前这些高高低低的山岭本是一个整体，只是由于暴雨和水流的冲刷，才渐渐成为今天的模样。被岁月渐渐削平的大伾山，可能还会不断颓萎下去，直到在这片土地上再也找不见它的痕迹。

弊事革而嘉应来

公元前602年第一次大改道之前，黄河在今荥阳以上位置弯转，沿着太行山东麓低地向北流去。在这个地理区间，今武陟—卫辉—浚县—内黄一线，当时是太行山与山东丘陵之间最低的条形地带。这个条形低地，也就成为水流的自然选择。黄河北流史上的历次大决口，基本上也都发生在这里。

武陟作为这个条形低地之首，既是黄河中游来水的承接地，又是西北方太行山和王屋山来水的承接地，尤其是黄河下游左岸一级支流沁河来水的承接地；又因对岸是广武山，出谷的黄河水势所向只能是北岸。

十五世纪末刘大夏治河以后，黄河进入平原直到入海，两岸基本上堤防连贯，可是武陟一带从钉船帮到詹店却没有设防，缺口达十八里宽，称“十八里缺口”。据说那是刘大夏治河时特意留下的泄洪口。到了清初，黄河开封段已成高峻悬河。下游高拱，决口频繁地点移到了条形低地的起首位置——武陟。

据记载，武陟境内史上比较大的黄河决溢有五十多次。在武陟入黄的沁河也受牵累，前后决溢一百多次，大决口七十多次。据黄河水利文献记载，康熙五十七年（1718年）至雍正元年（1723年）六年之间，黄河在武陟见于史册的决口达十多次：

康熙五十七年，河决武陟詹店，又溢何家营；

康熙六十年，河决武陟詹店、马营口、魏家口；

康熙六十一年正月，马营口复决，六月沁河暴涨，冲塌秦厂南北坝台及钉船帮大坝，九月秦厂北坝及马营口又决；

雍正元年，河决武陟梁家营、二铺营、詹店、马营口。

康熙是一位头脑清楚、十分务实的皇帝，在位期间六次南巡，有四次是为了亲眼看看黄河各处的实情。但凡在民间看到了值得推广的经验，诸如修筑石堤、皮馄饨传递水情等等，都会在召集群臣廷议时提出来，让大臣们讨论是否值得推广。

武陟河患连连的时候，康熙已是古稀之年。康熙晚年本就国库虚空，频频发生的河患可谓雪上加霜。黄河在武陟一带反复决口，洪水曾沿武陟—内黄条形低地北夺卫河，直逼京津。一时之间，王室的“恩米”、官员的“甲米”、工匠的“匠米”全部落空，京城抢米风潮顿起。原本想以“黄河水济运粮河”的康熙也没料到，引黄反被黄河误，黄河水患大有引发民变的危险。

雍正即位之初，一面命兵部侍郎、河道副总督嵇曾筠率兵倾力加固堤坝，堵复决口；一面布置祭祀，许愿堵口之后，将在黄河岸边修建一座祭祀大清疆域内所有河流之神的总河神庙。据说为了激励士气，雍正曾亲临河防，搬石堵口。河神庙落成后，雍正御笔题书“敕造嘉应观”。“嘉应”二字，典出“弊事革而嘉应来”（宋秦观《代贺坤成节表》），意为“祥瑞的应验”。

己亥年夏，我第一次去看了嘉应观。彼时阳光朗照，在嘉应观门外的广场上，能看见屋顶边缘如蓝钻般反光的琉璃瓦。

建成的嘉应观既是祭祀河神的庙宇，也是河官办公场所，更是雍正巡视河工的行宫。所以，嘉应观规制颇高，从位于南端的山门到院内数重大殿的覆顶，全部使用了琉璃瓦——御碑亭使用黄色琉璃瓦，其余七处建筑使用蓝色琉璃瓦。蓝色当是为了取“黄河清”的“嘉应”；而琉璃瓦，在当时除了皇家建筑和敕造庙宇，别处是不能使用的。

山门以北的御碑亭，其外形酷似清代皇冠，内立四米多高铜碑一座，上刻雍正亲撰的碑文。嘉应观内，依次为王公大臣祭祀河神的严殿、供奉大禹像的大王殿，还有专供王公大臣祭拜禹王前整理衣冠的恭仪亭。最为宏丽的中大殿，则仿佛具体而微的故宫太和殿，殿内藻井彩绘六十五幅满族风格龙凤图，为各地庙宇建筑中绝无仅有。

在武陟县临河的御坝村，至今立着一块雍正题书的“御坝”碑。

“御坝”的修建，和康熙末年的那场大水有关。因为黄河洪水猛烈，为了加强防御，武陟钉船帮到詹店之间那段要命的“十八里缺口”也加修了大坝。因为钉船帮首当其冲，雍正十分关注，在谕令中特别提到，钉船帮大坝为“第一要紧者”。于是河务官员修改堤防规划，对钉船帮大坝着意加固、保护，并在随后的奏折中称呼其为“御坝”。

御坝修成后不久就经历了一次大洪水。洪水过后，水停沙淤，御坝不仅毫发未损，临河面反而淤成高滩。一说正是因此“嘉应”，雍正才修了嘉应观。但其实，嘉应观的修建可能早于御坝。为了防止黄河水北泻，御坝及同时期的秦厂大坝、仓头口引河工程，都是为了诱导黄河水顺着主河槽流向东南，以免向东北决口。这不仅是为了武陟地方的安全，也是为了保护北面的“敕造嘉应观”。

人民胜利渠

二十世纪五十年代，黄河左岸从沁河河口向北，先后开挖了两条纵贯数百公里的引黄灌溉渠——人民胜利渠和共产主义渠。因为开挖年代和走向的相似，我曾经以为它们是一条河渠的两个名称。

两条水渠的渠首，都在嘉应观附近的秦厂村。

人民胜利渠开挖于 1951 年 3 月，原为引黄灌溉济卫工程。1952年第一期工程竣工，以后又经续建、扩建，从秦厂渠首向东北经詹店到新乡，在新乡市区注入卫河。1952年4月17日，人民胜利渠放水试运行，《人民日报》以第二版整版报道。同年10月31日，毛泽东视察渠首。

人民胜利渠引起重量级关注是有原因的。

这是新中国建立后在黄河下游兴建的第一个大型引黄灌溉工程，也可以说是黄河下游大规模引黄灌溉的开端。当时，经过了百年战乱的北中原，农耕正在全面恢复。这个地块是典型的冲积黄土平原，也差不多是中国最平坦的平原，深厚而肥沃的黄土地十分适合小麦、玉米、谷子和豆类生长。

与大面积耕地不相适应的是，这一带的自然水系并不发达，很难满足农田灌溉需要。为了保证庄稼生长，许多地方只得开挖“机井”（接通地下水的深井），以水泵提灌。提灌的代价，在二十世纪五十年代初，无疑是相当高昂的。在各种农田水利模式中，引河水灌溉，当然是最便利也最易持续的办法。

人民胜利渠的开挖使用，不仅别开生面，而且化害为利，等于在黄河下游的广袤农耕区树了个样板。这是一条联通黄河与海河水系的大体量的人工河，控制灌溉面积近二百万亩，受益范围涉及武陟、获嘉、原阳、延津、卫辉、新乡及其市郊。

人民胜利渠建成后，两岸陆续修建了四通八达的分水干渠和引水支渠，形成了总干渠、干渠、支渠等五级固定灌溉渠道，支渠以上渠道一百二十条，总长八百多公里。加上北部漳河的引水灌溉系统，豫北平原迅速发展为我国最大的连片自流灌溉区，农耕条件得到根本改善。由此，豫北平原成为全国粮食生产重要基地，河南省成为全国小麦第一大产区，中国农业生产布局发生彻底改变。

1958年5月，我国第二个五年计划提出工业品产量十五年“超过英国”的目标，“大跃进”运动开始。就在这一年，一项旨在“引黄济津”“引黄灌溉”的新工程——共产主义渠开工。其引水渠渠首与人民胜利渠在同一处，渠路自武陟秦厂起，经获嘉到新乡，在新乡市区西北部过卫河，再向东北经卫辉、浚县，到浚县、汤阴交界带入卫河。这条引水渠的路线，在上游基本与人民胜利渠平行，在新乡以下则与卫河近距离平行，几乎可以视为对卫河的裁弯取直。但它竟完全没有利用卫河现成的河道。建成后的共产主义渠上承武陟、获嘉涝水，到新乡附近则有大沙河、黄水、百泉、十里河、香泉、沧河、思德河等小河溪相继注入，沿渠建提灌站一百多处。

可惜的是，这条引水渠只用了三年，就因为泥沙淤积严重而弃用。停止引黄后的共产主义渠变为防洪除涝河道，但其后又很少遇到需要排涝的年份，所以河道连年干涸。二十世纪八九十年代以来，沿河乡民便在河堤上种树，在河底种庄稼，把一条废弃的河渠变成了田地。

人民胜利渠引黄灌溉持续至今。直到在新乡入卫河，整个渠段水量丰盈。卫河下游经过浚县县城西侧，共产主义渠则经过卫河以西十几公里的“火龙岗”。卫河在新乡以上渠段水势尚可，到了浚县几乎常年干涸，唯有遇到汛期雨水迅猛的年份，新乡方向排涝放水，浚县城西的卫河才能见到流水。

2019年底，根据河南省“四水同治”（即水资源、水生态、水环境、水灾害统筹治理）工作方案，卫河、共产主义渠治理工程开工。

辛丑年清明时节，我回老家为先父扫墓，途经浚县屯子镇时，忽见一条河与公路交叉，河中水量丰盈。下车定位搜索，竟发现眼前这条河正是干涸了多年的共产主义渠。我记得父亲说过，他刚从部队转业时，曾在屯子附近的“东河”带队挖河。屯子在故乡以东，所谓“东河”，正是故乡人对共产主义渠的方位性称呼。时隔五十载，这满河的水仿佛父亲的形影再现，一时令我悲从中来。

瞻彼淇奥

黄河自南宋改道南下以后，豫北平原再无大河经过。在人民胜利渠之外，纵贯豫北平原的规模较大的河流，唯有半天然、半人工的卫河了。

卫河上源支流一部分出自太行山南麓，一部分出自黄河支流沁河。这些支流最后在河南辉县与获嘉县之间汇合，流向东北；经新乡市区、卫辉、浚县、内黄及大名，至馆陶县南接纳漳河，再向东北到临清汇入京杭大运河，称漳卫运河；又东北经山东德州，沿山东、河北省界入海。

在历史上，卫河以其河道所经的重要地理区间而一再被疏浚用以运输。东汉末年以后，卫河上游曾被曹魏政权疏浚利用，时称“白沟”。隋代开挖大运河，在白沟的基础上，利用一些天然河流和早期黄河故道加以连缀，疏浚拓宽，称“永济渠”。据说到了清代，因这段运河源于当时的卫辉府辖地，又终于天津卫，所以名之“卫河”。

在卫河流域，有一条不得不提的支流——淇河。这是一条在《诗经》里反复出现的古老河流，也是流经我的故乡鹤壁的乡思之河。它发源于太行山中段的棋子山方脑岭，上游经山西陵川、河南辉县和林州，中游在鹤壁市境内画了一个半圆，然后流向东南，在鹤壁与新乡交界处的淇门入卫河。

淇河不算长，只有一百六十公里左右。但是在淇河中下游仅七八十公里长的左右岸，就有新石器时代至东周时期文化遗址六十多处，秦汉以后的文化遗存更是数不胜数。其中最古老的花窝遗址，所处时间距今已有七千年，与之毗邻的石河岸遗址距今六千多年，均属于新石器时代早期仰韶文化遗址。与两遗址隔河相望的大赉店文化遗址，地层堆积有仰韶、龙山、商、周到汉朝多个文化层。

在我的家乡，常有人家因为犁地、打井甚至拆墙，不是碰到了成堆的古陶罐，就是挖到了成罐的古铜钱。很多人家给小孩子过生日穿长生锁，每年用掉一串跟小孩岁数相等的古铜钱；有内毒体湿的人刮痧，用的是古铜钱；乡村女人织粗布纺线，连纺花车上线轴的挡头都是古铜钱。

这让我想到淇河与黄河的关联。今天的淇河河道终于卫河，因而随卫河均属于海河水系。不过，在南宋以前，今鹤壁浚县东部，一直是黄河干流经过的地方。与古黄河干流近在咫尺的淇河，如今入卫的河口位置，就在宿胥口附近。当时淇河的终点在哪里？卫河呢？这条被一再疏浚开挖的河渠，它与黄河有怎样的渊源关系？这些问题后面，都是一言难尽的故事。

古老的淇河曾在《诗经・卫风》里一再出现。《国风》百六十首，王风端肃，秦风多情，豳风辽阔，郑风旖旎，凡十五国，各各不同。而诞生于北中原的《卫风》，最是悠闲和平，落落大方。

淇河出现在《卫风》里的每一次，都是一幅美图画。“有狐绥绥，在彼淇侧。”有只狐狸在淇河边慢悠悠闲逛。“淇水滺滺，桧楫松舟。”淇河上的船啊，桧木作桨，松木作舷。“泉源在左，淇水在右。”走在路上，一边是泉源，一边是淇河。

初习书法时曾反复抄写的《卫风》，有《淇奥》《考槃》《硕人》《竹竿》，论其行文品质，可谓字字珠玑，韵味清醇。其中《淇奥》，尤令人百抄不厌：

瞻彼淇奥，绿竹猗猗。有匪君子，如切如磋，如琢如磨。瑟兮僩兮，赫兮咺兮！有匪君子，终不可谖兮！

瞻彼淇奥，绿竹青青。有匪君子，充耳琇莹，会弁如星。瑟兮僩兮，赫兮咺兮！有匪君子，终不可谖兮！

瞻彼淇奥，绿竹如箦。有匪君子，如金如锡，如圭如璧。宽兮绰兮，猗重较兮！善戏谑兮，不为虐兮！

在我看来，这是《诗经》里写人写得最好的诗了。所谓君子，是怎样的呢？是这样的——他才学深厚，是个明白人；他端庄宽宏，是个厚道人；他优雅幽默，是个有趣人。而淇河作为人的背景，则是绿竹满岸、蓊蓊郁郁的气派。

这一大片竹子，在汉武帝刘彻的《瓠子歌》里出现过。

只不过，那一次为了堵住黄河的决口，这些竹子被砍光了。

数千年来，淇河宛转流淌，至今依然清澈见底，是华北平原上未经污染的河流之一。鹤壁境内，有淇河最秀丽的河段。在这里，淇河呈"乙"字形从两处山垣间流过，在绿色山峦间画出一个优美的水太极。水太极的阳鱼即为青岩山，其间有高达数百米的青岩绝壁。相传周文王曾被羁押于此，受自然地貌感悟，于是演八卦，成《周易》。

淇河的水容易淹人。因为，即使三四米深的水，也是清澈见底，河底的卵石、水草历历在目，看上去仿佛很浅。水性不好的人，很容易被这样的错觉欺骗，贸然游向深水。

水好，水里产出的也就是极好的东西。淇河中段，因储量丰富的地下温泉源源不断地注入，所以河水甘洌，水草丰盛，水生昆虫和浮游生物丰富。这里生长的鲫鱼得天独厚，长得鳞色金黄，膘肥体壮，体量与脊背厚度是普通鲫鱼的两倍。经常在河边捕食鱼虾的鸭子也得到分外的滋养，它们生出的鸭蛋黄体硕大，腌制之后，蛋黄不是一种颜色，而是浅黄与橘黄层叠交错，有如层层缠绕的丝帛。而河底的鹅卵石，在水中是滋润的青色，出水之后则迅速变成赤红，色泽绚丽，纹理清晰。双背鲫鱼，缠丝鸭蛋，变色卵石，因称"淇河三珍"。

卫河的支流蜿蜒四布。其中一条溪水流经我的老家。这条溪水，就是翟泉河。我的童年，就是在翟泉河边度过的。每到夏天，翟泉河坡上长满了薄荷，河边是伸手可得的小虾和蝌蚪。因为这些薄荷，翟泉河一带蚊虫极少，是孩子们戏水的天堂。男人和男孩们喜欢到西塘游泳、捉鱼虾。而西塘上游东南支小溪经过的南坳桥，则是女人和女孩子浣衣纳凉的地方。溪水从桥下的青石板上经过，汤汤有声。水很浅，有大石块的地方刚刚漫过脚踝。洗衣的女孩子常常玩得忘情，以至于不时有洗了一半的衣服逐水而去，直到绊在十几米外的水草上。

我至今记得那些清水洗尘的日子，那些在青石板上搓衣为乐的日子，那些踏着溪水大呼小叫追赶衣服的日子，那些往上游蹚几步，掬起一捧水就可以解渴的日子，那些被同伴捉弄，一下子滚落到水里，湿淋淋从石板上爬起的日子。

那一带的人家，除了冬天怕冷，是不用烧水的。夏天，从水井里拔上来的水甘甜冰凉，小孩子渴了等不及，凑近水桶就咕咚咕咚喝起来。人们称那种凉水叫“井拔凉”。那时候，家乡出产一种“菜瓜”，瓜身修长，带有一条一条纵向凹陷纹理，可以生食，也可以凉拌做菜。还有黄瓜，是黄皮的黄瓜，个大味甜。夏天，把菜瓜、黄瓜投进“井拔凉”水里泡一会儿再吃，那种清甜脆嫩，叫人许多年之后还忘不掉。还有薄荷。薄荷的外形、气味和石香、荆芥类似，许多人都不知道怎么区分。其实很简单，看叶子就行了。石香的叶子圆，薄荷的叶子尖；荆芥的叶脉浅，薄荷的叶脉深。薄荷是喜水的植物，哪里有洁净的活水，它就在哪里生长。一棵长起来，很快就会蔓延成一大片。薄荷的嫩叶水焯切碎，以盐调匀，不需任何别的调料，几口嚼过，便会齿颊留香。

如今，翟泉河没了，这些美物也没了。它们和河流岸边的竹林一样，成了纸上的、记忆里的享受。

南河故事

母亲这辈子所经历的最大的艰难，发生在“南河上”挖河的时候。当时她十七岁。极度的劳累与极度的饥饿同时发生，对于一个年轻女孩子而言，太严重也太悲惨。想起在南河上，她总是这样开头：那时候，当个人真是受罪啊。接着，她便开始回忆当年“受罪”的种种情形。“在南河上”，仿佛成了她未了的心事，被她放在嘴边絮叨了几十年。

这絮叨终于引起了我的注意。一件被人挂在嘴上念叨几十年的事，必然是非同寻常的。

母亲的文化程度仅够日常阅读。她没有地理常识，只知道年轻时跟村里人一起去 “挖河”，说不清楚为什么去挖河，挖的是哪条河，在哪里挖的河。在几十年反反复复的絮叨里，她只说“远着呢” 。有多远？她说不上来。多少次问而无果之后，我对她的“南河”已经不抱指望。但是最近，当她又一次提起“南河”，我还是忍不住问，你当时年纪轻轻，在那儿待过一个冬天的地方，都记不得啦？她轻描淡写地说，怎不记得，就在延津呢。

这个回答于我，竟如雷贯耳。多少年了，就为这么个地名，我快要猜断了肠子，可是问过多少遍，就是没有答案。

如今冷不丁有了答案，却让我觉得有些难以置信。

从延津这个地名，我立刻想到她所说的那件事的年代。对，她说的是 1959 年。“59 年在南河上”，她反复说的就是这么个开头。1958 年夏季，黄河下游遭遇百年不遇的大洪水。为了防止那场洪水引起黄河决堤，有二百万人被调集到黄河岸边日夜死守。那么第二年冬天他们去“挖河”，很可能跟这场大洪水有关系。

我曾经推测“南河”可能是当年组织豫鲁冀三省人力共同开凿的共产主义渠。但母亲明确表示，不是这条河。

南宋时黄河大改道以后，黄河“几”字形顶部和底部各有一段东西向的河段。所谓“南河”“北河”，有可能是分别指称这两个河段的黄河，即“北河”指称磴口到托克托河段的黄河，“南河”则指潼关以下东西方向河段的黄河。《汉书》卷六《武帝纪》记载，汉武帝为了震慑匈奴，曾率领十八万骑兵到达长城以北：“出长城，北登单于台，至朔方，临北河。”单于台位于今山西大同西北黄河左岸，文中的“北河”应该是指黄河在北方的河段。

“南河”“北河”的称呼，也有可能源自清代河务名称。清雍正七年（1729 年）改河道总督为江南河道总督，掌管黄河、运河等河湖事宜，时称南河总督，所管诸河统称“南河”；次年又置直隶河道总督，掌管直隶（今河北省）境内的南运河、北运河、永定河、大清河等河流事宜，时称北河总督，所管诸河统称“北河”。

据此推测，则母亲所说的“南河”，应该就是俗称中的黄河了。但据她的描述，她的“南河”地理方位却又显然不到如今黄河的位置。

我开始推测，她说的那条河之所以被故乡人称作“南河”，可能是因为那条河的位置在“南边”。民间以相对方位称呼山川，是司空见惯的事。几乎各地都有东山西山、南河北河这一类的称呼。

母亲不曾有一次清楚明白地说起过“延津”这个地名，而我因为不经意，也从未拿这问题去向旁人请教。如今她终于说到了“延津”，且并不在意我的惊讶，兀自絮叨，那可远着呢，得走两天才能走到。

他们当年的“走”，是真走，靠两只脚一步一步量地似的走。两天，我大致算了一下，她说的是冬天，一天走八九个小时差不多了，以步行速度，共有十六七个小时的里程，的确是从故乡到延津的距离。

1959 年，延津附近并没有大河经过，那么大张旗鼓地“挖河”，难道是对延津黄河故道的清理？延津一带的黄河故道，应当是明代以前留下的。只是，为什么 1959 年要组织人力去疏浚这里的故道呢？我问母亲，她摇手，答不上来。看来我只能自己去找答案了。

去延津

已亥年冬，我专程来到延津。

延津黄河故道森林公园在今延津县城以北约十公里位置。公园内如今已有上万亩的刺槐林，但成片的沙丘是个明确的提示，这里曾是黄河故道。延津在明代以前曾是黄河流经之地。

这一带黄河故道形成的沙地据说还有三十万亩。我

们开车走到公园尽头。我看见一条长长的沙丘，其上树木参差，荆棘遍布。这沙丘高出地面有一两丈，不像是自然堆积的沙丘。这是黄河故堤吗？母亲曾经说起的延津“南河”，是不是在这里？我四下观望，想找到一点佐证。脚下的地面松软浮泛，都是沙土。大堤不可能用沙土修筑的。我记得母亲说的是“挖河”，从河底挖沙，把沙子运到高处去。可能这就是他们挖河清理出来的沙子？不能确定。我有些沮丧。那么，还是先就近去看看酸枣阁吧。

“酸枣”，是延津的古称。今天的延津县城是后来新建的。明万历八年（1580 年）以前，延津县城在今胙城乡附近。传说在 1580 年（一说是清雍正五年，即 1727 年），一场风沙将胙城掩为平地，自此古胙城不复存在。“沙压胙城”到底只是个传说还是实有其事，今已无从考证。那个因黄河大决口而著名的宿胥口，就在延津以北数十公里处。那次大改道之后，黄河自宿胥口右徙，向东南平移一百多公里。则故道所经的胙城积沙为患，想必是难免的。

汉代黄河最早的改道，就发生在今延津县石婆固镇——当时的“酸枣”县。“酸枣”县设置之前的春秋时期，此地为郑廪延邑。公元前 242 年，秦实行郡县制，因为此地境内多酸枣树，于是置酸枣县。北宋政和七年（1117 年），以此地位于黄河渡口，又取廪延邑名，改称延津。

酸枣阁位于今石婆固镇张集村。我与朋友停车走向酸枣阁。南面两位老人有说有笑也朝这里走来。其中一位正是酸枣阁的看守人。老人叫陈永堂，是张集本地人，义务看护酸枣阁二十多年了。另一位叫潘顺知，是滑县牛屯人，十七岁时来此地卖豆腐，来看过酸枣阁，用手摸过阁楼里的古枣树，如今五十多年过去了，他说，他就想趁着还能动，再来这里看看，再摸摸这棵酸枣树。就这样，白发苍苍的潘顺知骑着电动车跑来了，在村子里偶遇陈永堂，问起这棵枣树，没想到，陈永堂正是护树人。两人聊得投机，陈永堂立刻拿上钥匙，来给他开酸枣阁的门。就在这时，我和朋友也赶到了。

所谓缘分，就是如此吧——有同知，怀同好，执同念，机缘便会加减乘除，让本来不可能遇见的人们，在某个路口会合。

酸枣阁内的酸枣树早已成为化石。一般来说，酸枣树都生长在山坡上，常为灌木丛，所以称为“棘”，意思是成片横生的野枣树。但奇怪的是，这棵被人以楼阁围护起来的酸枣树，却壮大高耸，犹如参天乔木。

关于酸枣阁和阁子里的这棵酸枣树，民间传说有多个版本。其中之一是，唐太宗时宫中一位娘娘得了怪病，多方诊治无果，偶然吃了这棵酸枣树上的枣仁，怪病立时痊愈。太宗以为神奇，于是派尉迟敬德到酸枣山，修了这座酸枣阁。

阁楼南向留有一米多高的小门。陈永堂拿着钥匙，平时为了护树，等闲不让人进。两人不知我是何人，但见我对酸枣阁感兴趣，不但未加阻拦，还热心给我介绍。陈永堂说，这棵树上的酸枣大于平常的枣三四倍，味酸甜，核为双仁，若把枣子连叶摘下挂在屋里，放很久果皮都不会干枯。陈永堂说着便从衣袋里摸出两枚枣核，其中一枚是半开的，里面果然是双仁。他说，像这样的酸枣树原来有二十多棵，其他长在阁外，慢慢都死了，就剩下这一棵。

因传说枣树有医治百病的功效，附近的人有病就来烧香上供，摘几颗酸枣当药吃。若没有酸枣可取，就宁可刮点树皮带回服用。久而久之，枣树被刮死，枯树根却在阁外另发新株。

小小的阁楼内，古枣树状如铁石，树围约有两米。楼下北墙嵌有一块石碑，上镌明代吏部尚书李戴所撰《古酸枣记》，记述了“酸枣”地名由来及唐时尉迟敬德修阁故事。阁内光线微弱，潘顺知便打开手电筒照亮，以便让我看清楚碑文。

我在阁楼外的石阶上坐了一会儿，请他俩抽烟。两位老者须发皆白。一个看守着一棵已经成为化石的老树二十多年，另一个时隔半个世纪还惦记着年轻时候见过的这棵树，在年逾古稀之时还不惮路远，专程赶过来要再看一眼。怎么会有这样的人呢？我在心里暗暗感叹。

我想起已故的父亲。他们都是有“癖好”的人，会对某些事物抱有“不切实际”的热爱和关心。因为一言难尽的原因，他们身上有些珍贵的禀赋，也许从来没有机会获得激发和光大，但他们却于无意之中，构成了另一种记录。那是口耳相传的、民间的、栩栩如生的、具象的历史，每一处细节都像那小小的枣仁一样，曾被捧在掌心，藏在衣袋里，小心地收留过。因为饱含热爱与热情，那记录往往格外真实。

听见我正在找古堤，两人高兴地说，这知道，知道，东龙王庙还有古堤，走吧，领着你去。

东龙王庙是个村庄的名字，因古时临河，村东有龙王庙，故名。村北新修的菏宝高速公路东西横亘，不时有车辆呼啸而过。在通向村北的乡道两侧，赫然耸立着高高的黄土残垣。道路西侧的残垣只剩十几米长，东侧则蜿蜒伸向东南，成长条梯形，的确是大堤的形制。看来是为修这条乡道把大堤截断了。残堤北侧和缓，南侧陡峭。以此推测，南侧当为临河面。那么现在的东龙王庙村，就在当年的河槽上。

我问陈永堂，您老知不知道这是什么时候的大堤？

他说，不知道，就知道叫太行堤。

太行堤？我心中大喜，说，这是明朝修的河堤啊，是一个叫刘大夏的老尚书带人修的，有五百年了。

两位老人也高兴起来，说，那难怪哩，这堤过去可长了，一直通到长垣。

我们顺着大堤向东南走。眼前这一段残堤，长度只剩下一公里左右。东边的大堤哪里去了呢？陈永堂指指北边的高速路说，当填土卖了。

我沿着残堤默默走了一会儿。1493 年，当时的黄河河道紊乱，在这一带是怎么个流向，我一时记不起来了。明时太行堤的修筑最大限度地利用了前代的古堤。汉代黄河最早的一次决口，是在汉文帝十二年（公元前 168 年），当时有“河决酸枣，东溃金堤”（《史记·河渠书》）的记录。其后，黄河在酸枣决口十余次。公元 69 年王景治河时，修筑了荥阳至千乘入海口千余里黄河大堤，并在长寿津位置对西汉河道截弯取直，使黄河东流入海。堤随河路，大堤必然也是这个轨迹。这个位置，当时应该在黄河南边。但是这段残堤分明是左岸堤啊。难道是我判断错了？

我问他们，过去黄河在哪边？他们几乎异口同声，在北边，北边都是沙堆，就是黄河留下的。

王景治河以后，说是安澜千年，实际上千年之间还是有过一些小的决溢。到了五代十国时期，决溢逐渐变得频繁。据《旧五代史·张敬询传》记载，后唐明宗天成五年（930 年），张敬询为滑州节度使，“以河水连年溢堤，乃自酸枣县界至濮州，广堤防一丈五尺，东西二百里”。酸枣县界，正是眼前这个位置。这段古堤，是在汉堤基础上的修筑加宽。

明朝廷派刘大夏治河，主要是为了保持漕运畅通。又因为皇都在黄河以北，所以，刘大夏主持治河的基本思路是治黄保漕、北堵南分。他主持修筑的数百里长堤都是黄河北岸的遥堤，目的是预防黄河洪水北泛，冲击运河。长堤在今河南境内的路线是胙城—滑县—长垣，基本是东西走向，也利用了汉至五代的故堤。

如果这段残堤就是太行堤，那么我的判断是对的，这是左岸堤。两位老人所说残堤以北的黄河故道，应该是更早一些的黄河故道，据其位置，有可能是王景治河之前的西汉黄河故道。

到了清初，特别是康熙末年，黄河水患达到一个高峰，豫北武陟至长垣一带连年受灾。雍正当政之初，即重新任命河务官员，统修武陟以下南北大堤。当时大学士张鹏翮奏称，“北岸太行堤自武陟木栾店起至直隶长垣止，系奉圣祖仁皇帝指示修筑之工，关系黄、沁并卫河运道重门保障”，建议“作速修筑”。文中所指康熙时期修筑的这段大堤，当时也称太行堤。太行堤之名不可能是不同大堤的重复用名，而只能是旧名的沿用。这说明清代黄河大堤至少在延津至长垣段借助了明时太行堤。

这段残堤与许多地方的古堤一样，是经过世代修筑遗存至今的。说它是汉堤，后唐古堤，明太行堤，或清太行堤，都成立。在明以前，它的位置在黄河南岸。明以后黄河河道南徙，这里地处黄河北岸且不临黄河，乃成为黄河北岸的遥堤。

记忆里那个村庄

我又一次想起母亲的絮叨。我问，这个地方，1959 年是不是修过河堤？潘顺知说，修过黄河二道堤，不在这儿，在长垣，长垣“liao qiang”。

长垣是个有意思的地方。这个小县城，既有硬朗的起重机械、医用卫材、防腐建材，也有琳琅满目的美食。早在北宋时期，大约是临近京都的缘故，长垣地方就有了宫廷菜、官府菜、市肆菜、寺庵菜和民间菜五大系，熘炸煎炒，蒸煮烙烤，各色俱全。后来成为豫菜名品的鲤鱼焙面，就出自长垣名厨之手。长垣厨艺有多好呢？随便查看一下宋以后历代宫廷御膳房的掌厨名录就知道了。俗语“长垣村妇，赛国之厨”，可谓名不虚传。

我弄不清潘顺知说的“liao qiang”是哪两个字。他也不清楚。长垣“liao qiang”，母亲从来没有提过这地方。

这些年我走过许多这样有实无名的地方。这些地方，倘若根据纸上线索去找，常常费尽周折。寻访再用心，若不得其人，你什么也问不到——很多人对历史、地理毫无概念，即如我可怜的母亲，哪怕对自己的亲身经历，她也说不清楚。但若有幸遇到陈永堂、潘顺知这样的有心人，则常常是问一得三，问三得十，他们能前后联络、左右钩沉，把旮旮旯旯的掌故讲得清清楚楚。我就想，这样的奇人，往往有着极好的天赋，虽然没机会接受系统教育，却受天赋与好奇心的驱使，于精神源流中自我开路，专注求知，念念不忘，于是仍能拥有非同流俗的见识。这些散落在民间的知者，正如伍尔夫所说的“散落的小说家”，让我感到又惊喜，又可惜。

回到郑州，我又一次打开卫星地图，在长垣县辖区内细细寻找。是柳桥吗？不是。读音错得远。长垣以西都找遍了，没有一个读音近似“liao qiang”的村落。是不是那村庄改了名字？我不甘心，继续找。快到黄河边了。一片名为“了墙”的村子从密密麻麻的村落群中突然跃出。瞬间仿佛心脏漏跳。原来是“了墙”！这么奇怪的名字，有几个村子都用着。东了墙，王了墙，韩了墙……它们就在长垣县城东郊，如今已经和长垣县城连为一片，难怪一直找不到。

这些“了墙”村，东临一条叫作“文岩渠”的小河——从走势看，这应该是黄河左岸河滩淤积隔开主河槽形成的自然河流。文岩渠自西来东，在长垣县城南边弯转向东北。弯转之内是“大车东”和“大车西”——这名字，必与史载河堤东端的“大车集”有关了。而“了墙”村落群附近的村子，则有刘堤、郑堤、张堤、夹堤……一切都对上了，就是这里了。这里就是他们用铁锹“挖河”、一筐土一筐沙堆起来的河堤啊。

潘顺知把二十世纪五十年代末豫北大动干戈修筑的那道防洪堤称为“二道堤”。“二道堤”，不就是遥堤吗？想必是当时人们通行的叫法。再查黄河大事记。二十世纪五十年代末，豫北集中人力，在延津、长垣一带修筑过防洪堤。那么，就是这道已经看不见的堤了。

然而，当我拿着这个好容易问到的地名去向母亲核实时，她却十分干脆地回答，不是这地方。

那你再想想，我一时有些沮丧，又不甘心地问，你到底是在哪里挖过河呢？

她说，好像是什么屯。

什么屯？

想不起来了。

为了这个“什么屯”，我又开始在地图上搜。延津的“什么屯”太多了——任光屯，郝光屯，获嘉屯，吴安屯，新生屯，辉县屯，前新乡屯，后新乡屯，张士屯……今年春节，当我拿着这些“什么屯”在她面前念叨的时候，我的老母亲，她冷不丁又来了一句，可不就是吴安屯。

我立刻放下手里的杂物，打开电脑，打开卫星地图，搜“延津吴安屯”。这个村庄，与我曾经到过的黄河故道森林公园只隔了一个路口。咫尺之距，那一趟竟错过了。它如今已经分为东、西两个屯。吴安屯附近有两条河，北边的叫白河，南边的叫大沙河，也叫柳清河，似乎都是卫河的支流。你记得白河吗？记得大沙河、柳清河吗？我问。这一次，她的回答毫不迟疑，不错，有个大沙河。

我终于找到了母亲絮叨了半个世纪的“南河”。

我与那段被母亲一再絮叨的往事之间，仿佛曾有过一道被遗忘的口令，一重尘封已久、设置复杂的密钥。如今，口令终于对上，钥齿一朝相合，往事的帘幕哗地拉开，他们都在那里，仿佛原样未动，只等着我去相认。

我对着卫星地图上那个小小的村庄，那两条细如游丝的河，一时有些眼眶发涩。

吴安屯一带的旧堤踪迹俱无。

母亲说，那时候啊，天天男的挑，女的抬，把河里的沙土弄到一个大土堆上，谁知道是干什么呢。去挖河的人要摊派到户。我们家父亲在部队，爷爷有腿疾，奶奶是小脚，叔叔姑姑年幼，十七岁的母亲刚嫁过来，就作为青壮劳力“下南河”去了。

母亲絮叨最多的不是累，而是饥饿。那时候，天天干重体力活的人们，一天三顿红薯叶稀汤，每人每天发一个黑面饼。当时姥爷也在南河。姥爷家庭成分被划为“地主”，处处低人一等，干的是最苦最累的活。姥爷连累带饿，下南河不久就病得不省人事，被人抬回了老家。为救姥爷，母亲省下了每天那个面饼。她饿上一阵子，把积攒多天的粮票换成白面，偷空送回娘家。奄奄一息的姥爷就这样喝了一阵子稀面汤，才算捡回一条命。十七岁的母亲却饿晕在河堤上。

那应该是在1958年冬天。但是母亲确定地说，是1959年。这也是可能的，大洪水来过的第二年，黄河的防洪成了一件需要全民动员的大事。黄河北岸的这道遥堤，大约会从西部太行山麓一直修到长垣黄河岸边。如此一来，黄河一旦向北决口，遥堤以南便是滞洪区。

在那个极度贫瘠的年代，任何大规模的建设都意味着靠人力硬撑。成千上万的人，蚂蚁搬山一样靠肩扛手提去修筑一座数百里的长堤，用什么能够形容那种情形？我不忍用“艰苦卓绝”来概括，因为“艰苦卓绝”太雄壮，而母亲的叙述中充满了悲苦的味道。她总是长长地叹息，想起在南河上，那时候的人，都是咋受的呀。我也很难以“悲惨”来做武断的概括。因为，以当时的社会积累和建设条件，要避免预估中的黄河水患，并没有更好的办法。艰苦，似乎是那一代人必须承担的命运。

每当想起那个年代，我都难免有几近失语的疑难。隔了这么远，必然有些情形，是我难以感同身受的；也必然有些意义，是我难以设身处地去理解的。虽然我已经尽量了解了这么多。

那一趟回程，我与朋友绕道延津县城，特意去吃刚出炉的火烧。延津火烧闻名已久。刚出炉的火烧外焦脆里香糯，一圈一圈的面壳子里裹着精心调味的肉馅，咬一口，香得让人口舌发疯。那天走了很远的路，很饿。我们就站在街边吃。

我想起母亲说的话。那时过延津，她兜里也揣着几张零钱，不过，她从来没舍得吃过一口火烧。我怀疑这是她记忆的讹误。路过延津是有的，不舍得买火烧也是有的，但是这两件事不太可能是同时发生的。在她去往“南河”的时代，所有的食物都需要粮票，街上不可能有用钱就能买到的火烧。

那情景尽管可能是老人记忆里自动发生的“虚构”，却让我每听便觉得揪心。一个十几岁的新嫁娘，搁现在还是个孩子，在那缺吃少穿的年代，闻着烤炉里面飘出的香气，她必定也是馋的吧。不然，她也不会在时隔五十年后，每说起她的“南河”，还总捎带着提提延津的火烧。她忍饥挨饿的情景让人心疼，仿佛她是我的孩子，我却没有喂饱她。

我问，那以后你又去过“南河”没有？

她说，哪有事去那儿呢，大老远的。

她对车程也没有概念。她可能想都没想过，如今她“抬脚就来”的郑州，比延津还要“远”，已经“远”到了“南河”的另一边。

等个春秋天吧，我想。如今我总算知道了她念念不忘的“南河”在哪里，知道了他们当年受那些苦和累，究竟是为着个什么。等个春秋天，不冷不热，得带她去认认故地，去延津，去吴安屯，去看看她记忆里的高堤和沙丘。顺便，让她尝尝年轻时候忍了多少回都没舍得尝一口的延津火烧——即便如今她已经咬不动外面的脆壳了，就吃一口热腾腾软塌塌的火烧芯儿，也是好的。

第十二章　深呼吸

庚子年春节刚过，我国申报“国际重要湿地”新提名湿地名单公布，包括甘肃黄河首曲和河南民权黄河故道在内的七处湿地获得提名。此前，我国入选“国际重要湿地”名单的湿地共有五十七个，大多分布于东北三江平原、东南沿海、云贵高原和长江流域，黄河流域只有河源区的鄂陵湖、扎陵湖湿地和入海口的三角洲湿地，流域中段是空白。

按照拉姆萨尔《湿地公约》确定的标准，具有国际意义的湿地至少应具备以下条件之一：包含适当生物地理区内一个自然或近自然湿地类型具代表性、稀有或独特的范例；支持着易危、濒危或极度濒危物种或者受威胁的生态群落；支持着对维护一个特定生物地理区生物多样性具有重要意义的植物或动物种群；在生命周期的某一关键阶段支持动植物物种，或在不利条件下对其提供庇护场所；定期栖息有两万只以上的水禽；定期栖息一个水禽物种或亚种某一种群1%以上的个体；栖息着绝大部分本地鱼类亚种、种或科，其生命周期的各个阶段、种间或种群间的关系对湿地效益或价值具有代表性，并因此有助于全球生物多样性。

简而言之，湿地不仅要有湿度，还要具有一定程度的生物保护功能。我国国家重要湿地标准的制定也参照了这些规范。

原生湿地被喻为“地球之肾”。地球对生物生命的全部支持，都基于它自身具有的生命属性；而原生湿地，是这个巨大生命体的活力之源。真正的湿地对人类而言是“反宜居”的，它的本义是水洼、沼泽或泥塘，是特定生物群落的渊薮，而不是人类的“风景区”。

野外

己亥年秋，去黄河博物馆的人忽然多了起来。看着人头攒动，我决定换个时间再去。那天阳光格外灿烂，街市明朗，晴空如洗。我退出博物馆，想到了附近的黄河湿地公园。

黄河中下游的天然湿地早已寥寥无几。近年来经过人工培育形成的湿地，基本上分布在水库库区、沿河洼地和滩区、黄河故道或滞洪区洼地。除了水库库区外，其他湿地均有体量小、季节性、生物群落不太丰富的缺陷。潼关以下的黄河两岸，自灵宝鼎湖湾到三门峡水库库区一带，再到下游小浪底水库库区，右岸伊洛河流域的故县水库、陆浑水库库区及其附近一带，形成了一个半天然、半人工的巨大的条状湿地带。向下过嵩渚余脉，从郑州到兰考，有一些零星的人工培育湿地，比如郑州黄河国家湿地公园，中牟象湖—雁鸣湖湿地，开封柳园口湿地，兰考、长垣沿河湿地，等等。这些公园式的湿地，因为直接受黄河水势的影响，因而呈现明显的季节性特征。在普遍干旱的黄河中下游地区，尽管这样的湿地已经算是难得，但是称之为湿地还是显得勉强了。严格地说，它们并不具备“湿地”的要素和功能。

在我近乎偏执的印象里，唯有含水量充分的原生湿地才是湿地。野性的恢弘、混沌与丰沛的元气，那种浑然一体的生命感，强悍的生长性与同化力，都是人工湿地难以模拟的。失了天然气质的野外不叫野外。离开了天然湿度及其造就的泥沼，缺少了与湿地的温度和湿度条件相适应的生物，作为“湿地”的景观就没了灵气。人类对于湿地，只能珍惜、养护，甚至只能远观。一旦介入过度，“野外”便会退却。

这一带黄河沿岸地块，被各种景区分割得零零碎碎。荥阳以下，大一点的风景区便有三皇山桃花峪旅游区、郑州黄河风景名胜区、郑州黄河国家湿地公园、黄河花园口旅游区，加上私人承包开发的各种游乐园、种植园，以及近河乡村开垦的河滩田地，黄河岸边的“野味”实际上已经不存在了。人力造得了景观，造得了湿地的模样，却造不了气氛，造不出湿地的魂魄。而湿地所必需的规模，在这样地块分割的情况下似乎也很难成立。

但是这个下午，阳光这么好，我想，总要先看看再说话吧，无论如何，想当然都是某种自我蒙蔽。

这块“湿地”就在城北花园口西侧的黄河南岸，不远。陪我前来的朋友一迭连声催促，快点快点，不然看不到大河落日了。她刚从敦煌云游回来，一个人驱车远行数千里，两次途经兰州，又绕道龙羊峡，一路上不知看了多少“大河落日”。但她似乎还没看够，到了这里，惦记的依然是“大河落日”。我顾不上欣赏她的“大河落日”，径直朝湿地公园深处走去。

靠近河边，人为的痕迹渐淡，步道两侧是表面结块的泥洼地，触目所及，是连片的白茅、蒲草、芦、荻、荆棘和藤蔓植物，还有罕见的野大豆。来之前查过资料，知道这里的野生植物有三百多种，观测记录的鸟类一百多种，包括国家重点保护鸟类东方白鹳、黑鹳、白琵鹭、天鹅、普通鵟等十六种——这也是黄河自三门峡以下河段常见的鸟类。本以为只是个概念。没想到，这里真的是一派野生植物丛生、群鸟飞翔的景象。空气里有隐约的腥气。我熟悉这气息，这是湿地特有的气息。这是不是说明，即使在干旱的黄河下游，经过人工植被涵养，湿地仍有恢复的可能？

这片湿地公园，前身是2004年成立的自然保护区，2008年经国家林业局批复，成为湿地公园试点之一。随后，地方财政安排专项资金加以建设，沟通水系三千多米，还扎起了六七百米的隔离围网，以免游人涉足。至2015年底，经过连续培育，这里成为国家湿地公园。像所有这一类公园一样，湿地公园也划分了功能区，在滩地探索区、生态保育区之外，还有科普、休闲、农耕文化展示等功能区。

即便是这样的湿地，比起其他形式的开发来也已经“天然”了许多。虽然也是经人力修护的结果，但毕竟有三千多亩原生态湿地为基础，加上后来恢复的四百多亩，目前至少是郑州及周边一带最具“荒野”风格的“湿地”了。

完全恢复当然需要时间。但经过几年的努力，荒野还是返回了一点点，或者，更准确地说，荒野正在返回。人类不加涂染，河岸自会褪去妆饰，恢复它的天生丽质——明艳也好，憔悴也罢，它是自在的、含有活力的，它会很快具备吐故纳新、自我维护的能力。这些年，郑州地块上有许多这样的“湿地”开始恢复，诸如郑州西郊的索河湿地，北郊的北龙湖湿地，南郊的龙湖湿地，等等。尽管称呼“湿地”有赶时髦的嫌疑，但是至少，涵养湿地的植被已经在方方面面的持续努力下渐渐恢复起来了。

时值初冬，走在大片的矮林荒草之间，人会不由自主地感到孤弱。

野性自有威力。在傍晚的天色里，“野外”以它的荒蛮、纷乱、密集、庞大，仿佛在下达逐客令。

沿着步道穿过湿地，来到河边。这一段黄河在郑新公路大桥西侧。在这里变成公园以前，我和几个做水文和考古研究的朋友，沿着河滩到这里来过。就在这两棵斜向河面的大柳树下，我记得。当时的水面远没有这么高，眼前与水面齐平的大石块彼时还在高处，盛夏的黄河水量也并不大，我们在河边喝酒，聊古时的河道与河堤，聊地名的由来，聊远古时代野象奔腾会是怎样的胜景。彼时烈日炎炎，我们在河边的柳树下吹着凉风，依然汗流浃背。那天回去以后我病了一场，低烧中梦见了巨大的荒原和成群的野象。聊天的内容丰富了那个梦境，以至于此刻回想起来，竟觉得身后郁郁葱葱的水生植物和梦里一般无二。

眼前的黄河河面开阔，水势浩荡。北岸在几十公里以外，从这里只能看到隐约的绿树梢头。我喜欢无所事事地看水面——河面，湖面，或者海面。静水深流的开阔水面有着不可思议的抚慰力，看一看，心里便安泰无比。

坐在旁边的朋友俗常看起来最是随和不过。在市场经济初兴时代，她原是商界知名人物。近年来因照顾年迈的母亲，她想到越来越普遍的养老需求，遂与朋友联手，着手筹建商业性养老院。当筹资数千万元的养老院刚刚开张运营时，那一带的大拆建开始了。她眼睁睁看着付出了巨大心血和投资的养老院几天之内被夷为平地。继此而来的，是多米诺骨牌式的连锁反应，和局外人难以想象的麻烦。

她坐在那里看河，沉默，抽烟，微笑，聊天，看不出有什么烦恼。如此沉得住气，让我暗暗感到惊讶。同在戊戌年，我无端遭遇近身围攻。说是“无端”，怎能“无端”呢？十面埋伏，不过是怨恨主使；而怨集恨结，各有缘起。总有那么一些暗物种存在——它是势利的，也是善妒的。如果你弱，在它眼里你就是空气；如果你强，在它眼里你就是钉子。

在一番番端起酒杯时，她一直是个倾听者。她不诉说，也不劝解。看着这河面，我终于感到了言语的轻浮。相对于我们全部的经历，言语或许只是遮蔽。真相千丝万缕，远比言辞玄奥。一开口，它就走形了。我也沉默下来。

这随和至极的人，常常让我想到水面。

谁能捶打水面？扔来什么，它都能使之沉底。这不是人们通常所理解的容忍，而是心不在焉、视而不见。

待在水边，慢慢地深呼吸，满腔的杂念便从肺腑里呼出来，散掉了。也许，所有的“天然”都是值得尊重的，人自身也一样。人只能有限度地修改自己。哪怕仅仅是为了自护，过度的修改也会成为损毁。

河面上的反光黯淡下去了。一艘冲锋舟从东边铁路桥方向疾驰过来，在河心水面掠过，驰向西边的邙山后面去了。铁路桥上的路灯在远处连成一线，几乎与地平线重叠。仿佛是在看海。这“海”浑浊苍茫，在光线微弱的黄昏，让我想到“海咸河淡，鳞潜羽翔”的句子。所谓“自然”，就是这样的吧——各体其性，各得其所，便是最好。

贾鲁河从门前经过

从我居住的小区出门左转不过百步，就是贾鲁河在郑州市区西部的河道。这个段落，是西流湖公园南部。公园中心位置的河道还在疏浚清理，暂时还没有放水。但几年前开始的清淤植绿已经初见成效，外围只设了低栅栏的公园里曲径缓坡、低草高树，是我这个懒人都乐意常去走走的地方。在我印象里，这个段落也恰是贾鲁河上游与中游的分界。

清代，为了便利中原漕运，贾鲁河不再引用黄河水，而是以较为清澈的京水、索水、须水为源。今贾鲁河上游的流路，即始于西引京水、索水、须水的时候。道光二十三年（1843 年）与 1938 年，黄河分别在中牟九堡和花园口决口南泛，郑州到开封之间的东西向河流两度被切断。1938 年花园口扒口时，贾鲁河下游直接沦为黄河南泛的泄洪道。1947 年黄河归故后，贾鲁河因失去水源而干涸。1958 年大兴水利，地方政府重新疏浚贾鲁河故道，同时从花园口西侧的岗李引黄南下（引水渠名东风渠）入贾鲁河故道，经中牟、朱仙镇、尉氏、扶沟、西华、商水，中途接纳双洎河、溟河，至周口入颍河。二十世纪六十年代因沿岸农田出现盐碱，引黄闸关闭，贾鲁河再度干涸。

今天的贾鲁河河道，是郑州市“十三五”规划启动以后重新疏通的。郑州以下利用1958年疏浚的河道，花园口以上利用清代故道，西支仍以索须河水为源，东支则沿用古京水故道。

贾鲁河东支以山间涌泉为源，上游多湖泊。

西流湖，是贾鲁河上游第四个小湖泊。从此上溯数百米，在中原大桥以南，即是贾鲁河主干与支流孔河交汇之地。孔河源于郑州西南郊的洞林湖，中段有寺河水库和常庄水库。贾鲁河干流在尖岗水库以上又分东西两个源头，东源在郑州市区西南部樱桃沟一带，西源在郑州新密的圣水峪。

圣水峪为浮戏山区浅山峡谷。山谷周围有九个突出的山丘环绕，故此地又称“九龙嘴”。山谷中间最低处，有一潭池水时隐时现，当地人觉得神秘莫测，故称“圣水池”。这一带低山区水源丰沛，草木茂盛，是花鸟虫鱼的乐园。花鸟虫鱼引来了画家、雕塑家，他们在山中建起了个人工作室和小型创作基地。圣水池的池水来自山中涌泉，池中是自然形成的石穴。据说圣水池的泉水出没无常，每隔数年会暂时干涸，不知何时又会冒出。泉水会依季节变化温度，冬天是热泉，池水热气腾腾；夏季是冷泉，池水凉气袭人。水中的小鱼总是局限于池中，水流动，小鱼却从来不会随流水跑到池外。池水旺盛的时候，深可达十米有余，翻滚而出的池水漫过池口的石头，向西北滚荡而去。

圣水池旁山坡上始建于北魏后期的圣水寺，历史上曾与“天中三林”（少林寺、竹林寺、洞林寺）齐名。

据说在二十世纪七十年代前，圣水泉还是泉水喷涌的状态。而今虽已不见泉水，却仍有深沟阔谷，可见原来水势之盛。

沟岸有小路顺河而下。沿路向北到龙园水乡一带，沟谷中开始出现水面。再向北约一两公里，就是水磨乡——二十世纪二十年代郑州地区第一个农民协会成立的地方。

水磨乡的名称也得自贾鲁河水。这一段干流曾有申河、袁河等小溪流注入，因而水量激增。湍急的河水在奔涌下山时可以带动石磨。河水击打石磨的声响犹如闷雷，响彻十里。在水磨桥位置，贾鲁河河道比源头开阔了许多，两边河岸俱是黄土低丘。我们把车开到一处高台上，在拆到一半的一处院落大门口，有一块刻着“荥阳水磨区农民协会遗址”字样的石头门牌。但石牌是后来刻立的，当时的农协具体位置在哪儿，当地人也只能说个大概。

在贾鲁河干流与支流孔河交汇处，南水北调总干渠自南向北经过。这个三河汇集点以西，便是新开发的常西湖新区的南区。这个区域在中原路和陇海路之间，南水北调总干渠与新修的丹水大道东西向平行横贯。西有建于2007年的郑州市植物园和2019年投入使用的郑州奥林匹克体育中心，中有刚刚建成的郑州大剧院和郑州博物馆、档案馆、美术馆新馆，东有文化馆、杂技馆新馆和市民活动中心。

因为沿河植被充分、道路宽阔且极少行人，这里一早一晚常有跑步者沿街环行。我喜欢在每天下午下班以后绕道雪松路回家，顺便在这里闲逛一会儿。至少目前，这里还不拥挤，算得上空旷。

我有多久没来植物园了？超过十年了。上一次来是陪着父母一起来的，那时候这些树都还没有长大。他们坐在湖边长椅上的合影，是我给父母亲拍的最后一张合影。那是“五一”节，我记得。坐在长椅上的父亲满面喜悦。两年之后，父亲罹患肺癌。又一年后，也是在“五一”节，他离开了。这片园林像是一处秘密纪念地。

通向家门口的凯旋路穿过南水北调总干渠的河湾，与贾鲁河平行向北。凯旋路东侧，是贾鲁河上游湖泊西流湖的南段。这一带湖泊向北一直到郑州市高新区，起初即是利用贾鲁河的旧河道蓄水形成的人工湖。据老郑州们介绍，这片人工湖是郑州人在二十世纪七十年代通过义务劳动开挖的。人工湖的水源来自黄河。黄河水通过提灌站输入邙山引水干渠，经石佛沉沙池沉淀，再把清水分别引到西流湖、柿园水场和市区的金水河。西流湖的名字，据说就是取“黄河水西流入郑”的意思。

在我初到郑州的时候，这里还是郑州市的西北郊，西流湖水量充沛、湖面宽阔，水上能够行船。这片湖面，当时是郑州为数不多的休闲去处之一，因同时提供生活生产用水，也被称为郑州市的“大水缸”。世纪之交，随着普遍出现的干旱，西流湖水面萎缩，风景不再。2009 年 9 月底，郑州市南部生态用水河道输水工程完工，把黄河水直接输送到柿园水厂，西流湖不再作为备用水源，遂成废地。2010 年河南省确定的六十六个城市生态建设项目中，西流湖城市生态公园列为唯一在城市建成区内的生态公园项目。2011 年，郑州市政府把这个项目列入当年的十项重点工程之一。2012 年底，来自邙山提灌站的黄河水经引黄干渠重新进入西流湖。

生态公园南区正在持续清淤植绿。看情形，南北区之间有大约两百米河段还在封堵着。想来不久就会全线开放了。

从西流湖向下游去，贾鲁河在郑州市区的西部、北部和东部绕行半周，然后在中牟以东南下。在这个半圆形的河段，有贾鲁河上游最大的支流索须河注入。两河交汇点在郑州市北区的祥云寺——黄河湿地公园和花园口纪念广场以东。也就是在这个位置，贾鲁河与黄河擦边而过，转头向南，奔赴淮河。

索河风景

发源于荥阳市崔庙镇石岭寨的索河，是郑州西部较大的自然河流。从河源到与贾鲁河汇流处，大小支流自上而下有十几条——翟沟，三山河，七寸河，龙门河，高河，巴河，阎河，楚庄河（又名小河），康寨河，须水，贾峪河，等等。沿河建有三仙庙、丁店、楚楼、河王、庙湾五处水库。它们曾在嵩山东北麓低山丘陵区和荥阳原上铺开宽展的水扇面。

通过卫星地图俯瞰，索河湿地公园整个呈绿色，水库库区的水面则是有点诡异的墨绿，看上去像是绿色植被带上面的漏洞。本地市政部门临河布设，修了几十公里长的高架悬空木栈道，使行人能够就近观赏索须河风景。这是近几年郑州郊野公园规划项目的一部分。项目一期工程重点整治的是丁店水库沿岸。走在栈道上，能看到满河谷的水草杂树。不知道底细的会以为树下面就是河水。其实没有水。郑州西区地势高，河道里的水会顺势而下，跑到东边去。索河直到楚楼水库以下才能见到连贯的水面，而水量比较大的河段则在须水汇入以后。须水虽然是索河最大的支流，但是除了雨季，其他时段基本上也是干涸见底的状态。

河流的消失与湮废，是令人惋惜的事。一条从身边流过的河流，它似乎跟我的日常生活没有关系，却又似乎与我的全部思考息息相关。我对这些事物的好奇仍未消减。

为了找到那条曾向北宋东京输水的京水，我在索河和贾鲁河之间来来回回看过多遍。从《水经注》记载看，京水与“黄水”本是一条河。“黄水”之名起因于其发源地黄帝岭，“京水”之名则因于这条河流经东周时期郑国共叔段的京城（今河南省荥阳京襄城）。据说古京城东城之外的城壕就是京水故道。如今古京城遗址被层层圈围保护，并且建起了巨大的遗址公园，这道城壕已经很难寻找。

庚子年小满时节，我看完丁店水库附近的一段索河湿地，途经唐时兴国寺遗址，顺路停留，意外看到了一条小河。直觉提醒我，这个位置应该就是古京水流经之地。一位老人从河岸路过。我问这条河是从哪儿流过来的，老人回答，顺着这条河往上走，到赵家垌，河里还有水，再往上是京襄城，就没水了。

经过京襄城，与方志记载中的“京水”位置是吻合的。

老人说，这条河过去叫“运粮河”。

我听了不禁一愣。“运粮河”？清代贾鲁河以京、索、须水为源，可不就是为了运粮吗？在郑州、开封一带，贾鲁河至今还有“运粮河”的俗称。那么这条小河，就是为贾鲁河引水的京水了？

这条河往下流到哪儿，老人也说不上来。眼前的这条小河，宽不盈丈，深不足尺，河里有几个大孩子在捡田螺。这就是曾经水势浩荡、可以运粮的京水？看着这窄小的河沟，“找到”的喜悦里掺杂了惋惜。

郑州至今还有两个因京水流经而命名的村庄，在北部花园口附近的叫大京水，西部的叫小京水。大京水在汴渠上游，为水旱转运码头，曾经兴盛数百年。唐时王维《宿郑州》有“明当渡京水”句，所指就是这处渡口。小京水在哪里呢？这个村庄在地面上找不到，借助搜索引擎搜不到，在地图上也找不到。直到最近，才偶然听说这个村庄和西流湖一带的村落拆迁有关系。原来小京水村就在西流湖南北区交界处的河岸上。我找了许久都无踪影的小京水，竟然就在我的住处附近，距离不过数百米。这个小区拆迁是2013年的事了。如今村民已经回迁。新建的小区名“京水湖畔”，就在凯旋路北端东侧的西流湖西岸。小区附近尚未开放的湖岸上，还有一座“小京水”碑亭。

回迁小区的老人告诉我，其实门前这条河就叫“京水”，过去出了郑州，它才叫贾鲁河。

绕了那么大一个圈，原来京水就在眼前。

也就是说，今天的贾鲁河上游，正是古时所称的“京水”。在兴国寺附近遇到的小河，也被当地老人称作“运粮河”，从位置和流向推测，那应该是古京水上游支流之一。又或者如方志记载的那样，它竟是京水干流，而下游汇流的须水、索水只是它的支流。河流从高到低一路汇聚，很多情况下，它们并无主次之分，所谓干支流，无非是人们凭借水量尺度赋予河流的称谓罢了。

索须河汇入贾鲁河的河口以南，现在是这个城市最金贵的地段——北龙湖。这个位置，附近有仰韶文化遗址大河村，北面偏西即是花园口——1938 年掘堤放水处。当年这里首当其冲，曾是一片汪洋。在干旱少雨的气候背景下，当年的低地如今因为拥有开阔水面，成为人们欣然奔赴的宜居地段。

泽薮

郑州西部的荥阳，得名于“荥泽之阳”。荥泽为古时中国九大泽薮之一。“荥”字，原指有水有草的地方。

古荥泽的范围，比人们想象中的荥泽要大得多。一种说法是，它包括了今原阳以南、新郑以北、中牟官渡以西、荥阳广武山以东的广大区域。也就是说，它不仅包括了今荥阳东北部地区，还包括了今郑州市惠济区、金水区和郑东新区的大部分地块。这个范围，实际上也包括了圃田泽。在古时，这一带低地不仅是黄河、济水的滞洪区，也是源自嵩山东北麓诸河流的河水汇聚地。尽管人们对于两个古湖的范围、名称有不同的看法，但是，对于这一片水域的位置，看法却大体一致。有可能，古荥泽与圃田泽本来连为一体，后来水面渐渐淤塞，才分成两片湖泊，再后来湖泊成为沼泽洼地，以致终成平陆。

因为多水，荥阳曾是北承黄河、西接渭水、东连泗水、南通淮河的水运枢纽。旧时翻阅《水经注》，其卷七对这一带的水系有所考证。在我的阅读摘要里，古荥泽所在的这片倾斜平原，曾经河湖密布：

荥阳城西南有李泽，即古冯池。有溪水出，世称砾石涧，即《水经》所称砾溪，经虢亭北，又东北经北断山，注于济。

器难水，出小陉山，北入侵水，再入旃然水，东入汳。

索水，出京县西南嵩渚山，北经大栅城东、大索城南、荥阳故城，先后合梧桐涧水、须水，入济水。

梧桐涧，出梧桐谷，入索水。

须水，出京城东北榆子沟，东北流，纳木蓼沟水，于荥阳城西南入索水。

木蓼沟水，上承京城南渊，世谓之车轮渊。

黄水，出京县黄堆山，东南流名祝龙泉，泉势沸涌，状若巨鼎扬汤；西南流谓龙项口，世谓之京水。前后合鱼子沟水、溭溭水，东北至荥泽南，分为二股：一股北入荥泽，下为船塘，俗称郏城陂，东西四十里，南北二十里；一股东北流，称黄雀沟。

重泉水，出京城西南少陉山，东北流，注于黄水。

……

《水经注》提到的旃然水，据说已经在此地流淌了三千六百多年，因流经之地的土壤富含赤铜，所以河底是红色的——这正是“旃然”二字的来历。

旃然河源于今荥阳白杨村旃然池。河源的“池”，多是泉水回激形成的。因为源于泉水，所以旃然河又名“窟河”。“窟”，原意为“泉”。唐时荥阳曾有名酒“上窟春”，意思就是以上游的泉水酿成的酒。“窟河”之名传到今世，误读成为“枯河”——倒也正合了河中无水的实情。

我曾用红色铅笔，在黑白的荥阳地图上标出了旃然河的流向。它向东北流经王村、高村、广武、古荥，在保合寨北入黄河。在水势平缓的中下游，旃然河故道上至今还有许多与水流有关的地名——涌泉，张河，任河，樊河，等等。其中涌泉一带，曾有十余处旺盛的泉眼。可以想见，旃然河流域曾是怎样一派水国景象。二十世纪五十年代，为了灌溉农田，当地组织人力，在旃然河流经的阎村、青台、唐岗和桃园一带开挖河底，筑坝拦水，形成了一片面积数千亩的人工湖，称唐岗水库。直到如今，这片人工湖仍然清澈浩荡，湖边有成片的芦苇和蒲草，湖里钓出过上百斤的白鲢。人工湖北岸，即是发现了人类最早丝绸遗迹的青台遗址。

和许多古河流一样，旃然河如今已经无水。荥阳一带，除了汜水、索须河还有些季节性的水流，其余诸河俱已干枯。

古圃田泽就在郑州以东的中牟，曾有方圆几十里的水面。据先秦文献记载，圃田泽是尧舜禹时期大洪水的遗留。大禹治水，疏导大河，排除洪涝，这个地势低洼区储存的洪水便成了一片湖泊。从水源看，圃田泽与荥泽一样，都是黄河右岸的天然滞洪区。如前所述，它们很有可能原本连为一片。因为黄河水的泥沙淤积，荥泽大约在公元初年消失。圃田泽水面也渐渐变小，先是湖泽中间渐渐出现一些泥沙淤成的小沙洲，大湖被分隔成二十多个小湖。那些小型湖泊之间，曾经“津流径通，渊潭相接”。北宋以后，随着黄河南泛的加剧，圃田泽继续淤积，渐渐变成一片陂塘星布的沼泽洼地。那些小水泊的名字听上去古雅灵秀，别具美感——大渐，小渐，大灰，小灰，大鹄，小鹄，大哀，小哀，大长，小长，大缩，小缩，大白杨，小白杨……简直是黄河下游的星宿海。

这一片洼地淤成平陆，是清代以后的事。所以，尽管与郑州西部距离不远，但是中牟地块上的古迹不多。一方面，因为这个地块形成很晚；另一方面，由于洪水肆虐，即或人类在这里有所造就，只要来一场洪水，一切便销声匿迹。中牟以下的开封、兰考、商丘及其附近的鲁西南、皖北、苏北，情形类似。中牟如今先后开发的雁鸣湖、象湖湿地，也包括郑州东区的北龙湖等人工湿地，基本上是利用了古时圃田泽及其附近地带余存的沼泽洼地。

再往前二十年，我们这块国土上的人们，还完全没有生态概念。开始于二十世纪七十年代末的农业改革，曾大力提倡“靠山吃山，靠水吃水”；二十世纪九十年代的经济转型，更是把河湖林草都变成了可以任意开发的资源。水源的普遍枯竭，在我的记忆里，就是从那个阶段开始的。“湿地”概念进入国人视野，是在我国加入拉姆萨尔《湿地公约》以后。随着每年一度的“湿地日”生态保护活动和我国“国际重要湿地”的连续申报获准，湿地保护、恢复才渐渐引起各地重视。

遇见原生湿地

黄河中下游潼关卡口以下断续分布的湿地，大多与郑州北郊的“湿地”类同，是在人类活动的进逼之下收缩到一角的“荒野”，是在行将湮灭的当口，由于生态保护的需要而留下的“特区”。处在特殊保护之下的“湿地”仿佛躺在无菌箱里的病儿，脆弱，奄奄一息，却也在难得的支持与激发中渐渐恢复元气。

在豫西，由于一系列拦河大坝的兴建，沿河湿地也由于偏得了丰盛的水源而连线成片。三门峡水库上下，黄河右岸从潼关附近的三河口到灵宝、卢氏，再到洛阳偃师，沿黄湿地断断续续，延绵数百里。

己亥年冬，在文友叶灵的向导下，趁三门峡库区采访间隙，去看鼎湖湾。鼎湖湾如今也成了公园，我本来没什么盼望。不过我相信叶灵的推荐。此前看过她的散文，也看过她为本地所写的生态保护专题片本子，但觉气息相通。凭她的判断力，这个推荐应该不会有错。

我刚刚看了三门峡库区的王官湿地。沿河湿地绵延五公里。从会兴渡口到高庙乡一带，是大片人工栽植的杨树林。三门峡水库蓄水期的王官湿地上，地势较低的杨树林根部淹在漫滩的大水中，看上去很是壮观。但我要看的不是这个。我想看看原生态湿地，野生湿地，大自然造的湿地。叶灵笑答，我知道你想看什么，在河南域内的黄河沿岸，不来鼎湖湾，你不太可能看到别的原生态湿地了。

到达鼎湖湾的那天恰逢微雨，野外气温逼近零度。景区在冬天是不开放的。叶灵解释了我们的来意，我又出示了一份省作协的调研公函，守门人破例允许我们进入参观。

湿地在低处，在陡窄曲折的步道下面。雨后雾气氤氲。站在崖边向北观望，但见前方莽莽苍苍，无尽的芦苇荡里有几道隐隐约约的水汊曲折通向远处。我知道黄河的位置，但看不见河流的轮廓。它隐在薄雾之中，与枯黄的芦苇荡混为一色。

步道右侧的崖边立着一块标识牌，上面刻着关于这片湿地的地理说明。标识牌用了黑灰色花岗岩石材，刻字又没有加色，字迹与花岗岩本身的浅灰色飘花颜色混杂，极难辨认，仿佛是成心让人看不清。

这番看图识字太考验我的视力。只得让朋友用专业相机拍了一张高清图片，回家后又传到电脑上反复调色细认，才算确定了这块石牌上的说明文字：

鼎湖湾黄河侵蚀及湿地特征地段科普考察线路

该考察线路沿鼎湖湾黄河南岸至黄河现河道，全长约1200米。线路中黄河南岸的塌岸遗迹比比皆是，反映了黄河河水曾经侧向侵蚀一级阶地的特征。黄河高漫滩形成的湿地反映了其非均匀沉积特征。现在河道旁边的塌岸及其低漫滩边缘线的变化，小尺度地反映了黄河频繁改道的特征。特别是此处黄河湿地形成机制的研究，已不断深入。而如何在有效保护的前提下适度开发，便成为我们面临的新课题。

这段文字提到的“塌岸遗迹”“侧向侵蚀”“一级阶地”“高漫滩”“低漫滩”“非均匀沉积”等等，对我而言都是应该预习的功课。没有专业知识垫底的实地查看，是盲人摸象。凡是计划实地查看，我都会老老实实提前做功课。只是关于鼎湖湾的常识，在我的搜索范围内，所得寥寥。只知道这里有黄河流域最大的水泊芦苇荡，是北方罕见的沿河湿地景观。

北方芦苇我是熟悉的。与许多喜水植物一样，在北方，这些芦苇的生长期与候鸟滞留本地的时间基本是对错的——它们在清明时节泛青，五月开始疯长，夏秋两季最为茂盛，立冬前后枯萎。

从崖边木道拾阶而下，一步步迫近的鼎湖湾让我惊喜不已。这才是我要找的“湿地”，是我认得的“野外”。

真正的湿地是水与陆的过渡带，是绝对属于自然的领地。眼前的鼎湖湾是无可涉足的。即便在春秋旅游旺季，人们也只能借助小船，沿着有限的几条水汊才能进入芦苇荡深处。眼下，我们只能在边缘步道上走走。

这样很好。我不喜欢侵入。对于人类的冒犯，大自然会以它的方式表达反对。它不多话，不理会，任凭人类作茧自缚。在我看过鼎湖湾湿地数月之后，这个星球上暴发了一场亘古未有的疫情。一种可以借助飞沫、接触、气溶胶传播并可置人于死地的病毒迅速蔓延，南极洲之外的所有大陆陆续发现感染者，感染人数半年之内超过千万。病毒来源不明，变异迅速，难以彻底消灭。为防止疫病传播而实施的街区闭环管理，迫使人们长达数月闭户不出。

自然的威力蕴含于无声无息之中，由不得人们不在意。如果我们有回顾历史的习惯，那么不难发现，大范围传播的恶性传染病往往发生在人类需求远远大于自然资源供给力的时候。自然之手的平衡强悍而残酷。或许，我们在俯首听命的同时，也真的到了必须寻找人类与他者的生存逻辑共通点的时候。湿地的存在与保护，在某种意义上，可能是一个更广大的合约时代的开始。

旧相识

鼎湖湾的芦苇荡一望无际。淤泥中生长的芦苇格外茂盛。芦穗高挑，在风中沙沙作响。这声音低沉、干燥，听上去有一种别样的孤清。

这个位置，地处秦岭东端与黄土高原南边缘交界带，差不多正在中国大陆版图的中心，植被区系具有东西交会、南北混杂的特点。芦苇荡中间杂生着大片的蒲草和白茅。白茅密集如织。蒲草的扁长叶片俱已枯槁，长长的茎秆上穿着一截椭圆形的蒲棒。因蒲棒状如蜡烛，所以蒲草有个有趣的别名——水蜡烛。冬天的蒲棒是灰黄色的，它们在风中东摇西晃。这没点燃的蜡烛，仿佛含着潜在的明亮。蒲棒其实是蒲草的雌花，褐黄色的花粉入药，可消炎止血。蒲棒成熟后碾碎为蒲绒，蓬松清香，用以充枕，堪称健体妙物。

这些东西对我而言都是旧相识，偶尔遇见，便如故人邂逅。

幼时的故乡曾是水草丰美之地，村子西边有一片池塘，南北连接着长长的活水。塘边水洼中、低岸上，每年夏天都会长出大片大片的芦苇、蒲草、慈姑、白茅、薄荷，以及其他许多叫不上名字的水生植物。蒲草的叶片长而柔韧，是编织和造纸的上好原料。蒲草是少年的爱物。每到盛夏，池塘边的蒲草常常被我和玩伴们连根拔起，编草鞋，编草帽，编手枪。蒲草的根因为脆嫩，常被弃之不用。那时不知道，被丢弃的蒲根原是可以做成美味佳肴的。淮扬菜系的小清鲜代表作——开洋蒲菜，就是海米加蒲根做成的。蒲草的茎秆和叶子条形优美，截断插瓶，也是十分养眼。

童年记忆里的“毛鱼儿”，则是白茅在春天萌生的嫩芽。“毛鱼儿”就在冒出地面不久的茅草尖里包裹着，每个乡村孩子都知道怎么剥开草尖外面薄薄的苞衣，把里面刚刚成形的嫩穗抽出来。那小小的一绺茅穗，银白软糯，鲜甜耐嚼，是天然的清口糖。到了夏天，“毛鱼儿”长大出穗，就成了一绺长长的带籽粒的茅草花。埋在地下的白色茅根一节一节的，柔韧中含着清甜，是副食紧缺时代孩子们可以随地取食的零嘴儿。

至于芦苇，故事就多了。池塘边的芦苇丛里藏着灰鹤，藏着泥鳅、麻虾、三枪、花鲢和小白条，藏着哏儿呱乱叫的青蛙，藏着传说中的水妖。在小孩的眼里，芦苇只是做芦笛的材料，芦苇花则可以背在肩上冒充“红缨枪”。后来——准确地说，是2020年春天新冠肺炎疫情暴发时节——我从药店买回的宣肺中药里面有一味芦根，查了查，才知道这正是以芦苇的根干制而成。和许多水生植物的根茎和果实如莲藕、菱角、蒲菜、茅根一样，芦根食可以品味尝鲜，药可以宣肺清热，是食药同源的典例。在2020年因新冠肺炎疫情来袭而显得格外漫长的春天，芦根一直是我随身携带的小物。除了充作茶饮之外，我还把芦根与甘草、黄芪、川芎一同磨碎装入香袋，放在枕头边、书桌上、衣袋里。在双手暂得解放的间隙，不时拿到鼻子下闻一闻。那是中草药特有的香气，在2020年的春天，没有哪一种香气比这种香气更宜人了。

万亩芦苇荡里自然也藏着各种会飞的生灵。在鼎湖湾一百四十多种野生动物里，鸟类是最触目的部分。这里是白鹭、灰鹤、灰鹭、大雁、野鸭、白天鹅、白冠鸡的栖息地，有各类候鸟和留鸟近百种。走在湿地边缘的步道上，我们的说话声只要稍微高一些，或者仅是轻轻举起相机，便会惊起水面上、残荷上、树枝上的鸟群。远处一棵大树枝丫上正在小憩的群鸟，圆溜溜的挤在一起，被我的近视眼看成了果实。

那是什么树，我问，那么多果子，还是灰色的。

同行的朋友大笑。那是鸟，她说，哪有果子啊。

笑声惊动了群鸟。它们扑棱棱飞起，开始有些纷乱，在空中盘旋几圈之后，仿佛镇定下来，慢慢排成一个旋转的“人”字。雨后的天空里，它们的队列只是一个剪影，看不清细节。不知它们是灰鹤、大雁，还是苍鹭？

鼎湖湾栖息的鸟类中，留鸟与候鸟之外，还有一些，是冬居山林、夏迁平野的漂鸟。但这些类别并不是绝对的。有的鸟类，会随着生存环境状况变化而改变自己的习性。促成改变的主要是食物。据说有一种繁殖于日本北海道的丹顶鹤，原本是夏候鸟，但由于当地人持续在冬季投喂鸟食，它们便渐渐放弃迁徙的本能，成为当地的留鸟。

鸟儿也是有情的，能感知人类的善意和恶意。就在来鼎湖湾之前经过的王官湿地，我遇见几位负责给迁徙来此的天鹅投食的村民。他们平时负责护林看湖，在天鹅迁徙到本地的冬季，他们兼任了给天鹅投食的差事。据他们说，当地每年要安排几万斤玉米专门投放到天鹅聚集的库区湿地，天鹅湖一带则要投放十来万斤。因为有充足的食物，来此越冬的天鹅越来越多。

求生是一切生物的本能。曾有一段时间，我一直不明白为什么郑州市区会突然出现大群的乌鸦。其实，它们并不是“突然”出现的。它们每到冬天都会从野外迁移到城区来。这些漂泊的鸟儿飞到市区，只是为了食物和取暖。冬天，野外比较寒冷，而且难以找到食物。而郑州市区温度较高，也比较容易找到吃食。只不过，我冬天大部分时间缩在室内，很少遇见它们罢了。

步道旁边野树错杂。树木之间荆棘藤蔓纠缠。虽是冬季，草木丛中已经风干的野菊花枯而不萎，仍自白花花的晃眼。留意看去，附近全是这种白色野菊，只是它的茎秆匍匐在地，更类似藤生植物。野菊花的品类太多，这种野菊花的单层花瓣像一把把小伞。这是“马兰”。与兰科的马兰不同，菊科的马兰因其嫩叶可食，俗称“马兰头”。我曾在一处山中画室品尝朋友调制的马兰头，其味清鲜，其气如花，端的不是俗物。

可能因为大风的缘故，面前的蒲草大片倾倒，像是被碾压过。伏地的蒲草中孤零零立着一截黑色木架平台，看结构，大约是简易的瞭望台。风吹草低。从野树的枝丫间望过去，天野一色，凝重苍茫。时间仿佛不曾移动，不曾建构过数千年的人类文明史。自然的宏大浩漫，让我有一种身处负压空间的错觉。仿佛粒盐入海，我被体量巨大的“对方”融化、吸收了。

在真正的野外，人眼所见总是极其有限。人站在无障碍的地平面上，身高与视野半径的比例约为 1∶2700。以我的身高，最多能看到八九里远的地方。而眼前的芦苇高至三四米。我只是井底之蛙。为了不受这种局限，我早已习惯了借助卫星地图——这是人类设置的“天眼”，借助它，可以“看到”这个星球表面的任何地方。

卫星地图上的鼎湖湾，是潼关卡口以下黄河右岸的第三个凹岸河湾，地处秦岭东端延绵山系亚武山与黄河之间一级地台以北河滩，在灵宝市区西北方向，北面对岸是山西芮城。因地理和气候关系，这一带沿河沿湖湿地分布相对广泛，生态环境大致保持着原生样貌。沿河是蓊蓊郁郁的绿色。比例尺放大，鼎湖湾的轮廓渐渐呈现。枯黄的芦苇荡东西绵延数公里。我们立足其上的白色木架平台依稀可辨。我如果在这帧图上，有多大呢？比蝼蚁更微小，连一个斑点都构不成。人是小的。论体量，人小到可以忽略不计。然而黄河中下游的湿地，还是成片成片地沦陷于人类的开发。近年倡导山林湖草保护以来，河边残存不多的洼地才被分别围合起来，成为名称各具的湿地公园。然而大自然的毁损并不总是可逆的。其中的大多数，其实已经不能称为湿地，也已经不具备恢复湿地的条件，而只能是“公园”了。

自然从来不是独立于人类之外的，人也处身自然之中。人类为生存必须从自然界索取衣食，是自然生态链的一部分。然而人类加于自然的许多索取，并非出于必需，而是出于奢侈和贪欲。一面索取无度、肆意污染，一面挥霍浪费。生命究竟在怎样的形式上存续才是不悖逆天地伦理的，人们不以为意。人们在意的只是自身的目的。关于成功、幸福、道德等等，所有人类文明积累建树的规范与约定，都或多或少表现出对周遭世界的无视。这是人类的失德，也是人类的隐患。

深呼吸

在我们的星球上，每年有无数的鸟群沿着相对固定的路线在繁殖区和越冬区之间长距离往返迁徙。全球八条候鸟迁徙线路中，有三条经过我国境内。经过长垣黄河滩上空的候鸟迁徙通道便是其中之一。

位于新乡市东部沿河地带的县级市长垣，所在地为典型的黄河冲积平原，地势平坦，土肥水美。黄河干流之外，还有天然文岩渠和金堤河两大水系。黄河大堤连接古时太行堤，呈东北—西南走向贯穿全境，大堤以东是开阔的黄河滩区。这一片滩区上空是候鸟迁徙的通道，地面则是候鸟落脚、留鸟群集之处。长垣河滩上的野生鸟有一百六十多种，数量最多时达十万只以上，其中包括灰雁、白鹭、白鹳、黑鹳、金雕、丹顶鹤等珍稀鸟类。每年来此越冬的候鸟中，有一种极其罕见的鸟——大鸨。这是一种大型地栖鸟，双翅展开宽达八十厘米，目前全球存量不到三万只，我国只有三四百只。而在长垣黄河滩上，每年从蒙古草原飞来越冬的大鸨最多时能达到三百多只。

每年初冬至次年仲春，这些大鸨就以这片滩区上的麦田为栖息觅食地。长垣吸引它们的地方在于，这里不仅有丰富水源涵育的鱼虾，还有大片麦田里滋生的虫类。据说，为了给这些鸟儿提供一个安全的栖息环境，有位热心于鸟类保护的人，特意流转了将近三千亩土地，秋天种小麦，夏天种玉米，每逢大批候鸟到来的时候，田野里残留的玉米、破土的麦苗全部任由鸟儿啄食。鸟儿也是聪明的，它们知道这里不缺少食物，便大批大批聚到这里。

我曾跟着候鸟保护协会的人去寻找在黄河滩落脚的大鸨。大鸨是一种神态安详的鸟，它们小头、短尾、细足，却有丰硕的身形，褐色斑纹的覆羽显得华贵而神秘。可惜的是，它们被盗猎者盯上了。盗猎严重的时候，每天都有大鸨死在猎枪之下。有的盗猎者为了绕过拦截，竟趁着月黑风高，在田野里撒下含毒的药丸。喜欢在田野里觅食的大鸨很容易误食药饵。不知道有多少鸟儿被活活毒杀。本来种群数量不多的大鸨，每死去一只，于种群保持而言都是大损失。

为了保护这些远道而来的鸟儿，当地有一位叫宋克明的人，联络本地一些年轻人，成立了义务候鸟保护协会。宋克明是典型的豫北人，憨厚，直截，话少，认定了什么事就一条路走到底。他如今已经年过半百。从小在黄河边长大，年年看着大群大群的候鸟来来往往，他对这些鸟有感情。为了避免大鸨误食药饵，他和他的会员们常常冒着寒风，在野地里一粒一粒捡拾毒饵。

那个下午，他和他的儿子陪我们去田野里看鸟群。他说，他开始在这块田地上义务看护鸟群，是二十多年前的事。后来，他的儿子也加入了义务护鸟协会，得空就跟着他在黄河滩上跑。如今儿子也像他当年一样大了，他还在坚持。他说，地方太大，看不过来，老有人来捕杀，河滩上的鸟越来越怕人。

的确，那些鸟已经变得十分警惕，只要有人进入距离它们两百米的范围，鸟们便立刻振翅飞逃。

我们不忍惊扰，就站在田埂边用望远镜看。镜头里的大鸨在麦苗中安静地站立、踱步。它们仪态悠闲，犹如田野上的贵族。大风在耳边呼呼地吹。大风也吹乱了鸟们的羽毛。它们仿佛很享受麦田里的风。有些鸟开始交头接耳。只是有人轻声赞叹了一句，它们便觉察了动静，于是扑棱棱绝地而起，迅速飞向远处的树林。在望远镜的视野里，那些飞逃的鸟儿羽翅扑打，显然有几分惊慌。它们在阳光下变成一个个闪烁的小点，然后消失在远处林中。

在黄河下游，不仅有难以计数的黄河故道，而且有辽阔的黄河滩涂。其中的豫北黄河故道湿地鸟类自然保护区和民权黄河故道湿地公园，已经分别被列为国家级自然保护区和国家湿地公园。

豫北黄河故道湿地位于河南省新乡市东部，包括卫辉市和延津县接壤的黄河故道、封丘县境内的黄河滩涂和背河洼地，其边缘大致在郑州—开封—新乡之间，是黄河中下游平原人口稠密区和交通发达地带遗存下来的最大的一块湿地。

在看到位于河南商丘民权的那片湿地之前，我对于民权县的主要印象，是“葵丘会盟”和长城葡萄酒。从 1950 年开始的半个多世纪的时间里，在治理盐碱风沙的同时，民权人还在黄河故道上开辟出一湖碧水，并改造成任庄、林七、龙泽湖三个水库，在一派沙丘卤地上培育出近七万亩的平原林海。目前民权林场内有各类植物一百多种，陆生动物一百八十多种，重点保护动物十六种，其中包括极濒危鸟类青头潜鸭，一个完整的生态体系已经形成。在民权林场申甘林带核心林区，抗干旱、耐瘠薄、易成活的刺槐树林面积达一万多亩，是国内为数不多的大面积刺槐纯林，半数以上树龄在三十年以上。

庚子年初暴发的新冠肺炎疫情，给很多人、很多家庭乃至这个星球，带来了灾难性的后果。在疫情肆虐的二月，有个从严重的呼吸困难中挺过来的年轻女孩。她说，那时候她不得不全神贯注于一件事——呼吸，深呼吸，拼命呼吸，逼着自己的肺带病发动。呼吸这件事，平日里几乎不进入意念，但在一位新冠肺炎病人那里，呼吸变成了一件极度艰难的事，变成了一件需要调集全部注意力去对付的大事。为了保持呼吸，那个强韧的人，她坚持不让自己睡着。几天之后，她挺了过来。

这件关乎呼吸的事，让我久久难以忘怀。

有一位懂医理的朋友，精力旺盛，特别活跃，对于日常小事的反应总是很剧烈。比如一件器皿从几案上被人无意间碰落，别人多只是微微一惊，她却会“哈”“哈”连声，大口吸气，动静很大很夸张。我原来总觉得她一惊一乍的。但她后来告诉我，人在惊恐的时候，肾脏会条件反射地收缩，肾细胞所需要的氧气便供应不足，这时候必须大声呼喊，快速深呼吸，让更多的氧气进入脏腑，否则，有一些肾细胞便会因窒息而坏死。她的话让我一阵木呆。我想起“恐伤肾”的俗语。原来，人的一惊一乍并非轻浮，而是发自生命本能的自我维护。大声呼喊，只是脏腑的求救。

在黄河下游岸边行走的日子，这些在黄河河岸和故道上努力建构的“湿地”，让我一再想到那个拼力深呼吸的人，想到那些需要氧气的肾细胞，想到我们所在的这个不堪重负、伤痕累累的星球——如果它也在艰难地、努力地深呼吸，那么，那些被称为“地球之肾”的天然湿地，以及花费了巨大代价的人工湿地，难道不是一种续命般的助力？

后 记

对于河流的好奇很难说是从什么时候开始的。开始连续沿着河边走，始于刚到这个单位的时候。

最早注意到的是溱洧河——它在《诗经》里出现过多次。就为了那一句“溱与洧，方涣涣兮”（《诗经·郑风·溱洧》），我曾和六七个朋友一起找到新密古城寨的溱洧河汇流处，并沿着洧河逆流而上，徒步走了上百里。那一趟，我经过了至今仍有汉时造纸作坊的大隗，至今仍保留着古时宫廷乐与军乐融合而成的“吹歌”的超化镇，以及传说中为大禹王都“阳城”的王城岗。

从那时起，我开始寻访这些古河流的踪迹。溱洧河之后，是旃然河、索河、汜水、伊河、沁河、卫河、淇河……还有遍布黄淮平原的黄河故道——豫北的，豫东的，苏北的，河北的，山东的。

时日滔滔，逝者如斯。直到某一天，我翻看零零落落的随身笔记，才发现许多时间和注意力都花在了河边。

看过的河流里面，有黄河这样的大河，也有故乡十几里长的小溪；有弯弯曲曲的自然河流，也有笔直的人工渠；有水势奔腾的活水，也有早已枯干的故道；有深切山石的谷底急湍，也有高高架起的上岗渠。

当然，吸引我的不只是水流。在这些河流两岸，尤其是河流交汇地，常常能遇见一些时代久远、规模卓然的古时遗留：古溱水与洧水交汇处的古城寨、郑韩故城，五渡河与颍河交汇处的王城岗，索河与须水交汇处的岔河遗址，旃然河入黄口的西山古城，伊洛河入黄口的"河洛古国"，索须河与贾鲁河交汇处的大河村。

这当然不是巧合，而是河流与人类生存关系的明证。远古时期人类聚落的规律性分布，说明我们的先祖很早就注意到了河流的多重提供——它不仅意味着水源，意味着作物生长，还同时意味着便利的交通。

时间与流水一并飞逝。散布在岁月中的高坎深谷，仿佛在考验我的韧性与诚意。一直在暗中支持我的，也许正是这样一种越走越强烈的好奇与怜悯，是"为何"与"可惜"。

终究，最好的遇见是人。你如果由衷喜爱一种事物，在接近它的路上总会遇见同好。每一个堪称"知己"的人，都是在路上认出的。友谊仿佛是命运给予的奖励。

在河边行走探访的日子里，我获得了许多帮助。这些帮助，有的来自在水利部门和黄河沿岸地方工作的人们，以及在黄河沿岸乡村、渡口、途中采访或偶遇的人们；更多来自我的朋友，其中有多次开车陪我一起行走泥地的韩梅、格格，有提供实地向导或资料支援的叶灵、赵瑜、王银玲、曹亚瑟。

特别感谢水利专家岳德军先生，他给予的专业引导和校正，以及经他引见的各地水利、河务部门工作的朋友们所提供的实地踏勘向导，对本书的写作提供了至关重要的支持。

特别感谢海燕出版社李道魁先生，他的约稿、督促和支持，是本书形成的重要动力。

本书参考了大量有关河流的历史、地理、水利、考古典籍和学术资料，凡直接引用部分文中均有标注，恕不在书后逐一罗列。

尽管本人对文稿进行了反复修改勘误，但因水平和知识面有限，错漏之处仍恐难免。盼望读者随时批评指正。

鱼禾，辛丑年春。